KB201921

아홉 마당으로 풀어 쓴 禪

아홉 마당으로 풀어 쓴 禪

鈴木大拙 지음

沈在龍 옮김

한국학술정보㈜

목 차

저자의 머리말

여기 모은 글들은 원래 1914년 전쟁의 소용돌이 중에 일본에
서 간행된 잡지 《New East》에 실렸던 것들이다. 편집장 스코트
(Robertson Scott) 씨는 이 글들을 모아 책으로 출판하기를 제의
했지만 그 당시에는 별로 그럴 마음이 내키지 않았다. 후에 이
글들은 나의 《Zen Essays(1927)》 첫 번째 시리즈의 기초가 되었
으며, 이 두 책이 다루고 있는 주제는 거의 같은 것이다.

요즈음에 와서야 그때 썼던 글들을 책자로 내는 것도 괜찮을
거라는 생각이 들었다. 《Zen Essays》는 선(禪)에 대한 기초적인
지식을 바라는 사람들에게는 너무 벅찬 책이므로 ' 이국(異國)의
친구들' 에게는 입문적 성격의 글이 환영받을 것이라고 생각했기
때문이다.

그때 쓴 원고를 통독(通讀)하고, 인용한 문헌은 물론 어구(語
句)의 사용에 있어서도 부정확하다고 생각되는 곳은 모두 고쳤
다. 지금 같으면 조금 달리 표현했으리라 생각했던 곳이 몇 군데
있지만 그렇게 하면 전체를 고쳐야 하므로 그런 곳은 그대로 두
기로 했다. 잘못된 표현이 아닌 한 원래 원고 그대로이다.

이 책이 참으로 선불교(禪佛敎)의 입문(入門)에 도움이 되고,
독자로 하여금 나의 다른 글들을 공부하게 하는 길로 이끌어 준
다면 그것으로 더 바랄 게 없겠다.

이 책에서는 주제를 학문적으로 다룰 의도는 없다. 이 《아홉
마당으로 풀어 쓴 선(禪)》과 함께 《Manual of Zen Buddhism》
(선불교 필독서 모음)을 읽어주시기를 권한다.

D. T. S.

가마쿠라, 1934년 8월

융(C. G. Jung)이 풀어 본 선(禪)

　최근 수십 년 사이에 쓰여진 책으로 살아 있는 불교를 이해하
는 데에 가장 큰 기여를 한 것이 스즈키 다이세쓰의 선불교(禪佛
敎)에 관한 저술이라 할 수 있다. 선(禪)1)은 불교를 나무에 비유
하자면 팔리어로 쓰여진 성전(Pali 聖典)의 뿌리에서 자라난 가장
훌륭한 열매라 할 수 있다.

　나는 서구인으로서 이 책의 저자 스즈키 박사에게 고맙게 생
각하는 점은 일차적으로 그가 선을 서구인들인 우리들이 이해하
기 쉽게 했을 뿐만 아니라 그 다음에 그가 이런 작업을 통해 독
특한 표현 양식을 개발했다는 사실에 있다. 동양(東洋)의 종교적
관념들은 우리 서구인의 그것들과는 너무나 다르기 때문에 문자
(文字)의 번역만을 통해서 서구인들이 동양종교를 이해하기가 무
척 어렵다. 때로는 어떤 개념을 번역하지 않고 그대로 쓰는 편이
오히려 그 뜻을 더 잘 전달할 수 있을 정도이다. 예를 들면 중국
말의 도(道)는 지금까지 나온 어떤 서구어 번역으로도 그 의미를
충분히 드러내지 못하고 있다.

　원시불교의 경전에도 서양인의 이해력으로는 소화할 수 없는
인생관이나 사상이 많이 포함되어 있다.‘업’(業: Karma)이라는

---

1) 동양인 저자가 스스로 인정하는 바와 같이 禪의 근원은 붓다의 꽃에 관
　한 설교에 유래한다. 이때 붓다는 그의 제자들에게 꽃을 들어 보였는데
　오직 가섭만이 그 의미를 알았다.(原註)

개념을 놓고 보더라도 그것을 뚜렷이 이해하고 해석할 수 있기 위해서는 어떤 종류의 정신적인 (아니면 풍토의) 배경이나 예비 작업이 필요한 것 같다. 선(禪)의 본질에 관하여 우리가 알고 있는 지식을 다 동원해도, 여전히 보통 사람이 이해하기 어려운 독특한 개념이 앞을 가로막고 있다. 이 낯선 개념은 바로' 깨달음' (일본말로 사토리)이라 불리는 것인데, 서구어로는' 열림' 또는' 눈뜸' (Enlightenment)[2]으로 번역된다. 스즈키는" 깨달음은 선의 존재이유이므로 깨달음 없이 선은 없다"고 말하고 있다. 신비주의자(Mystic)가 이해하는' 눈뜸' (Enlightenment)이나 종교에서 쓰이는' 삶의 지혜' 란 뜻으로 이해하는 것은 서구인에게 그렇게 어려운 일이 아니다.

그렇지만 선의' 깨달음' 은 서구인이 이해하고 느끼기 어려운 눈뜸의 한 종류이다. 선은 그곳으로 이르는 독특한 자기 나름의 방법을 가지고 있기 때문에 더욱 그렇다. 이 책(제7장)에 인용된 백장(百丈: A. D. 724~814)의 깨달음, 그리고 같은 장(pp. 131~145) 이야기를 살펴보면 그' 난해함' 을 알 수 있다.

그보다 다음의 이야기가 좀더 나은 예가 될지 모르겠다.

어떤 중이 현사(玄沙)를 찾아와 진리에 이르는 문이 어디에 있는지 가르쳐 달라고 했다. 현사가 물었다.

" 시냇물 흐르는 소리가 들리는가?"

중이 들린다고 대답하자, 현사는

" 그리로 들어가게나."

하고 가르쳐 주었다.[3]

---

2) 18세기 서구의' 계몽' 사상이라는 사상적 용어와는 다르다. 여기서는' 깨달음' 또는 정각(正覺)의 영어식 의역으로 생각함이 좋다.(譯註)
3) 原文: 玄沙因鏡淸問, 學人乍入叢林, 乞師指箇入路. 師云, 還聞偃溪水擊麼 淸云, 聞. 師云, 從這裏入, 淸於此, 得个入處.《禪門拈頌 第992則》

' 깨달음'이라는 체험이 상당히' 불투명' 하고 애매한 것임을 이
제 짐작했겠지만 내가 든 것은 수많은 예의 일부분에 불과하다.
이런 예를 자꾸 든다고 해서 사태가 좀더 명료해지거나 분명해
지는 것은 아니다.' 깨달음' 이 어떻게 성취되며 그것은 무엇으로
구성되어 있는가. 다시 말하면' 무엇에 의하여' 혹은' 무엇에 대
하여' 깨닫는가 하는 것은 아직도 안개 속에 가려져 있다. 깨달
음에 관하여 조동종(曹洞宗) 대학교수인 누카리야(忽滑谷快天)는
이렇게 서술하고 있다.

> " 우리 자신을' 자아(Self)' 라는 잘못된 관념으로부터 해방시키
> 고, 선사들이 불심(佛心), 보리(菩提), 반야(般若)라고 부르는 인간
> 깊은 곳의 지혜(智慧)를 일깨워야 한다. 그 지혜는 신(神)의 빛이
> 라고도 할 수 있고 우리 내부의 하늘이랄 수도 있으며, 인간 도
> 덕의 무진장한 보물창고를 여는 열쇠라고도 할 수 있다. 이는 또
> 감화력과 힘의 원천이며, 친절과 정의, 동정, 사랑, 인간애, 자비를
> 포함한 모든 덕이 숨쉬고 있는 곳이며, 심지어 모든 사물의 척도
> 라고 할 수 있다. 이 안쪽 깊은 곳의 지혜를 충분히 일깨웠을 때,
> 비로소 우리 모두는 정신적으로, 본래적으로 그리고 본질적으로
> 생명 그 자체인 붓다와 완전히 똑같은 존재임을 깨닫게 된다. 모
> 든 사람이 제각기 붓다와 언제나 마주 보고 있고 그로부터 가이
> 없는 축복을 받고 있다는 사실을 느끼게 된다. 그때 붓다는 우리
> 들의 도덕적 힘을 자각시키며, 자신의 영적인 눈을 열어 새로운
> 힘을 펼쳐 보이며, 우리들 각자가 해야 할 사명이 무엇인가 일깨
> 워 주고 있음을 깨닫게 된다. 그리하여 삶은 더 이상 생로병사(生
> 老病死)의 바다나 눈물의 골짜기가 아니게 된다. 삶은 이제 그가
> 열반의 기쁨을 마음껏 누리는 서방정토(西方淨土)이며 붓다의 신
> 성한 사원(寺院)이 되는 것이다. 그때 우리의 마음은 완전한 변혁
> 을 겪는다. 분노나 증오에 흔들리지 않고, 질투나 야망에 찢기지
> 않으며, 슬픔과 두려움에 상처받지 않고, 우울과 절망에 사로잡히
> 지 않게 된다."4)

이것이 깨달음의 본질에 대한 동양인의, 그것도 선(禪)을 제법 알고 있는 사람의 설명이다. 솔직히 말해 이 설명을 조금 고치면 기독교적 신비주의의 기도서와 그리 동떨어진 것이 아님을 알 수 있을 것이다. 아무튼 이렇게 모든 수식어를 한데 모아 놓은 그럴싸한 설명만으로는 선(禪) 경험에 대해 뭘 좀 알고 싶은 서양인들에게 별로 도움이 되지 않는다. 누카리야는 자기 자신이 상당히 섭취한 바 있는' 서양적 합리주의(Western Rationalism)를 상대로 말하고 있는데, 바로 이 때문에 선(禪) 경험을 해설해 보려는 그의 노력에도 불구하고 무미건조한 설교조로 흘러버리고 말았다.' 무늬를 집어넣은' (ab usum Dephini) 이런 수식문보다 오히려 선사(禪師)들의 짤막한 일화가 난해하다 하겠지만 훨씬 우리의 마음을 끈다. 왜냐하면 선사들의 일화가 말이 적으면서도 더 많은 의미를 싣고 있기 때문이다.

선은 서양적인 의미에서의' 철학' 은 결코 아니다.5) 이것은 루돌프 오토(Rudolf Otto)의 견해이다. 오하사마(大峽秀瑛)가 쓴 《禪》이란 책6)의 서문에서 오토는 다음과 같이 말했다.

"누카리야는 비의적(秘儀的)인 동양적 이념세계를 서양 철학의 범주에 집어넣어 생각함으로써 문제를 온통 뒤죽박죽으로 만들어 버렸다."

"' 둘이 아님' (不二: Not-twoness Nichtzweicheit),' 하나로서 똑같음(Oneness)' 그리고' 모순의 통일' (Coincidentid Oppsitorium)로 표현되는 신비적 직관을 설명하기 위해 누카리야는 모든 이론 가운데서도 가장 융통성 없는 이론인 심신평행론(心身平行

---

4) 그의 책 《사무라이(武士)의 종교 The Religion of the Samurai》, 1931, p. 133을 참조하라. (原註)
5)" 선은 심리학도 철학도 아니다." (原註)
6) 大峽秀瑛, 《일본에서의 살아 있는 가르침— 선(禪)》, 서문 p. 8.(原註)

論: Psycho-physical parallelism)의 도움을 빌리고 있는데, 이것
은 확실히 공안(公案)이나 할(喝)7) 그리고 '깨달음'을 이해하는
데는 전혀 쓸모없는 이론이다.

그보다는 차라리 선의 일화가 지니고 있는 이국적인 불투명함,
안개 같은 불명료함에 익숙해지도록 노력을 기울이는 한편, 깨달
음이란 선사들이 말하듯 " 언어로 표현하기는 매우 어려운 신
비"(Mysterium ineffabile)임을 언제나 마음속에 새겨 두고 있는
편이 훨씬 더 나은 일이다.

그렇지만 선사들의 일화와 신비적 깨달음 자체 사이에는 깊은
심연이 가로놓여 있다. 그 심연을 뛰어 넘을 가능성은 기껏해야
암시되는 데 그쳤을 뿐, 그 암시를 통해 실제적 경험으로 옮아갈
수 있었던 적은 한번도 없었다.8) 문제는 현실의 신비 자체를 만
지는 느낌을 가지는 것인지 절대로 상상에 의한 신비, 혹은 그럴
듯하게 보이기 위한 신비여서는 안 된다. 즉, 어떤 것을 신비화시
켜 보이려는 천박한 것이 아니라 모든 말의 소란을 잠재우는 뚜
렷하고 확실한 체험이 문제의 전부이다. 생각지 않게 예기할 수
없는 것으로 다가오는 체험이 알파요 오메가인 것이다.

기독교에서 성스러운 삼위일체(三位一體)라든가, 성모 마리아
그리고 십자가에 못 박힌 수호성인(守護聖人) 등이 환영처럼 나
타날 때 우리는 그것이 그렇게 기이하다는 느낌을 받지 않는다.
야콥 뵈메(Jacob Boehme)가 양철접시에 반사되는 햇빛을 보고 ' 자

---

7) 학인의 계도를 위해 선사들이 종종 내지르는 벽력같은 고함소리. (譯註)
8) 그럼에도 불구하고 나는 이제부터 깨달음을 ' 설명' 해 보려 한다. ' 깨달
음' 에 대해서 내가 하는 말은 결국 아무런 소용에 닿지 않을 것을 누구
보다 잘 알고 있으면서도 말이다. 지금 나는 서양의 지성들에게 이 ' 깨
달음' 의 근사치라도 이해시켜야겠다는 강한 유혹을 물리칠 수 없다. 아
마도 선의 정신에 위배되는 어떤 ' 죄' 를 저지를지도 모를 위험을 안을
정도로 어려운 작업을 맡아보고 싶은 것이다. (原註)

연의 중심'(centrum Naturae)을 통찰했다는 것도 어떻든 이해가 될 법한 일이다. 그런데 마이스터 에크하르트(Meister Eckhart)가 본'발가벗은 조그만 소년'9)의 환각은 좀 받아들이기 어렵다. 더군다나'빨간 망토를 걸친 남자'10)가 나타나서 과식을 하지 말라는 주의를 주곤 했는데, 그런데 아니 오히려 그 때문에 그 남자를 하느님(Lord God)으로 알았다는 스웨덴보르그(Swedenborg)는 아무래도 이해하기 곤란하다. 이러한 것들은 거의 기괴하다(grotesque)고 할 수 있을 정도로 불가해한 일이다.

그렇지만'깨달음'이란 체험 가운데는 단순히 기괴한 것으로 치부해 버릴 수 없는 것이 많이 있다. 완전히 무의미한 말(nonsense)처럼 들리겠지만 나는 바로 그'기이함'의 한가운데에 깨달음이 있다고 감히 말한다.

누구라도 사랑과 이해심을 가지고 활짝 핀 극동(極東)의 정신, 그 깊이를 탐구하는 데 상당한 노력을 기울인다면 소박한 서양인들을 그렇게도 당혹시켰던 것들이 점차 그 기괴한 탈을 벗게 될 것이다. 동양의 정신 가운데서도 선은 불교의 방대한 사상세계를 받아들여 더욱 풍부하게 된 중국 정신의 가장 놀랄 만한 꽃이라 하겠다.11) 그래서 만일 서구인들의 편견을 버리고 어느 정도 불교교리와 낯설지 않게 된 사람은 기이하게만 보이던'깨달음'이라는 개인적 경험의 껍질 속에 싸인 어떤'깊이'와 만나게 되고, 그때까지 불안감을 감추지 못하게 하던 어려움이 어디에 있었던가를 뚜렷이 알게 될 것이다. 이 어려움은 철학적, 종교적인 서구인이 이방(異邦)의 것은 도외시해야 마땅하다고 믿고

---

9) Adolf Spamer에 의해 1912년에 출판된《Texte aus der deutschen Mystik des 14 und 15 Jahrhunderts,》 p. 143. (原註)

10) William White,《Emmanuel Swedenborg Vol. 1》 1867, p. 243. (原註)

11)"의심할 여지없이 선은 가장 귀중한, 그리고 여러 가지 면에서 동양인이 향유하는 축복 가운데 가장 주목할 만한 정신적 은총이다." Suzuki,《Zen Essays I》, p. 249. (原註)

있던 옹고집과 편견에 기인한다. 서양에서 철학자는 삶과 무관
한 ' 앎'(Knowledge), 즉 지식의 본성과 기원의 문제에만 머리
를 싸맸다. 그들은 또 기독교인이라는 이유로 이방인(異邦人)
의 가르침과는 관계를 맺지 않으려 했다. — " 주여, 제가 이방인
(異邦人)으로 태어나지 않은 것을 감사드리나이다"라고 말해 왔
던 것이다. 이러한 서양적 굴레를 벗어나지 않는 한 ' 깨달음' 은
없다. — ' 깨달음' 은 동양인의 것이다. 그러나 정말 그럴까? 깨
달음은 우리 서구인과는 거리가 먼 나라의 이야기에 불과할까?

　선의 전적(典籍)을 주의 깊게 읽어보면, 극히 기이하다고 생각
되는 깨달음이 실제로 아주 자연스러운 일(Natural occurrence)
로 말해지고 있다는 인상을 받는다. 그것뿐만 아니라 나무는 보
되 숲을 못 보는 것처럼, 우리가 흘려 버리고 있는 단순한 사실
을 선(禪)이 다루고 있으며,12) 그것을 설명하자니 도리어 사람을
커다란 혼란에 빠뜨리고 만다는 것까지 깨닫게 된다. 이 때문에
누카리야가 선의 내용, 그 중에서도 특히 깨달음에 관하여 설명
하고 분석하려는 자신의 시도는 결국 헛된 수고라고 고백한 것
은 지극히 당연한 일이다.13)

　이것을 전제하고 나서 누카리야는 깨달음의 본성에 대해 서술

---

12) 어느 선사가 이렇게 말했다.
　" 선에 발을 들여 놓기 전에는 산은 산이고, 물은 물이었다. 그런데 훌
　륭한 선지식(善知識)을 만나 깨우침에 들어서고 보니, 산은 산이 아니고,
　물은 물이 아니었다. 그러나 이제 완전히 쉴 자리를 찾고 보니(완전히
　깨닫고 난 다음에), 산은 역시 그대로 산이요, 물 역시 그대로 물이더라.
　[그대에게 묻노니 이 세 가지 견해가 서로 같은 것이냐, 다른 것이냐?
　이것을 터득한 사람이 있다면 그는 이 노승과 같은 경지에 있음을 인정
　하리라.]" Suzuki, 《Zen Essays I》, p. 12. (原註)
　　原文: 老僧三十年前. 未參禪時. 見山是山. 見水是水. 乃至後來. 親見知
　識. 有入處. 見山不是山. 見水不是水. 而今得箇休歇處. 依前. 見山祇是山. 見
　水祇是水. [大衆這三般見解. 是同是別. 有人緇素得出. 許與親見老僧.《景德傳
　燈錄 卷22》
13) 누카리야 《Religion of the Samurai》 p. 123. (原註)

하고 있는데, 그는 깨달음이 진정한 자아(Selbst)의 본질에 대한 통찰을 포함하고 있으며, 또 자아에 대한 일그러진 환상으로부터 우리의 의식을 해방시키는 것이라고 주장하고 있다.14) 자아의 본성에 대한 환상을 갖고 있기 때문에 우리는 종종 '에고'(ego)와 자아를 혼동하게 된다. 누카리야는 '자아'를 모든 붓다, 즉 삶의 전체적 의식(Bewußtsein totalität)으로 해석했다. 그는 반산(盤山) 선사의 말을 인용하여, "마음이라는 밝은 달은 그 빛 가운데 전 우주를 감싸안고 있다[心月孤圓光吞萬象]"고 했다. 그는 또, "그것은 우주적 생명이고 우주적 정신이면서 동시에 개인적 생명이자 개인적 정신이다"라고 덧붙였다.15)

자아를 어떻게 규정하든 확실한 것은 그것이 에고와는 다르다는 것이다. 에고의 보다 높은 통찰이 자아로 옮겨진다는 뜻에서, 자아는 에고의 경험을 포함하고 있으며 그 때문에 에고를 넘어서는 더욱 커다란 것이다. 에고가 자기 자신(self)에 대한 모종의 이해인 것처럼 자아도 스스로의 에고에 대한 어떤 이해이다. 그렇지만 그 이해는 더욱 확대된, 혹은 보다 높은 에고의 형태로 경험되는 것이 아니라 '에고의 사라짐, 혹은 비아'(非我: Nicht-Ich)의 형태로 경험된다.

《독일신학》(Deutsche Theologie)16)의 저자도 이 같은 나의 생각에 깊이 동의하고 있다.

"자신의 완전함을 깨달은 피조물 – 인간은 먼저 모든 피조물성 –

---

14) "깨달음은 자아의 본성에 대한 통찰을 포함한다. 그것은 자아에 대한 잘못된 개념으로부터 마음을 해방시키는 것이다. 같은 책, p. 123. (原註)
15) 같은 책, p. 132. (原註)
16) Buttner에 의해 출판된 《Das Buchlein vom yollkommen Leben》 1907. (原註)

만들어진 것이라는 피조적 특질(Geschopfesart)-, 그리고' 나는
어떤 것이다' 라는 생각(Etwasheit), 그리고 자아(Self)의 관념을
소멸시켜야 한다.”

" 자신을 선(善)하다고 여기는 것은 아무래도' 이것은 나의
것이다' 혹은' 나는 선(善)하다' 라는 일그러진 환상으로부터
온다. 이것은 불완전함과 어리석음의 소치이다. 진리와 마주친
사람은 자신이 선(善)하지 않다는 것, 다시 말하면 선함은 그
자신의 것이 아니고, 또 그 자신에게서 나온 것이 아님을 깨닫
게 될 것이다.”

" 그때 그는 말한다.' 불쌍하게도 나는, 내가 그것이라는 망상
속에서 살아왔다. 지금은 내가 아니라 그가 바로 신(神)이고(is)
신(神)이었다(was)' 라고.”

그럭저럭 깨달음의 내용에 관하여 상당한 분량이 서술된 셈이
다. 깨달음은 에고의 형태로 묶여 있던 의식이 에고 아닌 자아의
영역으로 들어섬으로 해석하고 표현해 보자. 이 해석은 선의 본
질과 맞아떨어지는 동시에 마이스터 에크하르트(Meister Eckehart)
의 신비주의17)와도 일치한다.“ 마음이 가난한 자는 복이 있나
니”에 관한 설교 가운데서 에크하르트는 이렇게 말했다.

내가 신으로부터 태어날 때 모든 존재자들은' 신이 나셨다' 고
말했다. 그렇지만 그때에도 나는 은총과 축복에 젖지는 않는다.
은총과 축복을 느끼는 것은 아직도 내가 하나의 피조물에 불과함
을 말해주는 것일 따름이다. 은총을, 그리고 신까지도' 확 뚫어
버렸을 때18) 다시 말해서 내가 신의 의지 속에서 빈대나무로 울

17) H. Hutter에 의해 출판된 《Meister Eckehart' s Schriften und Predigten》,
1912. (原註)

때, 아니 차라리 신의 의지나 역사(役事)로부터도 비어 있을 때,
그때 나는 피조물임을 넘어 선다. 그때 나는 신도 아니고 피조물
도 아니다. 나는" 있는 그대로의 나이며 지금도 그리고 앞으로도
영원히 나로 남아 있을 것이다!"(I am what I am, and what I
will remain.) 그때 나는 마음속에서 모든 것이 일변하는' 덜컹'
소리를 듣는다. 그 소리와 함께 나는 수많은 천사들 위로 날아
오른다.' 덜컹' 하고 내려앉는 소리 속에서 나는 엄청나게 풍부해
져서 신까지도 나를 채워 주기엔 불충분함을 느낀다. 그는 신이
며, 신적인 엄청난 역사(役事)를 세계에 구현하고 있음에도 불구
하고. 왜냐하면 나는 이' 확 뚫어버림'(break-through: Durch-
bruch) 속에서 신(神)이 곧 나이고 내가 곧 신임을 느꼈으므로
-." 나는 아브라함이 태어나기 이전부터 있었던 바로 그 얼굴
이다."(I am then what I was.)[19] 그러므로 나에게는 더 이상 덧
붙일 것도 없고 덜어낼 것도 없다. 왜냐하면 나는 모든 것을 움
직이지만 스스로는 움직이지 않는 자이므로-. 이제 신은 더 이
상 인간에게 발붙이고 살 수 없게 되었다. 인간은 자신의 가난함
을 통하여 그가 언제나 있었던, 그리고 앞으로도 영원히 있을 그
곳으로 돌아왔기 때문에-.

여기서 에크하르트는 깨달음의 체험, 즉 자아를 통해 에고를
해소시킴으로써 불성(佛性) 혹은 신적 보편성을 얻은 경험을 그
려내고 있다. 나는 그가 일종의 형이상학을 표명하고 있다기보다
는 체험 가능한 의식의 변화를 설명하고 있다고 생각하기 때문
에, 깨달음을 겸허한 과학자의 입장에서 심리학적 문제로 다루어

---

18) 선에서도 이와 비슷한 이미지를 쓰고 있다. 부처의 본질이 무엇이냐는
  제자의 질문에 한 선사는" 주전자 밑바닥이 뚫렸다"고 대답했다.
  (Suzuki,《Zen Essays I》p. 217) 혹은" 쌀가마가 터졌다"《(zen Essays》,
  p. 100)라는 비유도 보인다. (原註)
19) 선(禪)은 인간 본래의 내적 자아를 깨닫는 것, 혹은 인간의 원초적 면목
  을 엿보는 일이다. Suzuki,《Zen Essays I》p. 220, 241 참고. (原註)

보려고 한다. 나와 같은 관점에 있지 않거나, 적어도 이해하려들
지 않는 사람에게는 내가 시도하는 설명이 다만 문자의 유희에
그치는 것으로 아무런 생생한 의미를 전달해 주지 못할 것이다.
그런 사람은 결코 언어를 통한 나의 해명을 깨달음이라는 사실
자체와 연결시키지 못한다. 다시 말하면 어째서 '흐드러진 월계
수에서 피어나는 향기' (이 책 제7장)와 '비틀린 코' (이 책 제6
장)가 꼭 같이 그토록 놀라운 의식의 변화를 성취시키는지 이해
하지 못한다.

　복잡하게 생각할 것 없이 선사들의 정신적 편력의 이야기들을
흥미 있는 동화로 여겨 심심풀이로나 읽을 수도 있고 동화가 아
니라면 깨달음을 경험했다는 선사들이란 순전히 자기 기만에 빠
져 있는 사람들이라고 치부해 버릴 수도 있다. (이를 위하여 '자
기 암시' 란 표현이 쓰인다. 깨달음이란 자기 암시에 의한 환상이
라는 것이다. 이 말은 정신적 불성실이라는 창고에서 끌려 나온
애처로운 코끼리이다.) 이 '이상한 현상' (깨달음)을 진지하고 책
임 있게 연구하는 사람은 이 점을 간단히 흘려버려서는 안 된다.
물론 우리는 어떤 사람이 '실제로' 깨달았는가, 또는 '진정으
로' 구원에 이르렀는가, 아니면 스스로가 그렇게 상상하고 있을
따름인가를 결코 확실히 가려낼 수 없다.

　그것을 검증하고 재어볼 수 있는 어떤 표준도, 자[尺]도 우리
는 갖고 있지 못하고 있다. 게다가 상상에 의한 고통이 소위 현
실의 고통보다 더 아프게 느껴진다는 것은 잘 알려진 사실이다.

　상상에 의한 고통에는 자책감, 마음 한 구석에서 고개 드는 그
비관적인 느낌에 의해 일어나는 미묘한 도의적 고뇌가 더해지기
때문이다. 그러므로 초점은 깨달음이 자기 기만인가 아닌가 하는
실제로 일어난 사건(actual fact)이 아니라 '정신적 현실성'
(Spritual reality)에 놓여진다. 다시 말해서 깨달음이라 불리는 심
적 현상의 과정 자체를 문제삼자는 것이다.

모든 정신의 현상(spiritual happening)은 '그림'이며, '상상' (Imagination, Einbildung)이다. 그렇지 않으면 깨달음이란 의식은 물론 깨달음이라는 사건의 '현상'(Phenomenality)도 없다. 상상에 의한 구성도 정신의 사건이기 때문에 깨달음이 '현실적'이냐, 아니면 '상상에 의한 구성'이냐 하는 물음은 전혀 의미가 없다. 실제로 깨달은 사람 혹은 깨달았다고 내세우는 사람은 누가 뭐라 해도 자신이 깨달음을 얻었다고 생각한다. 그 자신의 깨달음은 다른 사람이 어떻게 생각하고 있느냐에 의해 좌우되는 것이 아니다. 비록 거짓말을 하고 있다손 치더라도 그의 거짓말 역시 하나의 심적 사실이다. 그렇지 않은가. 심지어 종교 체험을 고백한 기록들이 모두 의식적인 허구이고 조작된 것이라 하더라도 우리들은 망상을 다루는 정신병리학에서와 똑같은 '과학성'을 가지고 이 같은 허위보고에 관한 흥미 있는 심리학 논문을 쓸 수 있으리라 생각한다.

하물며 하나의 종교적 운동이 있고, 거기에 현명하고 뛰어난 사람들이 몇 세기에 걸쳐 몸 바치고 마음써 왔다는 사실만으로도 그것을 과학적으로 이해하려는 시도를 해볼 만하다.

앞에서 나는 서구에서도 깨달음에 해당하는 무엇인가가 있었을까 하는 의문을 제기했었다. 서구 신비주의자들이 말한 것을 빼놓고서는 얼핏 보기에 깨달음과 비교될 만한 것이 서구에는 없는 것 같다. 의식에 발전의 단계라는 것이 있으리라고는 상상도 못했던 것이 우리네 서구인들의 사고방식이었다. '사물을 의식하는 것'과 '사물을 의식하는 바로 그 의식을 의식하는 것' (Consciousness of the consciousness) 사이에는 엄청난 심리학적 차이가 가로놓여 있다는 간단한 생각조차 우리는 해명될 수 없는 난해한 것으로 밀쳐 놓았던 것이다.

따라서 아무도 그 문제의 심리학적 여러 조건과 상황을 요모조모 알아 볼 정도로 의식의 차원을 심각하고도 진지하게 다루어 보지 않았다. 바로 이 문제 혹은 그와 비슷한 문제의 설정은 대개 지적(知的) 요구에서 나온 것이 아니라 언제나 근원적이고 종교적인 물음과 깊이 연관되어 나타났다는 점에 주목하도록 하자. 일상적 의식의 불완전함을 느낀 나머지 그 불완전한 의식의 속박으로부터 벗어나려는 인간의 시도에 커다란 힘이 되었던 것이 인도에서는 요가(Yoga)였고 중국에서는 불교였다.

서구 신비주의에서는 의식의 '나 혹은 내 것임' (Ichaftigkeit)으로부터 어떻게 자신을 해방시킬 수 있는가, 또 어떻게 해방시켜야 하는가, 그리하여 진정한 자기 이해를 통하여 어떻게 좁은 에고를 넘어서는 내적(혹은 神的) 인간에 이를 것인가를 가르쳐 왔다. 루이스브뢱(Ruysbroeck)은 이를 위하여 인도철학에서처럼, '뿌리가 하늘로 치솟아 있고 가지가 땅으로 향해 있는 나무' 라는 비유를 쓰고 있다.[20]

"그리하여 그는 신성(神性: 신의 머리)에 뿌리를 내리고 있으므로 아래를 향하여 자라나고 있는 나무를 타고 올라가야만 할지니……."[21]

그리고 다음과 같은 말은 요가에서 주장하는 것과 같다.

"그리하여 인간은 모든 형상과 집착으로부터 벗어나 아무런 미망(迷妄)도 없이 자유롭게 되리라. 피조물이란 딱지를 벗어 던지고."[22]

---

[20] "그 뿌리는 하늘로 자라나고 가지는 땅 깊이로 내려가는 오래된 나무가 있다. ……이 나무는 브라만이다. 그는 죽지 않는 유일한 자이다." 《Katha-Upanishad Ⅱ Adyaya, 6 Valli 1.》 1273년에 태어난 이 플란더즈의 신비주의자가 이 같은 이미지를 인도의 경전에서 빌려왔다니 우리의 상상을 초월한다. (原註)
[21] John of Ruysbroeck, 《The Adornment of the Spiritual Marriage》 p. 47. (原註)

" 그는 더 이상 탐욕이나 고통에 의해, 얻는 것과 잃는 것, 영달(榮達)과 몰락에 의해, 쾌락과 공포에 의해 다른 사람의 이목과 평판에 의해 상처받거나 흔들리지 않는다. 그리하여 어떤 피조물에도 집착하지 않는 사람이 된다."23)

여기에 모든 존재의 하나됨(Unity)이 있다. 그리고 이것은 동시에 '인간의 안쪽 깊이로 향함' 을 의미한다. " 인간은 그의 마음 깊은 곳으로, 즉 내부를 향하여 발길을 옮김으로써 신의 비밀한 역사(役事), 그리고 은밀한 신의 소리를 느끼고 이해하게 된다."24) 즉, 종교적 수행을 계속하면 새로운 의식이 생긴다. 그 특징은 의식 밖의 사물이 그것과 서로 얽혀 있는 상대적 의식,25) 즉 사물을 자기중심적으로 보는 의식에 전혀 아무런 힘을 행사하지 못한다는 점에 있다.

이때 상대적 에고(ego)에 물들어 있지 않는 비어 있는 의식은 전혀 다른 새로운 움직임에 완전히 그리고 자유롭게 열린다.26) 전혀 다른 '새로운' 의식의 움직임은 이제 '나의' 몸짓으로 느껴지지 않고, 객관적 대상의 의식이면서 에고는 사라진(non-ego), 순수 움직임으로 느껴진다.27) 마치 에고의 견고한 주관성

22) 같은 책, p. 51. (原註)
23) 같은 책, p. 57. (原註)
24) 같은 책, p. 62. (原註)
25) 외적 대상과 상대적 의식-에고(ego)에 입각한 의식-은 서로를 기다려서 성립한다. 상대적 의식이 사라지면 외적 대상도 사라진다. 뒤집어 말한다면 외적 대상 역시 더 이상 상대적 의식을 형성하지 않는다는 것이다. 인경구망(人境俱忘-임제), 이것이 선을 이해하는 중요한 관건이다. (原註)
26) " 구름이 흩어진 뒤에 달빛이 누리를 비추듯이…… 이 일도 역시 그러하다. 미혹(迷惑)과 망상, 즉 상대적 의식이 사라진 여기가 바로 깨달음[菩提]의 자리이다."《고려 진각국사 어록》(譯註)
27) " 세존이시여 나에게 '에고가 사라짐' 에 대하여 가르쳐 주소서." (Lankavatara-Sutra" 楞伽經」)에서 인용. Suzuki,《Zen Essays I》 p. 76. (原註)

이 녹아서 풀어지는 쪽으로 이행함 또는 에고의 자리에 또 다른' 주관' 이 들어섬과 같다.28) 이것은 사도 바울이 말한 종교적 경험의 문제이기도 하다. 바울은 갈라디아서29)에서 종교에 의한 자기 변화의 오딧세이를 통하여 얻은 의식－이전의 의식상태와는 완전히 다른 새로운 의식－상태를 기술하고 있다.

물론 이렇게 항의하는 사람도 있을 것이다. 책을 볼 때처럼 똑같은 눈으로 다른 그림을 보는 것, 즉' 의식의 대상' 이 바뀌었지' 의식 자체' 가 달라진 것은 아니라고. 이 견해는 사실을 무시하고 있으므로 나로서는 그것이 제멋대로 내린 해석이라고밖에는 달리 생각할 수 없다. 사실은 그렇다. 선의 문헌에는 늘 보던 것과는 좀 다른 대상이나 그림이 그려지고 있다기보다 오히려 급격한 의식의 변환에 의해 야기된 자기변혁이란 체험이 그려지고 있다. 하나의 대상을 지우고 다른 대상을 그려 넣는 것은 일상적 의식에서 일어나는 일이지만 자기변혁이란 체험에는 그런 특징이 전혀 없다. 그러므로 요점은' 다른 대상을 봄' (Something different is seen)이 아니라' 다르게 봄' (See differently)이다.

다르게 본다는 것은 공간의 제약을 받는' 보는 행위' 에서 새로운 차원에 의한' 봄' [觀]으로 옮기는 것과 같다. 앞서 인용된 현사 선사가 " 시냇물이 흐르는 소리가 들리느냐?" 라고 물었을 때, 그는 분명히 우리가 늘 경험하고 있는 듣는 행위와는 전혀 다른 어떤 것을 가리키고 있음에 틀림없다.30) 의식은 지각(知覺)

---

28) 어떤 선사가 말했다." 부처란 별다른 사람이 아니라…… 단지' 이 마음' 을 바로 보려는 사람이다." 같은 책, p. 76. (原註)
29) 《갈라디아서 2장 20절》 (譯註)
    내가 그리스도와 함께 십자가에 못박혔나니 그런즉 이제는 내가 산 것이 아니요, 오직 내 안에 그리스도께서 사신 것이라. 이제 내가 육체 가운데 사는 것은 나를 사랑하사 나를 위하여 자기 몸을 버리신 하나님의 아들을 믿는 믿음 안에서 사는 것이라.

과 비슷한 데가 있다. 지각이 여러 가지 다양한 조건과 제한(制限)에 묶여 있는 것처럼 의식 역시 그런 운명을 타고났기 때문이다. 우리는 때로는 좁게, 때로는 넓게 의식한다. 때로는 피상적으로 때로는 보다 심층적으로 의식하고 있으므로 의식에는 다양한 층차(層差)가 있게 된다. 이 층차, 정도의 차이는 개개 인격의 발전, 즉 지각이나 인식하는 주체의 개성에 전적으로 달려 있으므로 이 차이는 자주 근본적인 것으로 간주되기도 한다.

　논리적으로 사고하고 있는 한, 지성은 그러한 사고와 인식을 가능하게 하는 주체가 도대체 어떤 상황에 놓여 있는가 하는 것에는 관심이 없다. 지성은 필연적으로 의식의 내용을 소화하거나 소화하는 방법을 따져 보는 것을 자기 일로 삼고 있다. 이렇게도 좀스러운 지성을 극복하고 인식하는 바로 그 주체를 인식하려는 과감한 시도를 하기 위해서는 철학적 정열이 무엇보다 요구된다. 그런 정열은 사실상 종교적 동기와 거의 구별하기 힘들다. 그러므로 우리가 지금 다루고 있는 문제 전체는 단순히 지성만 갖고는 도저히 깊이를 잴 수 없는 종교적 자기변혁의 과정에 속한다. 고대철학의 상당 부분이 이 같은 자기변혁을 주제로 하고 있다. 현재로 올수록 철학에 이런 관심은 점점 줄어들고 있다. 근대 철학자 쇼펜하우어는 속마음으로 고대에 가까웠던 사람이다. 니체는 명백히 고대의 관심을 부활시켰다. 그의 《짜라투스트라》는 철학이 아니다. 지성을 완전히 삼켜버린 극적(劇的) 변혁, 자기변혁의 서사시이다. 니체의 최대 관심거리는 가장 높은 의미에서' 사유하는 주체이지 사유 작용이나 사유 내용이 아니다. 우리는 《짜

---

30) 이 변화에 대해 스즈키는 말한다. " 좌선은 그 원초적 형태 그대로 남아 있지 않고 새로운 모습을 띤다. …… ' 비에 씻긴 신선한 마음' 과' 티 하나 없이 밝게 빛나는 구슬' 의 아름다움이라니."(《Zen Essays Ⅰ》 p. 123, p. 235 참고.) (原註)－융이 인용한 첫 문장은 군더더기이다. 뒷구절은 다른 차원의 보고들음이 일상적 상대적 보고들음의 때[垢]와 티를 씻어 냈을 때 가능하다는 의미이다. (譯註)

라투스투라》의 페이지마다 이 같은 니체의 일관된 관심에 접하
게 된다. 이제' 짜라투스투라'와 같은 새로운 사람, 완전한 변혁
을 겪은 사람이 나타나야 하리라는, 낡은 껍질을 깨고 새로운 하
늘과 신선한 대지를 바라보는 사람, 아니 그보다 그 신천지(新天
地)를 스스로 창조한 사람이 나타나야 할 때이다. 안젤루스 실레
시우스(Angelus Silesius)는 《짜라투스트라》에 비하면 훨씬 부드
러운 표현으로 다음과 같이 썼다.

" 내 육신은 껍질이다. 한 마리의 새가' 영원의 정신'에 의해
이 껍질을 깨고 날아 오를 것이다." (Mein Leib ist ein Schal, in
dem ein Küchelein Vom Geist der Ewigkeit will austge
brütetsein.)

선(禪)의 깨달음은 기독교에서 말하는 종교적 자기변혁(自己變
革)이란 체험에 해당한다. 그렇지만 그런 경험에는 여러 가지 단
계와 다양한 유형이 있기 때문에 과연 어떤 점에서 기독교의 종
교체험이 선(禪)의 깨달음과 일치하는가를 좀더 세밀히 따져보는
것도 의미 있는 일일 것이다. 선의 깨달음은 의심할 여지없이 신
비주의자의 체험이다.

그 특성은 체험을 위한 준비 작업이' 자기를 버리고'(Sich
lassen),' 생각을 비움'과 같은 성격을 지닌다는 데 있다. 이 점
은 성스러운 형상을 마음에 그리고 그것에 의해 자기를 수련시
키는, 예를 들면 성 이그나티우스(st. Ignatius)의 기도와 같은 종
교체험과는 완전히 구별되는 선의 특징이다. 프로테스탄트의 공
동체험에 의한 변화를 포함해서 신앙과 기도에 의한 변화는 모
두 이그나티우스적 체험의 범주에 넣을 수 있다. 여기서는 아주
명확한 전제(前提) 하나31)가 결정적인 역할을 하고 있다.' 마음

---

31) 신(神) 혹은 절대자란 관념을 지칭한다. (譯註)

을 텅 비운다'거나'안고 있는 모든 것을 내려놓는다거나 하는
것과는 번지수가 다른 전제이다. 그러므로 선(禪)의 폭탄선언, 즉
신(神)은 무(無)이다"(God is Nothing)라는 명제는 근본적으로
그리스도의 수난에 대한 명상이나 신앙, 그리고 선민적(選民的)
구원의식과는 양립할 수 없는 것이다.

　이제 선의 깨달음과 비슷한 것을 찾기 위해 우리에게 남겨진
것은 몇 명 되지 않는 기독교 신비주의자들밖에 없다. 이들의 말
은 역설(Paradoxy)로 가득 차 있기 때문에 이단의 영역에 있거
나 아니, 이단까지도 넘어 서 있다는 편이 더 정확하다. 마이스터
에크하르트도 바로 이'역설' 때문에 교회로부터 유죄 선고를
받았다. 불교가 만약 서구적 의미의 교회 체제를 갖고 있었다면
선이란 운동은 불교에 참으로 부담스러운 짐이었을 것이다. 그
이유는 쉽게 짐작할 수 있다. 선·수행의 방법이 극단적으로 개
인적 형태를 띠고32) 있고 대부분의 선사들이 우상파괴적 입장33)
을 견지하고 있는 까닭이다. 스즈키의 선승교육에 관한 저서34)에
서도 알 수 있듯이 선은 몇 세기를 이어져 온 종교적 운동이었
으므로 공동집단의 형태를 띠게 된 것은 당연하다. 그러나 선
(禪)의 알맹이 그리고 그 알짬의 성취라는 면에서 볼 때, 집단적

---

32) "깨달음은 개인의 경험 가운데서 가장'개인적인 저 자신만의' 일이
　　다." Suzuki, 《Zen Essays I》. p. 247. (原註)
33) 한 선사가 제자에게 말했다." 나는 정말 너에게 가르쳐 줄 만한 것이
　　아무것도 없다. ……만일 있다 해도 그건 네 자신의 것이 아니다. 같은
　　곳, p. 69.
　　어느 제자가 스승에게 말했다." 저는 이제까지 부처를 찾아 헤맸습니다.
　　……(그런데 지금 찾고 보니) 그 위에 스승님이 올라앉아 계시는군요."
　　p. 59.
　　또 이렇게 설법한 선사도 있었다." 앎이 아닌 앎(상대적 의식이 사라
　　진 곳의 다만 보는[但知已矣,《禪宗永嘉集》순수 행위-역주], 그것이 부
　　처이다. 그 외에 다른 부처란 없다." p. 57. (原註)
34) Suzuki, 《The Training of the Zen Buddhist Monk》, Kyoto, 1934. (原
　　註)

형태는 다만 겉모습에 불과하다.

선사(禪師)들의 집단적 생활방식이야 어떻든, 정신적 훈련 혹은 정신 형성의 방법은 주로 공안체계(우리나라에서는 화두란 표현을 더 자주 쓴다 – 역주)에 의존했다고 생각된다. 공안(公案)은 스승이 제자에게 부과하는 역설적인 표현이나 설문, 그리고 선사들의 직접적 행위 등을 의미한다.

스즈키의 설명에 따르면 주로 선화(禪話)란 형식으로 전승된 이름난 문제가 공안의 자격을 얻는데, 그런 공안이 참선할 때의 제자에게 주어진다고 한다. 고전적인 유명한 공안 가운데 하나로 조주(趙州)의 '무(無)' 자 공안(公案)을 들 수 있다. "개[犬]에게도 불성(佛性)이 있습니까?"라는 어떤 중의 물음에 조주는 '무(無)'라고 대답했다. 이 '무(無)'의 의미는 스즈키가 우리에게 거듭 주의하는 것처럼 그야말로 '무(無)', 철저하게 단순한 '무(無)'이다. 개[犬] 자신이었다면 틀림없이 이 물음에 그렇게 대답했을 그런 '무(無)'이다.

언뜻 보면 이런 문제를 참선의 주제로 삼도록 제자에게 짐 지우는 것은 스승이 최후의 결과를 예상하고 있거나 그 결과를 미리 단정하고 있는 것 같다. 참선이나 명상의 내용은 예수교(Jesuit) 입문을 위한 정신 수양이나 인도 요가처럼 실질적으로 스승에 의해 이미 주어진 문제 속에 딱 부러지게 규정되어 있는 듯싶다. 그렇지만 공안은 너무나 다양하고 애매모호하며, 무엇보다도 이빨을 댈 수 없을 정도의 역설로 가득 차 있기 때문에 전문가조차도 어떤 것이 적합한 해결로서 불쑥 나타날까 짐작조차 할 수 없을 정도이다. 그뿐만이 아니다. 궁극적 체험에 대해 서술하고 있는 말도 어느 것 하나, 공안과 체험 사이에 별다른 이의를 제기할 수 없는 합리적 연결을 알아챌 수 있을 만한 것이 없다.

논리적 추이라는 연결고리가 풀어진 까닭에 공안에 의한 간화

선(看話禪)의 방법에 의거하면 정신적 자기변혁이란 사건은 자유로이 언제 어느 때고 아무런 제약 없이 터지게 된다. 그리하여 궁극적으로 깨달음이란 체험은 학인(學人)의 개인적 소질에 전적으로 맡겨지는 것이라고 생각한다.

지성을 철저하게 두들겨 부숨으로써 의식이란 전제(前提)가 완전히 배제된다. 그렇지만 무의식이란 전제는 여전히 남게 된다. 다시 말하면 지금 역력히 드러나 있지만 인식되지는 않는, 그런 정신의 바탕은 배제되지 않는다.

이 무의식이란 전제는 텅텅 빈 것도 아니요 전제가 없다는 말도 아니다. 그것은 천성(天性)으로 주어진 바탕으로서 이 바탕이 스스로 응답하는 것, 바로 그것이 깨달음이란 체험이다. 깨달음은 천성(Nature)이 자신의 숨겨진 힘을 의식으로, 그것도 아무런 매개 없이 전달하는 데 성공한 천성(天性)의 움직임인 것이다.35) 제자의 무의식적 바탕이 스승이나 공안에 대한 해답으로 제시되는 것, 이것이 깨달음임에 틀림없다.

나의 이 같은 견해는 적어도 깨달음에 관한 기술(記述)과 일치하며, 욕심을 부리자면 아마 깨달음의 본질에 관한 보다 정확한 해명이 아닐까 한다. 선사들이 "자성(自性)을 본다" 혹은 "네가 태어나기 이전의 본래의 네 모습(本來面目)은 무엇이냐?"는 등 인간 존재의 깊이와 본질에 관한 문제를 최고의 관심사로 했다는 사실36)로도 나의 견해의 정당성이 입증된다.

---

35) 선 의식은…… 무의식을 들여다보는 것이다. Suzuki, 《Zen Essays Ⅱ》
36) Suzuki, 《Zen Essays Ⅰ》에서, 선의 금언은 "자신의 진정한 본성을 깨쳐 부처를 이룬다(見性成佛)"이다. p. 7.
　　어떤 중이 혜능(慧能)에게 가르침을 구했을 때 그는 이렇게 말했다. "네가 태어나기 이전의 본래 네 모습(本來面目)을 보여다오." p. 210.
　　일본의 어떤 선 문헌에서는 "부처를 보려거든 네 자성(自性)을 보아라. 이 자성이 바로 부처이니라"고 말했다. p. 219.
　　깨달음을 통해 제자는 자신의 '본래면목'(本來面目)을 스승에게 보여주게 된다. p. 241. (原註)

선은 전제(前提: Voraussetzung)를 용납하지 않는다는 것을 기본원리로 하고 있기 때문에 다른 모든 철학적 명상이나 종교적 수행과 구별된다. 붓다까지도 비록 그 자신이 수행자들의 가장 강력한 정신적 전제임에도 불구하고—아니 사실은 바로 그 이유 때문에, 신성모독이라 생각될 정도로—천대와 멸시를 받는다. 붓다라는 것 역시 하나의 형상(形象: image)인 까닭에 저만큼 밀쳐 놓아야 하는 것이다. 그러므로 사실로 있는 것 외에 어떤 것도 세워서는 안 된다. 있는 것은 인간뿐이다. 완전한 그리고 무의식적인 정신적 전제를 갖는 인간뿐이다. 이 전제의 의식성(意識性) 때문에 인간은 영겁(永劫)에 걸쳐 그것으로부터 벗어날 수 없다. 마치 아무데서도 나온 것 같지 않게 자연스럽게 터져 나온 응답은, 가장 어두운 막막한 깊이에서 터져 나온 불빛처럼 불가사의한 깨달음의 축복이다.

의식은 별 수 없이 여러 제한과 거치적거리는 장애물로 가득 차 있는 세계이다. 의식은 그 본성상(本性上) 일면성을 피할 수 없다. 한 순간에 품을 수 있는 의식의 내용은 극히 적은 양으로 제한된다. 이 극히 적은 의식내용을 제외한 그 밖의 모든 것은 그늘에 가려져 볼 수 없다.

그렇다고 한 순간의 의식내용(意識內容)을 증가시키려 들면 의식은 더욱 흐릿해지는데, 심해지면 의식은 점점 갈피를 잡지 못하다가 결국 혼미와 혼돈으로 가라앉고 만다. 의식은 자신의 내용물을 아주 적은 양으로, 그리하여 아주 명확하게 된 것만으로 제한해 줄 것을 엄격하게 요구한다. 의식은 본질적으로 그럴 수밖에 없는 운명을 타고났다고 말하는 편이 옳다. 우리가 무엇을 알고 있다는 것은 따지고 보면 주시(Attentiveness)에 의해 형상(形象)을 비교적 빠르게 연속시키는 의식 활동에 전적으로 의존하고 있다. 그런데' 주시' 란 능력을 한 순간도 쉬지 않고 계속해 나갈 수 있는 사람은 없다. 지속적 주시가 불가능하므로 우리는 말하자면 동시적 표상이나 형상의 연속을 최소한으로 줄임으로써 입막음을 할 수밖에 없다.

이럴 경우 가능한 표상의 거대한 영역이 의식으로부터 제외되는 동시에 의식은 언제나 가장 좁은 테두리에 묶여 있게 된다. 만일 의식이 표상할 수 있는 모든 것을 동시에 표상하며, 그것을 한눈에 포괄할 수 있다면 어떻게 될까? 그것은 우리의 일상적 상상을 넘어서는 일이다. 인간이 한번에 그리고 동시에 지각할 수 있는 몇 안 되는 명확한 인식 내용만 가지고 이 세계를 구축할 수 있다면, 나아가서 모든 것을 한꺼번에 명확하게 인식하는 데 성공한다면 얼마나 신비스러운 세계가 우리에게 펼쳐질까? 이 물음은 어떻든 우리가 지각, 인식할 수 있는 영역에서의 의문이다. 그런데 여기에 무의식의 내용—즉, 아직, 그리고 앞으로도 의식될 것 같지 않은 내용—을 더해서 생각해 보면 어떨까. 어떤 대담한 상상력도 그때 전개될 세계를 짐작할 수 없을 것이다. 상상이 따라갈 수 없는 이 세계는 물론 의식의 형태로는 절대로 붙잡을 수 없지만 무의식의 형태에서 그것은 틀림없이 가능하다. 왜냐하면 의식에 떠오르지 않는 잠재의식의 모든 것은 의식 전면의 표상에 대하여 언제나 가능성으로 존재하고 있기 때문이다. 무의식은 비록 들여다 볼 수는 없지만 의식의 영역 아래에 있는 정신적 요소의 전체이고 천성(天性)으로 인간에게 부여된 잠재능력이 몽땅 드러나 있는 곳이다(total exhibition of potential nature). 그것은 마음의 온[全] 바탕을 형성하고 있다.

이 바탕에 의식의 단편(斷片)들이 수시로 떠오르게 된다. 그래서 의식의 내용을 가능한 한껏 비워버리면 일종의 무의식 상태에 들어서게 된다. 적어도 일시적으로라도 그렇게 된다. 선에 있어서는 이렇게 의식의 내용을 덜어내는 작업을 표상에 쓰이던 의식의 에너지를 되돌려 '공(空)'이라든가 공안으로 끌어들이는 일로 나타낸다.

이 두 가지 일—공(空)의 파지(把持)와 공안의 참구(參究)—이 흔들리지 않고 굳건하고 지속적이면, 의식의 표면에 형상이 연속적으로 출몰하는 일은 더 이상 없게 된다. 그와 동시에 그렇게도 의식을 한 순간의 쉼도 없이 부글부글 끓게 하던 에너지도 사라진다. 이 과정을 통해 저축된 에너지는 무의식으로 되돌아가고 그 자연적인 축적은 계속 강화되어 어떤 극한점에 이르게 된다. 무의식의 내용은 마침내 의식의 한가운데로 터져 나갈 준비를 마치게 되는 셈이다.

의식을 비우는 일, 의식의 작용을 쉬게 하는 이 일은 결코 쉬운 작업이 아니기 때문에, 무의식의 내용을 의식의 한가운데로 터져 나가도록 하기 위해 '더할 수 없는 팽팽한 긴장'을 일으키고 유지하는 데는 특별한 훈련과 상당한 시간37)이 필요하다.

터져 나오는 무의식의 내용은 임의적이고 제멋대로인 어떤 것이 아니다. 정신병자의 정신병리학적 경험에서조차도 의식내용과 그 의식내용에 불쑥 뛰어든 망상(妄想) 혹은 정신착란과의 사이에는 그 나름의 관계가 존재한다. 이것은 자고 있을 때 꾸는 꿈과 깨어 있을 때의 의식 사이에 존재하는 것과 같은 관계이다. 이 관련은 본질적으로 보상적38) 관계(Compensatory relation-ship)이다.39) 풀어서 말해보면 이렇다. 무의식은 가장 넓은 의미에서 의식적 활동에 필요한 것을 충족시키도록, 즉 의식적 활동

---

37) 중국 선의 창시자라는 달마는 이렇게 말했다. "그런 사람들의 모든 노력은 결국 허사로 돌아가고 말 것이다." Suzuki, 《Zen Essays I》, p. 176. (原註) —특별한 훈련을 오랜 기간 실행함으로써 선의 깨달음에 이르려는 것은 결국 길을 잘못 들었다는 말이다. (譯註)

38) 상호보충적(complentary)이란 말보다 나은 표현이라고 생각한다. (原註)

39) 이것을 좀더 알고 싶은 사람은 정신치료에 대한 전문가들의 글을 읽어 보라고 권하고 싶다. (原註)

이 온전하도록[40] 모든 내용물을 표면의식에 쏟아 내놓는다. 이렇게 무의식에 의해 제공된—아니, **억지로 짜냈다는 편이 더 정확하겠지만**—부분을 의식적 생활로 의미 있게 옮기는 데 성공하면, 그것은 개인적 인격의 전체성과 훌륭하게 맞아떨어져서 무의식적 인격과 의식적 인격 사이에 쓸데없는 갈등이 사라지게 되는 건전한 심적 존재방식이 탄생한다. 현대의 정신치료법은 위의 원칙에 근거한다. 무의식은 다만 열악한 것, 도덕적으로도 가치 없는 내용으로 채워져 있다는 역사적 선입관으로부터 벗어날 수 있었던 것도 실로 이 원리 때문이었다. 물론 무의식의 영역에는 형편없는 부분도 있고 지저분한 비밀의 잡동사니로 엉망인 곳도 있겠지만 그것들은 무의식이라기보다 오히려 숨겨진, 그리고 반쯤은 잊혀진 의식이라 해야 옳다. 이 부스러기들을 무의식 전체와 한 자리에 놓고 논하려 드는 것은 마치 썩은 이빨 하나를 가지고 한 인간의 인격을 논하려 드는 것과 같이 어리석은 짓이다. 무의식은 모든 형이상학적 주장, 모든 신화, 모든 철학—비판을 위한 비판에 그친 철학은 제외하고—의 모태이다. 또한 심리학적 전제에 입각한 모든 생활양식의 모태이기도 하다.

어느 고정된 틀에 묶여 있는 의식을 해방시키는 방법은 무의식이 의식을 한사코 침공해 들어가는 길밖에 없다. 이런 방법은 있을 법한 관념의 전체를 깨뜨림으로써만 가능하다. 다시 말하면 위에서 설명한 대로 심리적 존재가 잠재태(potentia)로 있을 때의 동시적 형상(同時的形象: simultaneousimage)이라는 바로 그 온전한 바탕(disposition)에서만 무의식이 터져 나온다는 말이다. 의

---

40) 이 '필요한' 이란 말은 쓸모 있는 가설(working hypothesis)이다. 사람들은 이것의 내용에 대한 의견이 각기 다를 수 있고 또 실제로 구구하다. 예를 들어서 말한다면 "종교적 관념은 필요한가?"라는 물음에 대한 해답은 개별적 삶의 한가운데에서만 얻어진다. 즉 개인의 주체적 체험에 전적으로 달려 있다. 이를 결정하는 추상적·이론적 기준은 없다. (原註)

식의 본질적인 특징은 일면적이며 단편적이고 하나하나 분열되어 있다는 점이다. 이와 대조적으로 전체적 바탕에서부터의 반응은 언제나 온전하고 분열되지 않은 성격을 가진다. 그것은 대상을 구분하는 분별의식에 의해 나누어지지 않은41) 까닭에, 즉 천성(天性)과 일치하기 때문에 그 움직임은 놀라운 생명력으로 가득 차게 된다. 의식은 자신을 어디가 어디인지 모르는 막막하게 좁은 뒤안길로 스스로를 밀어 넣어 버리는 데 반해, 무의식이 제공하는 해답은 꿈에도 생각지 못했던, 포괄적인, 그리고 눈앞의 안개가 완전히 걷히는 그런 종류의 것이다.42)

선(禪)의 학인(學人)이 합리적 사유의 때[垢]를 씻어내는 데 혼신의 힘을 기울이고, 진지한 구도의 자세로 다년간 힘든 수련을 견디어 나간다면 머지 않아 하나의 해답을 얻게 된다. 그것은 '천성' 바로 그것으로부터 나온 해답이다. 오직 단 하나뿐인 이 해답과의 만남을 통해 깨달음에 대하여 이제까지 중언부언 말해진 것이 비로소 모두 분명해진다.

선사(禪師)들의 일화(逸話) 하나하나마다 빛나고 있는 그 '천진스러움' (Naturhaftigteit)이 안개 속에서 걸어나와 투명하게 드러난다. 하나의 예를 들어보자. 깨달음을 얻은 제자가 자신의 눈을 뜨게 해 준 스승의 뺨을 한 대 올려 부쳤다. 이야기도 전혀 '이상한' 느낌 없이 받아들이게 된다(이 책의 제9장 참조).

" 개[犬]에게 불성(佛性)이 있느냐 없느냐"는 물음에 스승[趙州]이 한 대답 '무(無)'에는 얼마나 큰 슬기가 담겨 있는가? 하지만 다음 사실도 기억하고 경계하지 않으면 안 된다. 정신의 깊이에

41) "마음이 대상을 분별할 때, 세계는 차별의 모습을 띠고 나타난다. 그 마음을 쉴 때, 그때 비로소 그대는 존재의 참 모습과 만나게 될 것이다." Suzuki 《Zen Essays I》, p. 88. (原註)
42) "마음가짐을 허공처럼 하라"(Suzuki.《Essays in Zen Buddhism》I, p. 209)는 구절을 보라. (原註)

서 터져 나오는 슬기로운 한 마디 말과 무의미한 입놀림을 구별 하지 못하는 사람들이 상당수라는 사실 하나. 그리고 또 하나는 자신의 총명을 지나치게 믿는 나머지 일평생 만나고 있는 사람 들을 모두 바보 멍청이라고 생각하는 어리석음을 범해서는 안 된다는 사실이다.

선불교가 비록 종교적 자기변혁의 과정을 이해하는 데 커다란 도움이 되는 것은 사실이지만 서구인들에게 이것을 그대로 적용 하여 시행하기는 상당히 어렵다. 선에 필요한 정신적 준비가 서 구인에게는 결여되어 있다. 서구인 가운데 누가 과연 뛰어난 스 승을 믿어 그의 이해할 수 없는 교육방법을 무조건 따를 수 있 겠는가? 위대한 인격에 대한 존경과 신뢰는 오직 동양에서만 찾 아볼 수 있다. 그리고 엄청나게 역설적인 자기변혁이란 체험의 가능성을 믿는 사람이 서구에 있을까? 설사 그 가능성을 부인하 지는 않는다 하더라도 그 어렵고 험난한 실현에 수많은 세월을 바칠 정도로 진정으로' 믿는다'고 자신 있게 말할 사람이 몇이 나 있겠는가? 그렇다고 나서는 사람이 있다면 그는 아마 믿지 못할 사람, 병적인 심리상태에서 큰 소리를 치고 있는 사람일 것 이다. 그런 사람은 서구인들 사이에 선불교를 이해하는 사람이 드물다고 불평할 수가 없다.

' 스승'(禪匠: Master)이 언어나 지성만으로는 어림도 없는 힘 든 과제를 부과했을 경우 서구인들은 의혹에 휩싸이게 되고 갈 피를 못 잡게 되고 만다. 안타깝게도 자기형성이라는 가파른 언 덕길은 서구인에게는 지옥같이 음울하고 어두운 길인 것이다.

나는 우리 서구에도 깨달음이란 체험이 있다고 확신하고 있다. 우리에게도 궁극적인 목적을 가슴깊이 새기고, 그리로 가까이 가 기 위해 몸바치는 사람들이 있다. 그러나 그들은 침묵을 지킨다. 그것은 그들이 소심하고 수줍기 때문이기도 하지만 근본적인 이 유는 다른 사람에게 자신의 경험을 전달하려는 모든 시도가 절망적이라는 것을 잘 알고 있기 때문이다.

우리 서구 문화에는 이 열망을 맞아들일 준비가 전혀 되어 있지 않다. 종교적 유산의 관리자인 교회조차 사정은 마찬가지다. 오히려 교회는 그러한 노력이 이단(異端)이라는 이유로 극단적인 경험에 반대의 기치를 세우기에 급급하다. 우리 문화 속에서 이 노력을 얼마간 이해하고 있는, 아니 이해해야 하는 유일한 운동이 있다면 그것은 정신치료(Psychotherapy)이다. 이 서문을 정신치료에 몸담고 있는 사람이 쓰고 있다는 것은 이로 볼 때 결코 우연한 일만이 아니다.

정신치료법은 근본적으로 의사와 환자 사이의 변증법적 관계이다. 그것은 '전체로서의 정신과 정신'의 만남이며 대화이다. 이때 지식은 다만 도구에 불과하다. 정신치료의 목표는 환자의 심적 구조를 변화시키는 것이다. 이 변화는 미리 예정되어 있지 않고 어디로 어떻게 일어날지 모르는 불확실한 것이다. 그렇더라도 모든 변화에 공통되는 하나의 기준이 설정될 수 있다.

그것은 자기고착으로부터의 해방(disappearance of I-ness)이다. 의사로서는 이 변화의 경험을 절대로 강요할 수 없다. 의사가 할 수 있는 일은 결정적인 체험에 이르려는 환자의 길 가운데 막아선 방해 요소를 최소한으로 줄여주는 것이 전부이다. 서구인에게 있어 지식이 차지하고 있는 역할의 중요성을 상기해 볼 때, 이러한 정신치료의 방법은 오히려 선(禪)이 호흡하고 있는 불교의 전통적인 정신적 분위기와 일치한다. 선과 그 방법적 기술(技術)은 불교라는 정신문화의 토대에서 비로소 가능한 것이었다.

실제로 선은 불교를 전제로 하고 있다. 존재하지도 않은 합리주의적 이성을 뒤엎겠다고 나설 수는 없는 일이다. 마찬가지로 역설적으로 들리겠지만, 이지(理知)와 문화라는 바탕이 있었기 때문에 선사(禪師)들은 선의 깊이에 철저히 도달할 수 있었다.

그러므로 우리도 자기고착(I-ness) 혹은 합리주의를 벗어 던질 생각을 갖기 전에 우선 정신치료법에 의해 의식적 에고와 의식적인 문화적 오성(悟性)부터 치료해야 한다고 주장하는 것을 괜한 소리로 몰아 부치지 않았으면 한다.

더구나 정신치료가 다루고 있는 대상은 선승들처럼 진리를 구하기 위해 몸과 마음을 다 바칠 각오가 되어 있는 사람들이 아니라 서구인 가운데서도 가장 완고하게 굳어버린 사람들이다. 따라서 정신치료가 할 일은 선(禪)에서보다 훨씬 복잡하고 다양하다. 긴 치료 과정을 갖는 낱낱의 양상을 보더라도 선과는 비교가 안될 정도로 많은 어려움을 안고 있다.

이런저런 이유로 해서 선을 서구적 전통에 그대로 이식시키는 것은 권장할 일도 아니고 가능할 것 같지도 않다. 그렇지만 정신적 요법의 목표에 대해 진지한 관심을 갖고 있는 치료자라면, 정신치료, 즉 '온전한 사람이 되기' 위한 동양적 방법이 어떤 궁극적인 결과를 추구하고 있는가를 보고 나서 뭔가 느끼는 점이 있을 것이다. 잘 알고 있다시피 이 문제는 2천 년도 넘게 동양 사람들 중에서도 대담한 사람들이 혼신을 다해 몰두했던 문제이다. 동양에서 선에 관한 방법이나 철학적 이론들이 찬란하게 발전되어 왔고 계속 추구되는 반면 서구에서는 이와 비견될 수 있는 것은 모두 그늘에 가려져 보이지 않게 되었거나 기억의 저편으로 사라져 버리고 말았다.

그나마도 우리 서구에서의 시도는 몇몇 예외를 빼놓고는 거의가 주술적이든가-신비숭배(Mystery cult). 기독교도 여기에 포함된다-, 아니면 지적인 어떤 것-피타고라스에서 쇼펜하우어까지의 철학-에 그치고 말았다. 괴테의 《파우스트》와 니체의 《짜라투스트라》가 서구에 있어 '전체의 체험' (Ganzheitserlebnis)이 처음으로 터져 나온 빛, 그나마도 가냘픈 빛이었다43)고 할 수 있다. 그런데도 우리는 서구정신의 산물 가운데서 가장 큰 미래의

희망인 이 가냘픈 빛이 궁극적으로 어떤 의미를 지니고 있는지
조차 모르고 있다. 일찍부터 우리는 그리스 정신의 특징인‘ 구체
성’ 과‘ 명료성’ 에 너무 짓눌려 살아 왔던 것이다.44)

비록 우리의 지성이 아주 높은 곳에서 조그만 새앙쥐까지 찾
아내는 매의 능력에 가깝도록 거의 완벽한 경지에 이르렀다 하
더라도 우리는 여전히 인생살이의 어려움에 둘러싸여 있고 존재
의 근본 문제를 해결하지 못하고 있다. 그렇다고 우리가‘ 대상’
이라는 먹이를 찾아 충혈되어 있던 눈을 한쪽만이라도 내면(內
面)으로 돌려‘ 대상을 탐하고 있는 바로 그 주체(主體)’ 를 한번
찾아보려면 우리는 아마 이제까지 쌓아왔던 자신의 두꺼운 업장
(業障: Sangs-karas)45) 때문에 어지러운 형상이 가득한 세계로
밀려들어가게 될 것이다.

이때 지성은 미지의 공포와 위협에 둘러싸이고, 출구 없는 미
로와 환각의 영상에 사로잡혀 흡사 악마를 낳는 듯한 진통을 겪
게 된다. 가장 용기 있는 자에게는 가장 험난한 운명이 기다리고
있는 것이다.‘ 여기는 내가 발붙이고 있는 땅’ 이라고 부르는 이
세상에 살면서도 그는 깊이 모를 심연에 홀로 떨어져, 주위에 소
리 하나 들려오지 않는 무시무시한 정적의 한가운데에 던져지게
된다. 괴테는 서슴없이 《파우스트》를 자신의 주저로 내세우고 있
지만 누가 이‘ 거대한 작품’ 을 쓴 깊은 동기를 알고 있을까? 누
가‘ 디오니소스적 체험’ (니체)의 전율을 짐작이나 하고 있겠는
가? 사람이 서구에서 온전히 되기 위해‘ 구원의 길’ 에 들어선
사람이 겪는 가시밭과 파국에 대비되는 동양의 길을 알아보려면

43) 이와 관련해서 나는 영국의 신비주의자 윌리엄 블레이크(William
  Blake)도 함께 언급하고 싶다. Milton O. Percival의 뛰어난 해설,
  《William Blake's cirde of Destiny》 참고. (原註)
44) 그리스의 천재들은 세계의 물질성을 뚫고 들어가는 의식의 돌파가 가능
  한 일임을 통찰했다. 그리하여 세계가 꿈결 같은 생각을 깨뜨렸다.
45) 즉, 지성 및 이성이란 관성(慣性). (譯註)

내가 전에도 말한 적이 있지만, 바르도 쇄돌(Bardo Thödol), 즉 티벳판 《사자(死者)의 서(書)》를 거꾸로 읽어보아야 한다.46)

이 책은 오직 온전한 사람됨이 어떤 길인가를 정직하게 다루고 있을 뿐이지, 선한 의도를 갖고 꾸민 흔적이나 교묘한 모방 같은 것은 물론 지적 곡예를 일삼고 있지도 않다. 온전한 사람됨이 그 책의 주제라는 생각은 모방이나 이런저런 단편에 의해 형성된 경솔하고 근시안적인 신조나 주의, 주장에서 상당히 벗어난 정신치료자에게나 머리에 떠오를 법하다.

만일 어설픈 생물학적 신조(quasi-bioloaical creed)에 사로잡혀 있는 사람이 이 책을 본다면 죽음의 세계를 평범하고 익숙한 이야기로 환원시켜 실상이 아닌 환상(幻想)에 안주하고 있는 범인(凡人)들에게나 만족한 합리적 해설서로 돌려놓아 버리고 말 것이다. 인간의 환상 가운데 가장 커다란 것은 어떤 사물이건 누군가를 만족시킬 수 있다는 착각이다. 그 환상은 모든 불만의 뒤에서 숨쉬고 있고,' 온전한 사람이 되기 위해' 앞으로 나아가려는 모든 시도에 방해물이 되고 있다.

이것의 극복은 참으로 어려운 일 가운데 하나이다. 정신치료자가 그의 치료 활동에서 잠시 눈을 돌려 이 사실을 성찰할 여유를 얻게 되거나 혹은 우연찮은 기회로 스스로의 환상을 꿰뚫어 보기에 이르고 나면 다음의 사실을 투명하게 알게 된다.

즉, 살아 있는 것, 시시각각 자라고 있는 모든 것을 이성과 합리로 이해하는 것이 얼마나 부질없고 천박한 짓인가를, 아니 얼마나 삶과 생명을 목 조르는 짓인가를 깨닫게 된다. 이 전도현상(轉倒現象)을 끝까지 추적하여 철저한 해명에 이른 사람은" 모든 사람이 기꺼이 지나가도록 문을 활짝 연다"가 진정 무슨 말인가를 마음속 깊이 이해하게 될 것이다.

---

46) W. Y. Evans-Wentz, 《Das Tibetanische Totenbuch》, Rascher, Zurich, 1934. (原註)

독자들은 내가 무슨 추천이나 충고를 하기 위해서 지금까지 장황하게 늘어놓았다고 생각하지 않았으면 좋겠다. 다만 서구인들이 선(禪)에 대하여 논의하려 할 때, 다음 사항정도는 밝혀두는 것이 내가 해야 할 일이라고 생각한 때문이다. 즉, 멀고 먼 '깨달음의 길'로 이끄는 입구는 도대체 어디에 있는가. 또 그 길에 가로놓인 어려움은 어떤 것인가.

그리고 마지막으로 이 험한 길을 흐트러짐 없이 밟고 간 사람들—나는 이들이야말로 안개에 싸인 불확실한 미래를 지켜주고 있는 산꼭대기에 횃불이라고 생각하고 있는데—은 서구인 가운데 극히 선택받은 소수에 그치고 마는 것인가 하는 것을 밝히는 것이 내 임무라고 생각한 때문이다. 산꼭대기까지 오르지 않더라도 그 아래 아무데서나 '깨달음' 혹은 '삼매' (三昧: Samadhi)가 가능하리라 짐작하는 것은 이만저만한 착각이 아니다.

일그러지지 않은 완전한 체험을 위해서는 그 자신이 완전하게 되는 것 외에 다른 방법이 없다. 이것의 심리학적 의의는 의식이 다만 전체적 마음의 일부분이지 전부가 아니라는 것, 따라서 무의식의 무한한 확장이 필요하다는 사실만 잠깐 상기해보면 알 수 있는 일이다. 그렇지만 무의식은 일정한 공식(公式)에 포섭될 수 있는 것도 아니고 과학적 교리로 물리쳐 버릴 수 있는 것도 아니다. 거기에는 어떤 운명(Destiny)의 냄새가 묻어 있다. 그렇다. 《파우스트》나 《짜라투스트라》가 너무나 분명하게 보여주고 있듯이 무의식에는 '운명' 바로 그것이 숨쉬고 있는 것이다.

이지러짐 없는 완전함을 얻기 위해서는 모든 것을 바칠 각오를 해야 한다. 어물쩍 한 발을 빼고 어떻게 안 될까 하는 생각은 애초에 버리는 것이 좋다. 조금 쉬운 조건, 아니면 다른 길 혹은 적당한 타협 같은 것이 발붙일 수 없는 자리라는 것을 명심해야 한다.

극찬을 아끼지 않으면서도 파우스트와 짜라투스트라에 대한 서구인의 이해는 핵심에 이르지 못하고 그 언저리만을 맴돌고 있는 실정이다. 이 때문에 이제 막'마음의 숨겨진 세계'에 눈을 뜨기 시작한 사람들로 하여금 내가'전체적이 되는 것'(Ganzwerdung)이라고 이름 붙인'개성화 과정'(individuation process)의'혼돈'에 빠져 있는 한 인간의 심리상태를 적절하게 이해하도록 기대할 수는 없는 노릇이다.

사람들은 병리학적 용어를 끌어대고 신경증이나 정신병에 관계된 어휘를 들먹여가며 선(禪)을 설명하려 든다. 그렇지 않으면'창조적 신비'어쩌고 해 가며 초점을 흐리게 한다. 시인도 아닌 사람이 창조라니, 도대체 무슨 창조란 말인가? 창조가 무엇인지도 모르면서 남용하는 바람에 현대인 가운데는 보나마나 스스로를 무슨'예술가'쯤으로 착각하고 있는 사람이 적지 않다. 마치 예술이 제 능력과는 무관하게 아무나 할 수 있는 것처럼-. 아무것도'창조'할 수 없다고 진정으로 느끼고 난 뒤라야 자기 자신을 창조하려 혼신의 힘을 쏟게 되리라.

동양에 있어서'전체적으로 되는'일이 의미하는 바를 잘 보여주고 있는 것이 선(禪)이다. 서구인이 선의 수수께끼를 푸는데 정성을 아끼지 않는다면 아마 연약한 자신의 뼈마디가 굳건해질 것은 물론 근시성인 그의 눈에 새로운 안경이 마련될 것이다. 그리하여'음울한 동굴'에서 서식하기를 그치고'빛의 세계', 그 밝음에로 나아갈 것이다. 즉, 지금까지 안개 속에 가려져 있던 새로운 정신세계가 눈앞에 펼쳐지는 것을 가슴 뿌듯이 바라보게 될 것이다. 선(禪)의 탐구는 절대로 나쁜 길로 이끌지 않는다. 그렇기는커녕'자기 암시'(Auto-suggestion)라는 친절한 관념에 의해서도 겁먹고 있는 사람들은 더 이상의 파멸로부터 보호되고 중대한 일에 부딪칠 때마다 자신을 지킬 수 있게 되는 놀라운 효력을 지니게 된다. 여기에 흥미를 느끼고 있는 주의 깊은 독자들에게, 나는 무엇보다 동양정신의 깊이를 우습게 여기지

말라는 충고와 선의 바탕에는 안일함이 깔려 있을 것이라 속단
해서는 안 된다는 사실을 환기시켜 둔다.47) 서구에서 길러진 문
자그대로 열성적인 맹종의 태도로 동양사상의 보고(寶庫)를 접할
경우 위험은 오히려 적다. 선(禪)에는 다행히 인도적 사변에 있
어서처럼 엄청나게 불가해한 구석은 없기 때문이다. 또 선은 하
타요가(Hatha-Yoga)에서처럼 복잡한 테크닉을 요구하고 있지 않
다.48) 생각해 보면 하타요가란 거의 생리적으로 이성적 사유의
화신이라 할 서구인들에게 다리를 틀고 앉아 호흡조절을 함으로
써 목표에 이를 수 있으리라는 그릇된 희망을 심어주고 있다. 그
와 반대로 선은 온전하기를 바라는 모든 위대한 것이 그러하듯
이 '뛰어난 지성'과 '의지력'에 호소하고 있다.

C. G. 융 씀

47) "선은 단순한 호기심의 대상이 아니라 삶에서 가장 진지한 관심거리이
다. 멍청한 머리로는 그것에 감히 다가서려 하지 말라. Suzuki,《Zen
Essays I》 p. 16. (原註)
48) "네가 부처를 찾고 있는 한 너는 결코 진리를 얻을 수 없을 것이다" 하
고 어느 선사는 말했다. Suzuki, 같은 책, p. 222. (原註)

제1장 서론(序論)

불교가 발전해 감에 따라 원시적·본래적(本來的) 모습과는 다른 새로운 형태의 불교가 나타났다. 이 새로운 형태는 원시불교와는 뚜렷하게 구별되는 것이어서 우리가 역사적으로 소승(小乘)과 대승(大乘)-'구원'에 이르는 작은 수레와 큰 수레-의 구분을 거듭 강조해도 무방할 정도이다.

그러나 실제로 대승불교는 그 가르침(敎說)의 다양성에도 불구하고 '불교'의 발전된 형태이며 그 궁극의 권위는 불교의 위대한 창시자인 붓다 석가모니에게 돌려지고 있다. 이 대승불교(大乘佛敎)의 발전된 형태가 중국, 극동에 전래(傳來)되었을 때 불교는 훨씬 더 발전했다. 이와 같은 업적은 확실히 사람들의 종교적 열망과 계속 변화하는 생활 조건에 불교의 원리를 어떻게 적용해야 하는가를 알고 있었던 중국과 극동의 불교 지도자들에 의해서 이루어졌다.

그런데 바로 이러한 적응에의 노력이 이전부터 대승불교49)와

---

49) 엄밀하게 말하면 대승불교의 기본사상은 불교문헌 가운데서도 반야부경전에 상술되어 있는데, 가장 오래된 것은 붓다 입적 후 300년 이내에 나타났다. 그 사상의 맹아는 소위 원시불교에 속하는 어떤 글에서 싹텄음이 틀림없다. 그렇지만 이 사상의 전개, 즉 이 사상을 붓다의 가르침 가운데 가장 본질적인 것으로 의식하고 파악한 것은 불설(佛說)의 계승자들이 일정한 기간 동안 변화하는 생활 조건 내에서 그 가르침을 현실적으로 실천해 본 후에 가능했다. 이렇게 경험적으로 풍부해지고, 사색적인 면이 성숙해 감에 따라서 원시불교와는 또 다른 대승불교가

원시불교(原始佛敎) 사이에 있던 간격을 더 넓게 만들고 말았다. 그래서 현재의 대승불교는 적어도 표면상으로는 원시불교에 뚜렷했던 모든 특색을 전혀 나타내지 못하고 있다고 할 수 있다.

원시불교가 '불교(佛敎)—붓다의 가르침—' 으로 이해된다는 의미에서 후대(後代) 불교의 각 종파(宗派)는 사실상 불교라 할 수 없다고 주장하는 사람도 있기는 하나, 나의 견해는 다음과 같다. 즉 자체 안에 생명을 갖고 있는 모든 것은 유기체(有機體)이고, 유기체가 가진 본유(本有)의 성질은 하나의 상태에 고정적으로 머무르지 않는다는 것이다.

두꺼운 껍질을 뚫고 나와, 부드러운 잎을 달고 있는 어린 굴참나무가 당당하고 크게 하늘로 치솟도록 다 자란 나무와는 다른 것처럼 그 열매며 씨앗 역시 그들과는 다르다. 그러나 이렇게 수많은 변화의 국면(局面)에서도 '성장' 이라는 뜻에서의 연속성과 명백한 동일성의 징표가 나타나기 때문에 우리는 한 식물이 생성의 여러 단계를 거쳐 왔음을 알 수 있는 것이다.

이것이 소위 말하는 원시불교라는 씨앗이다. 여기에서 극동의 불교가 생겨났고 아직도 더 발전할 여지가 있다. 학자들은 역사적인 불교를 말할 수도 있겠지만, 내가 여기서 다루고자 하는 주제는 불교를 역사적인 발전의 측면에서 볼 뿐만 아니라, 극동의 정신에 새로운 활력을 불어넣어 주었던 것으로 지금까지도 우리들의 관심을 자극하는 '살아 있는 불교' 의 관점에서 보려고 하는 것이다.

중국과 일본에서 나타났던 수많은 종파 가운데서 비밀스런 교

형성되었다. 인도에서는 용수(龍樹: Nagarjuna)의 중관학파(中觀學派: Madhyamika)와 무착(無着: Asanga), 세친(世親: Vasubandhu)의 유식(唯識: Vijnaptimara) 혹은 유가(瑜伽: Yogcara) 학파가 알려져 있다. 중국에서는 天台宗, 華嚴宗, 淨土宗, 禪宗 등의 더 많은 대승불교 종파가 발전하였고, 일본에서는 중국에서 발전한 것 이외에 法華宗, 眞言宗, 眞宗, 時宗 등이 있다. 이 모든 학파, 종파가 대승불교에 속한다. (原註)

의(敎儀)나 신비적인 의식(儀式)에 의하지 않고 불교를 처음 일
으킨 붓다로부터 직접 불교의 정신과 진수(眞髓)를 계승한다는
특이한 종파가 있다.

이 종파는 역사적인 의의와 정신적 활력의 관점에서뿐만 아니
라 그 제창(提唱) 방법이 가장 독창적이고 자극적인 것이라는 점
에서 불교의 가장 중요한 종파의 하나이다. 이 종파의 학술적인
명칭은 '석가의 마음의 가르침(佛心宗: buddhahridaya)'이나, 흔
히 '선(禪)'으로 더 잘 알려져 있다. 선은 원래 산스크리트어
Dhyana에 대한 중국어 번역에서 유래했지만 선은 Dhyana와는
다르다. 이에 대해서는 나중에 설명하려고 한다(제8장 참조).

이 종파는 종교의 역사에서 여러 가지로 특이하다. 그 교설은
학술적으로는 사변적 신비주의(思辨的神秘主義: Speculative Mysti-
cism)라 할 수 있다. 그렇지만 그것은 오랜 훈련을 거친 후에 그
체계에 대한 통찰력을 실제로 획득한 사람들만이 '궁극적인 의
미'를 이해할 수 있다는 의미에서의 신비주의이다. 또 실제로 그
렇게 증명되어 왔다. 오랜 훈련을 통한 통찰력을 갖지 못한 사람
에게는, 즉 현실 경험에서 선(禪)을 체험하지 못한 사람에게는
선의 가르침이나 표현들이 매우 특이하고 기괴하여 이해하지 못
할 것으로 생각될 것이다. 선(禪)을 개념적으로만 이해하려는 사
람들은 선이 전적으로 조리 없고 우스꽝스러운 것이라 여기거나
고의적으로 외부의 비판자들로부터 '그럴듯한 심오함'을 지키기
위해 선을 명료치 못한 것으로 만들어 버렸다고 생각한다.

그러나 선을 행하고 있는 사람들에 의하면 역설적인 표현은
그들 자신을 애매모호하게 위장하려는 인위적(人爲的)인 술책이
아니라 단지 인간의 언어가 선의 심오한 진리를 표현하기에 적
합하지 않다는 생각에 연유한 것이다. 선(禪)의 깊이는 논리적
기술의 주제가 될 수 없다. 그것은 인간 정신의 가장 깊은 곳에
서 경험되며, 그때에야 비로소 선의 진리는 '명료'해진다. 사실

선의 표현 이상으로 간결하고 적절한 표현은 인간의 다른 체험 영역에서는 보이지 않는다. "석탄은 검다" - 이것은 매우 평범한, 그리고 명백한 사실을 말한 것이다. 그러나 선은 "석탄은 검지 않다"고 힘주어 말한다. 이 말은 우리가 사물의 실상(實相)에 투철했을 때 전자의 긍정적인 표현보다 훨씬 명백한 것이 된다.

개인의 경험이 선(禪)에서는 가장 중요한 것이다. 경험을 바탕으로 하지 않고서는 어떤 관념도 이해하지 못한다. 이것은 상식적인 말이다. 어린아이는 어떤 관념도 가지고 있지 않다. 왜냐하면 갓난아기는 그들의 정신 능력이 관념 형성의 측면에서 어떤 경험을 구성하도록 발달되어 있지 않기 때문이다.

또 어린아이가 관념을 가진다 하더라도 그 관념은 극히 애매하고 모호한 것이어서 실재(實在)와 부응하지 않을 것임에 틀림없다. 이 때문에 어떤 사물을 가장 명백하게, 가장 적절하게 이해하기 위해서는 개인이 스스로 그 대상을 체험하지 않으면 안 된다. 특히 그 대상이 '삶 자체'에 관한 것일 때 개인의 주체적 경험은 절대적으로 필요하다.

이러한 경험이 없이는 결코 대상의 깊은 '움직임'에 대한 어떤 사실도 적확하게, 그리고 유효하게 파악할 수 없다. 모든 개념의 기반은 '단순하고 소박한 경험'이다. 선(禪)은 이러한 기초 체험을 지극히 강조한다. 《어록(語錄)》으로 알려진 선의 문헌에서 언어에 의한 개념상의 디딤돌을 설정해 놓은 것은 바로 이 사실과 연관되어 있다.

이 디딤돌이 궁극적 실재에 이르는 가장 유용(有用)한 수단이 되기는 하지만 그것은 어디까지나 인위적이며 방편적인 설정에 불과하다. 이 디딤돌을 '궁극적인 실재'로 알게 되면 우리는 디딤돌의 진정한 의의를 놓치고 만다.

인간의 이해력은 그 본성에 있어 개념적 상부구조를 그다지

신뢰하지 않는다. 신비화(Mystification)는 선(禪)이 목표로 하는
바는 결코 아니지만 삶의 깊이, 그 핵심에 접해 보지 못한 사람
에게는 선이 신비적으로 보이는 것도 피할 수 없는 일이다. 개념
적 표층구조(表層構造)를 꿰뚫어 파악하게 되면 신비적인 것으로
생각되어지던 것이 명료한 사실이 되고, 그와 동시에 '개오(開
悟)', 즉 깨달음이 있게 된다.

그래서 선은 정신의 내적(內的) 체험을 강조하고 있다. 선은 성
전(聖典)이나 성전에 대한 현자(賢者)· 학자들의 주석에 본질적
인 중요성을 인정하지 않는다. 개인의 주체적 체험이 권위나 외
적인 계시보다 높은 가치를 가진다. 이 정신의 개오를 얻기 위한
가장 실천적인 방법으로 선의 문인들은 좌선(坐禪: Dhyana)[50]이
란 수련을 제시했다.

앞서 말했던 근본경험(Foundation-experience), 즉 정신의 통찰
력을 얻는 데 있어 선(禪)의 수행자들이 실천해야 할 체계적 훈
련에 대해서 한번 언급해 두는 것이 좋겠다. 왜냐하면 선이 다른
신비주의의 여러 형태와 비교해서 좀더 고차적인 것으로 구별되
는 곳이 바로 이 점에 있기 때문이다.

대개의 신비주의자들에게는 강렬한 개인의 정신 체험은 산발
적으로, 고립되어서 그리고 예기치 않게 나타난다. 기독교도는 그
러한 체험에 이르기 위해 기도, 고행 혹은 명상의 방법을 쓰지만
그 궁극적 성취는 신(神)의 은총에 달려 있다.

그러나 불교도는 그러한 성취에 신의 은총 같은 초자연적인
힘을 인정하지 않기 때문에 선(禪)의 정신 수련도 실제적이고 체
계적이다. 중국에서 선의 역사가 시작된 초기에서부터 이러한 경
향이 두드러지게 나타났고 시간이 흐름에 따라 마침내 규칙적인

---

50) 坐는 '앉는다'는 뜻이며, 坐禪은 '명상의 가운데 앉아 있는 것'을 의미
한다. 이것이 정확하게 무엇을 의미하는가 하는 것은 나중에 선당(禪堂)
에 관한 서술과 연관되어 밝혀질 것이다. (原註)

수련의 체계가 형성되었다.

오늘날 선종(禪宗)은 그들의 목표인 깨달음에 이르기 위해 선자(禪者)들을 수련시키는 철저하고도 완전한 방법을 가지고 있다. 여기에 선의 실천면에서의 장점이 있다. 즉, 고도의 사변성(思辨性)을 가지고 있으면서 또 한편으로 조직적 훈련체계를 가지고 있는 특성이 있기 때문에 도덕면에서 풍부하고 유익한 결과를 산출해냈다.

우리는 선(禪)이 일상의 실제 생활에 깊이 연관되어 표명되는 것을 보고, 종종 그 고도의 추상적 성격을 잊어 버리는 수가 있다. 그러나 바로 여기가 선의 진정한 가치를 음미할 수 있는 곳이다.

선은,'손가락을 들어 보이거나' 혹은 길거리에서 일상적으로 만나는 친구에게 "잘 있었니?" 하고 말하는 가운데서도 말로는 다 표현할 수 없는 깊은 의미를 찾아낸다. 선(禪)의 눈으로 보면 가장 실제적인 것이 가장 심오한 깊이를 가지고 있고, 또 가장 깊고 현묘한 것은 가장 실제적인 데서 발견된다. 선이 채용하고 있는 수련체계는 이러한 근본경험으로부터 나온 것이다.

나는 앞에서 선(禪)이 신비적이라고 말했다. 선이 동양문화의 기조임을 고려하면 당연한 말이다. 이것이 서구인들이 동양 정신의 깊이를 정확히 재는 데 실패한 이유이다. 왜냐하면 신비주의는 원래 논리적인 분석을 부정하는 데 비해 서구에서는 논리야말로 사고의 가장 기본적인 성격이자 특성이기 때문이다.

동양은 사유형식에 있어서 종합적(Synthetic)이다. 동양은 전체의 직관적 파악을 중요시하지, 특수하고 세부적인 것에 그다지 주의하지 않는다. 그래서 동양의 정신이라는 일반론(一般論)이 가능하다면 그것은 필연적으로 막연하고 모호한 것이어서, 서구인에게 그' 알짬(핵심)'을 단번에 내보여 줄 수 있는 편리한 도표를 가지고 있지 않다. 그러나 그것은 우리 눈앞에 현전하고 있어서 무시되거나 방치될 수도 없다.

그렇다고 그것을 좀더 면밀히, 그리고 체계적으로 파악하기 위해서 붙잡으려고 노력하는 순간 그것은 우리의 시야에서 발자취를 감추어 버린다. 선(禪)은 아주 포착하기 힘든 도망의 명수이다. 이는 물론 동양 정신이 다른 사람들의 비판을 피하기 위해 의식적으로 기도한, 계획적인 조작에 의한 것이 아니다. 이 '깊이를 잴 수 없음'은 말하자면 동양적 심성의 본질에 뿌리박고 있는 것이다. 그러므로 동양을 이해하자면 신비주의, 즉 선을 알아야 한다.

그러나 신비주의에도 갖가지 형태가 있다는 것—즉, 합리적인 것과 비합리적인 것, 사변적인 것과 비의(秘儀)적인 것, 상식적인 것과 기이한 것이 있음을 기억해 둘 필요가 있다. 내가 동양을 신비적이라고 한 것은 동양이 기괴하고 비합리적이며 이해가 미치지 못하는 영역에 있다는 뜻으로 한 말이 아니다. 내 말의 의미는 단지 동양적 심성 속에는 부드러우며 조용하고 혼란스럽지 않은, 언제나 영원을 바라보고 있는 듯한 어떤 것이 있다는 것이다.

그러나 이와 같은 고요와 정적은 침체와 무위를 가리키는 것이 아니다. 이 정적은 풀 한 포기 나지 않는 사막의 적막도 아니고 영원히 잠들어 부패한 죽은 자의 침묵도 아니다. 그것은 모든 대립과 상대적 조건을 잠재운 다음에 솟아오르는 '영원의 심연(深淵)'의 고요함이다. 그것은 절대적 하나이자 전체라는 권좌에 조용히 앉아 과거와 현재, 미래에 걸쳐 자신의 활동을 깊은 침묵 속에서 관조하고 있는 신(神)의 정적이다. 또 그것은 반대되는 전극이 부딪칠 때 일어나는 불꽃과 우르릉거림 속에서 얻어지는 '천둥의 고요'이다.

이러한 '고요'가 동양적인 모든 것에 스며들어 있다. 이것을 '퇴폐적'이라 하거나 '죽은 것'으로 보는 사람이 있다면 슬픈 일이다.

그런 사람들은 이 영원의 고요로부터 터져 나오는 폭발적인 활력을 보고는 다만 당황해 할 뿐이겠기에 말이다. 나는 이러한 의미에서 동양문화의 신비성을 말한다.

그리고 나는 이와 같은 신비주의가 발전하게 된 것은 근본적으로 선(禪)의 영향 때문이라고 확신할 수 있다. 만약 불교가 극동 아시아에서 이들 민족의 정신적인 열망을 채워줄 수 있도록 발전했다고 하면 그것은 선으로 발전해야만 했던 것이다.

인도의 사상이 신비적이라고는 하나 그들의 신비주의는 너무 사변적이고 관조적이며 번쇄한 체계를 갖고 있다. 더욱이 인도의 신비주의는 우리가 살고 있는 실제적 현실 세계와 진정하고도 살아 있는 관련을 가지고 있는 것 같지 않다. 이와는 대조적으로 극동의 신비주의는 직접적이며 실제적이고, 놀랍게도 단순하다. 이러한 신비주의는 선으로 발전할 수밖에 없었다.

중국·극동에 있는 불교의 다른 여러 종파는 모두 인도적(印度的) 사유에 기반하고 있음은 의심할 수 없는 사실이다. 다른 불교 종파들의 형이상학적 번쇄함과 장황한 표현, 매우 추상적인 논법, 사물의 본성에 접근하는 예리한 통찰, 그리고 삶의 문제에 대한 포괄적인 해석들은 분명히 대부분 인도적인 것이지 중국이나 일본적인 것은 아니다. 극동의 불교와 친숙해 있는 사람들은 이 사실을 바로 깨달을 것이다.

예를 들어 진언종(眞言宗)에서 행하여지고 있는 아주 복잡한 의식과 그들이 우주를 설명하는 데 사용하는'만다라(曼陀羅: Mandara)'의 정교한 체계를 보라. 인도 사상의 영향을 먼저 받지 않고서는 어떤 중국인이나 일본인도 그같이 복잡하고 정교한 철학체계를 만들어 낼 수는 없었을 것이다. 또 중관(中觀), 천태(天台), 화엄(華嚴)의 철학이 얼마만큼 고도로 사변적인가를 생각해 보라.

그들의 추상성이나 논리의 예리함은 정말 놀랄 만한 것이다.

이러한 사실들이 극동 불교의 여러 종파가 본질적으로는 외국(인도)으로부터 수입된 것임을 보여 주고 있다.

불교를 전반적으로 살펴보고 다시 선(禪)으로 돌아오면, 어떻든 우리는 선이 다른 불교 종파와 뚜렷이 구별되는 단순성, 직접성, 실천적(pragmatic)인 경향, 그리고 일상생활과 보다 밀접한 관계를 맺고 있음을 인식하지 않을 수 없다.

분명히 선(禪)의 중심이 되는 관념은 불교에서 나왔고, 또 선이야말로 불교의 정당한 발전이라고 생각하지만 이 발전은 극동 사람들의 특이한 심성이 요구하는 것에 부응하여 이루어진 것이다. 일상 생활의 실제적 규범이 되기 위해 불교는 자체 속에 갖고 있던 고도의 형이상학적 체계라는 상부구조(上部構造)를 버렸다. 그 결과가 선이다. 그래서 나는 감히 말한다. 극동의 사람들의 철학, 종교, 인생의 모두가 체계화되고 응어리져서 나타난 것이 바로 선 (禪)이라고.

제2장 선(禪)이란 무엇인가?

상당한 지면에 걸쳐 선(禪)의 가르침을 해설하려고 하는데, 그에 앞서 비판자들에 의해 자주 제기된 선의 진정한 본질에 관한 물음들에 관해 우선 답하려 한다.

선이란 불교의 가르침이 대부분 그렇듯이 매우 지적이고 지극히 형이상학적인 철학의 한 체계인가?

나는 앞에서 동양의 모든 철학이 선 속에서 결정(結晶)되어 있음을 볼 수 있다고 말했다. 그러나 선이 일반적인 용어의 의미에서 '철학'으로 이해되어서는 안 된다. 선(禪)은 결코 논리와 분석의 기초 위에 세워진 체계가 아니다.

어느 편인가 하면, 선은 이원론적(二元論的)인 사고방식을 의미하는 논리와는 정반대 편에 선다. 선은 전체로서의 마음이고 그 속에서 우리는 많은 것을 발견할 수 있으므로 선에는 지적인 요소도 있을 것이다. 그렇지만 마음은 여러 가지 능력으로 분리될 수 있어서 해부가 끝나면 아무것도 남아 있지 않는 그런 합성물이 아니다.

지적(知的) 분석의 방법을 통해서는 선은 우리에게 아무것도 가르쳐 주지 않는다. 또 선은 수행자들에게 받아들이도록 강요하는 어떤 교리도 내세우지 않았다. 이러한 점에서 볼 때 선은 매우 혼돈스럽고 무질서한 것이라고 말할지도 모른다. 선자(禪者)들은 어쨌든 일련의 교리를 가지고 있을 것이지만 그것은 그들

편에서 자발적으로 채택한 것이고 그들 자신의 편의를 위한 것
이지 선 자체에 그러한 교리가 있는 것은 아니다.

그리하여 선(禪)에는 성스러운 경전도 없고, 교리적인 주장도
없으며, 선, 그 오의(奧義)에의 접근이 가능한 상징적인 신앙형식
또한 없다. 그러면 도대체 선의 가르침은 무엇이냐 하고 누가 묻
는다면,' 아무것도 가르치지 않는다' 고 대답하겠다.

선(禪)에서 가르침이라는 것이 있다면 그것은' 개개인 자신
의 마음' 으로부터 나온 것이다. 우리는 스스로 깨우쳐야 하며,
선은 그 길을 제시할 뿐이다. 길의 제시로서의 가르침 외에 특
별히 기초교리 혹은 기본철학이라 할 만한 것이 확실히 선에
는 없다.

선(禪)은 스스로 불교임을 표방하고 있다. 그러나 선은 경
(經)과 논(論)에서 제시된 모든 불교의 가르침을, 지식으로 더
럽혀진 때를 닦아내는 데 이외에는 별로 쓸모없는 종이조각
같은 것으로 생각한다. 그렇다고 선을 허무주의로 여겨서는 안
된다.

모든 허무주의는 자기 파괴적이고, 그 파괴는 끝 간 데를 모르
는 그런 것이다. 부정론(否定論)은 확실히 방법으로서는 건전하
지만 최고의 진리는' 긍정(肯定)' 에 있다. 선(禪)이라는 것이 철
학도 없고 모든 이론적 권위를 배격하며, 소위 성스러운 경전이
라 일컫는 것은 모두 쓰레기로 밀쳐 버린다고 할 때도 우리는
선이 이러한 부정의 작업을 통하여 절대적 단언이자 영원의 긍
정인 그 무엇을 굳게 붙들고 있다는 사실을 잊어서는 안 된다.
이것은 앞으로 논의(論議)를 진행시켜 나갈수록 더욱 확실해질
것이다.

선(禪)은 종교인가? 일반적으로 널리 이해되고 있는 의미에서
의 종교는 아니다. 선은 숭배해야 할 신(神)도, 지켜져야 할 종교
적 의식도, 죽은 자들이 가도록 운명지어진 미래의 거처도 없다.

그리고 무엇보다 그것의 복락이 타자(他者)에 의해 감시되고, 그 불멸성이 사람들의 큰 관심의 대상이 되는 영혼의 개념이 없기 때문이다. 선은 이러한 교리적인, 그리고'종교적인' 방해물들로 부터 자유롭다.

내가 선(禪)에는 신(神)이 없다고 했을 때 신앙심이 투철한 독자들은 충격을 받았을 것이나, 신의 존재를 부정한다는 의미가 아니란 것을 알아주기 바란다.

선(禪)은 긍정이나 부정, 그 어느 편과도 관련이 없다. 어떤 것을 부정하면, 바로 그 부정은 부정되지 않은 무엇을 포함하게 된다. 꼭 같은 사실이 긍정의 경우에도 이야기될 수 있다. 이것은 논리에서는 피할 수 없는 일이다. 선은 논리를 넘어서려 한다. 선은 대립이 없는 곳에서 더 높은 긍정을 발견하기를 원한다. 그리하여 선(禪)은 신(神)을 부정하지도 않고, 그렇다고 긍정하지도 않는다. 다만 선에서는 유태인이나 기독교인들이 생각하고 있는 그런 신은 존재하지 않는다는 말이다. 선이 철학이 아닌 것과 같은 이유로 선은 종교가 아니다.

불교 사원(寺院)에서 보게 되는 부처, 보살, 제천(諸天)들의 상(像)은 나무나 돌, 쇳덩어리에 불과하다. 그 상(像)들은 정원의 동백나무나 진달래 혹은 석등과 같은 유(類)의 것이다. 원한다면 활짝 핀 동백에다 절하고 그것을 숭배하라고 선에서는 말할 것이다. 그렇게 하는 것이 불교의 제천제신(諸天諸神)에 절하는 것, 혹은 성수(聖水)를 끼얹거나 성찬에 참가하는 것 못지않게 종교적이다.

대부분의 신앙심을 가졌다는 사람들이 가치 있고 신성하게 여기는 경건한 행위는 선(禪)의 입장에서 보면 인위적이고 부자연스러운 것이다. 선은 오히려," 청정(淸淨)한 수행자들은 열반에 들지 못하고 계율을 어긴 승려들도 지옥에 떨어지지 않는다"라고 감히 선언한다.

보통 사람들은 이것이 도의적 삶의 일반원칙과는 완전히 어긋
난다고 생각하겠지만 여기야말로 진리와 함께 선의 생활이 있는
곳이다. 선은 인간의 살아 있는 정신이다. 선은 인간 내부의 본
래청정(本來淸淨)함과 선(善)함을 믿는다. 정신에 무엇인가를 외
부적으로 덧붙이려 들거나 혹은 그 정신으로부터 무엇인가를 무
리하게 분리해 내려고 하는 것은 모두 이 정신의 전체성을 손상
하게 된다. 이 때문에 선은 모든 종교적 관습법(慣習法)에 단호
히 맞서는 것이다.

어떻든 선(禪)이 비종교적(非宗敎的)으로 보이는 것은 표면상
그럴 뿐이다. 진실로 종교적인 사람이라면 선의 파격적인 부르짖
음 속에 강렬한 종교성이 있음을 발견하고는 놀라게 될 것임에
틀림없다.

그렇다고 해서 기독교나 이슬람교적인 의미에서 선을 종교
라고 한다면 잘못된 것이다. 이 점을 좀더 분명히 이해하기 위
해 다음의 예(例)를 들고자 한다. 석가가 태어났을 때 그는 한
손은 하늘을 향해 들고, 다른 한 손은 땅을 가리키며'천상천
하 유아독존(天上天下 唯我獨存)'이라고 부르짖었다고 전해진
다. 운문종(雲門宗)의 창시자 운문문언(雲門文偃: 949 卒)은 이
를 평하기를

> 내가 만약 그때 그 자리에 있었다면 한 주먹에 그를 때려 죽여
> 시체를 굶주린 개의 아가리에 던져 주었을 것이다.[51]

라고 했다. 믿고 따르지 않는 사람이라 할지라도 정신적인 지도
자에게 이렇게 심한 말을 내뱉을 수가 있겠는가? 한 수 더 떠서
한 선사(禪師)는 운문의 말에 대해

---

51) 原文: 我當時若見, 一棒打殺, 與狗子喫却, [貴圖天下太平].《雲門廣錄, 大
藏經 94冊》

진실로 이것이야말로 운문이 그가 가진 몸과 마음을 다 바쳐 세상을 구하려고 한 방법이다. 그는 붓다의 자비에 대해 얼마나 고마움을 느꼈는지 모른다.

라고 썼다.

선은 「신사상(新思想, New Thought)」52)파의 사람들이나 크리스챤 사이언티스트(Christian Scientist)53), 힌두교의 '구도자(San-nyasin)' 들 혹은 어떤 불승(佛僧)들이 행하는 '명상' 의 한 형태와 혼동해서는 안 된다. 선나(禪那: Dhyana) 자체가 그대로 선이 수행하는 실천법은 아닌 것이다.

물론 선을 통해서 자신을 수련해 나가는 중에 종교적·철학적 주제에 대해 명상할 수도 있다. 하지만 그것은 지엽적인 일일 뿐 선의 본질은 전혀 거기에 있지 않다. 선은, 마음의 진정한 본성의 통찰을 통해 마음이 자신의 주인이 되도록 마음 자체를 수련하려는 것이다. 자신의 마음 혹은 정신의 진정한 본질을 꿰뚫고 들어가는 것이 선불교(禪佛敎)의 근본목표이다. 그래서 선은 일상적 의미로 쓰는 명상이나 좌선(坐禪) 이상의 것이다. 선의 수행은 존재하는 것의 근원을 꿰뚫어 볼 수 있도록 마음의 눈을 여는 일이다.

'명상' 하기 위해서는 생각을 어떤 곳에 고정시켜야 한다. 예를 들어 신의 유일성이나 그의 무한한 사랑 또는 사물의 무상성(無常性) 등에 대하여…….

그러나 이러한 것은 선에서 거피하려는 바로 그런 것이다. 선에서 힘주어 강조하는 것이 있다면 그것은 '자유의 획득' 이다. 다시 말해 모든 부자연스러운 방해물로부터의 자유인 것이다. 명

52) 인간의 신성(神性)을 말하고, 올바른 사고에 의해 인간의 병을 치료할 수 있다는 일종의 정신치료법. (譯註)
53) 신앙에 의하여 병을 치료할 수 있다고 믿는 기독교의 일파. (譯註)

상이란 것은 인위적으로 이루어지는 것으로 본래적인 정신 활동에 속하는 것이 아니다.

하늘을 나는 새가 명상하는 것을 본 적이 있는가? 물 속의 고기가 무엇에 대해 명상하던가? 그들은 그저 날고 헤엄칠 뿐이다. 그것으로 충분하지 않는가? 누가 신과 인간의 합일(合一)이나 이 삶의 허망함에 그의 마음을 붙들어 매고 싶어하는가? 누가 있어 그의 삶, 일상적인 영위의 끊임없는 ‘표현’이 유일신(唯一神)의 선(善)이라든가, 영겁의 지옥불 따위에 의해 중단되기를 바라는가?

기독교는 일신론(一神論)이고 베단타(Vedanta)는 범신론(凡神論)적이라고 말할 수 있겠지만 선(禪)에 대해서는 그런 식으로 단언할 수 없다. 선은 일신론도 범신론도 아니며, 그런 명칭으로 불리는 것을 거부한다. 즉, 선에는 ‘생각을 붙박을 만한 대상’이 없다. 선은 하늘에 흐르는 한 조각 구름이다. 그것을 고정시킬 못도 없고 그것을 붙들어 맬 끈도 없다. 그것은 생각나는 대로 흘러간다. 아무리 많이 명상을 해도 선을 한 곳에 머무르게 할 수 없다. 명상은 선이 아닌 것이다. 일신론이나 범신론도 선이 전념할 주제는 아니다.

가령 선(禪)이 일신론이라 해 보자. 그때 선은 수행자들에게 모든 것을 비추는 신성한 빛의 밝음에 싸여 있어 모든 상대적 차별성이 사라진 곳, 즉 ‘만법(萬法)이 하나로 돌아가는 곳’을 명상하도록 가르칠 것이다. 또 선(禪)이 범신론적이라 해 보자. 그때는 선은 들판에 핀 아무리 보잘것없는 꽃이라도 신(神)의 영광을 보여 주고 있다고 가르칠 것이다.

그러나 선에서는 “모든 것이 결국 하나로 수렴한다면 그 하나는 어디로 돌아가는가?” 하고 묻는다. 선은 사람의 마음이 자유스럽고 방해받지 않기를 원한다. 심지어 그 유일성이나 전체성조차도 영혼의 원초적 자유를 위협하는 방해물이나 함정으로 여기는 것이다.

그리하여 선(禪)에서는 '개[犬]가 신(神)이라느니[狗子無佛性: 趙州]', '세 근의 삼베가 신성하다느니[麻三斤: 洞山] 하는 등의 관념에 우리의 마음을 집중하라고 가르치지 않는다. 만일 그렇게 한다면 선은 일정한 철학체계에 갇혀버리기 때문에 더 이상 선이라 할 수 없게 된다.

선은 그저 불은 따뜻하고 얼음은 차게 느끼는 일이다. 날씨가 차면 우리는 추위에 떨면서 불을 반가워한다. 이 '느낌' 이 전부이다. 파우스트(Faust)가 " 우리의 모든 이론화 작업은 결국 실재(實在)의 접근에 실패할 것이다"라고 선언한 것처럼. 그러나 여기에서의 '느낌' 은 그것의 가장 깊은 의미에서, 또 가장 순수한 형태에서 이해되어야 한다. 심지어 " 이것이 느낌이다"라고 하는 순간 거기에 이미 선은 없다. 이것이 바로 선을 파악하기 어려운 이유이다.

선(禪)에서 행하는 모든 명상은 사물들을 '있는 그대로' 받아들이도록 하는 일이며, '눈은 희고 까마귀는 검게' 볼 수 있도록 하는 일이다. 대부분의 경우 명상은 그 추상적인 성격과 관련되어 언급된다. 다시 말해 명상이란 것이 어느 정도 고차적으로 일반화한 명제에 대해 마음을 집중시키는 것으로 알려져 있다. 이렇게 보면 명상은 그 본성에 있어 언제나 생(生)의 구체적인 일들에 밀접하게, 그리고 직접적으로 연결되는 것이 아니다. 선은 지각하거나 느끼지만 추상(抽象)하거나 명상하지 않는다. 선은 실재를 꿰뚫어 마침내 거기에 몰입하는 것이다. 반면에 명상이란 것은 명백히 이원론적이고 결과적으로는 피상적이 되지 않을 수 없다.

어떤 비평가54)는 선을 성(聖) 이그나티우스 로욜라(St. Ignatius

---

54) Arthur Lloyd: Wheat Among the Tares, p. 53. (原註)

Loyola)의' 정신 훈련(Spiritual Exercises)'과 비슷한 것쯤으로
간주한다. 불교에서 기독교와 유사한 점을 찾으려는 강렬한 경향
이 있는데, 이 평가가 그 한 예이다. 적어도 선에 대한 분명한 이
해를 가진 사람이면 곧 이 비교가 얼마나 터무니없는가를 알게
될 것이다. 피상적(皮相的)으로 이야기해도 선(禪)의 수행과 예수
회의 창시자에 의해 주창된 것과의 사이에는 조금의 유사성도
없다. 성 이그나티우스 로욜라의 명상과 기도는 선의 관점에서
보면 경건한 사람들을 위해 교묘하게 짜여진 공상(空想)의 산물
에 지나지 않는다.

  이것은 지붕 위에 지붕을 얹는 것과 같은 것으로 정신 생활에
있어 진정으로 얻는 바는 없는 것이다. 그렇지만 어떤 의미에서
그러한' 정신 훈련'이 소승불교의 명상법들, 예를 들어 오정심관
(五停心觀) 혹은 구상관(九想觀), 육념(六念), 십념(十念) 등과 공
통점이 있다고 말할 수는 있겠다.

  선은 때로' 정신의 살해와 저주스런 게으른 몽상'을 의미하게
되기도 한다. 이것은《일본의 종교》로 잘 알려진 그리피스
(Griffis)의 말이다.' 정신의 살해(Mind-murder)'가 뜻하는 바가
무엇인지는 확실히 모르겠는데, 선이라는 것이 사람의 생각을 한
곳에 묶거나, 잠으로 이끈다고 해서 마음의 활동을 죽인다는 의
미로 한 말인가? 라이샤워(Reischauer)는 선을' 신비적인 자기도
취'55)라고 함으로써 그리피스의 견해에 동조했다. 라이샤워는 스
피노자가 신에 도취했던 것처럼, 선이' 대아(大我: Greater Self)'에
도취하고 있다는 뜻으로 한 말인가? 비록 라이샤워가' 도취'의
확실한 뜻을 밝히고 있지는 않지만 아마도 선이 개별적 존재자
들의 세계에서 궁극의 실재로서의' 대아'라는 관념에 지나치게
빠져 있다고 생각했던 것 같다.

---

55)《Studies of Buddhism in Japan》, p. 118. (原註)

판단력이 부족한 선(禪)의 관찰자들이 얼마나 피상적인지 놀라울 따름이다. 실제에 있어 선에는 죽일' 정신' 조차 없다. 그러니 선에서는' 정신의 살해' 란 것이 있을 리 없다. 마찬가지로 선에서는 피난처로 우리가 의착할 수 있는' 자아(自我)' 란 것도 없다. 따라서 선에는 우리가 도취될 만한' 자아' 가 없는 것이다.

선(禪)은 그것을 외부로부터 바라 볼 때는 포착하기가 매우 어려운 것이 사실이다. 그것을 붙잡았다고 생각한 순간 선은 더 이상 거기에 있지 않다. 멀리서 보면 매우 접근하기 수월한 것처럼 보이나, 가까이 가자마자 전보다 더 멀리 떨어져 있는 것을 보게 된다.

선의 기초적인 원칙들을 이해하는 데 수년간의 노력을 기울이지 않으면, 선에 진실로 도달하기를 기대할 수 없다.
" 신을 향하여 올라가는 길은 자아에로 내려가는 길이다." – 위고(V. Hugo)의 말이다." 만약 당신이 신(神)의 깊이를 탐구한다면 당신 자신의 영혼의 깊이를 탐구하라." – 이것은 성 빅토르(Richard of St. Victor)의 말이다.

그러나 모든 깊이가 탐구되었을 때도 자아(自我)는 결국 거기에 존재하지 않을 것이다. 당신이 내려갈 수 있는 그곳에는 깊이를 잴 수 있을 정도의 영혼이나 신이 존재하지 않는다. 왜냐? 선(禪)은 바닥 없는 심연이기 때문이다. 선은 그들과는 좀 다르게 말한다.

삼계(三界)에 걸쳐 참으로 존재하는 것은 아무것도 없다(三界無法, 何處求心). 당신은 어디서 마음(혹은 心)을 보려는가? 흙[地], 물[水], 불[火], 바람[風]의 네 원소[四大]는 모두 궁극적 본질에 있어 필경 공(空)인 것이다. 어디에 불(佛)의 거처가 있는가? 그러나 보라! 그대의 눈앞에서 진리는 스스로를 펼쳐 보이고 있지 않은가. 이것이 전부이다. 더 이상 아무것도 없다.

조금이라도 망설이면 선(禪)은 이미 거기에 없다. 이것은 돌이킬 수 없는 일이다. 불러도 대답 없는 메아리만 울려 올 것이다. 그렇지만 과거, 현재, 미래의 삼세제불(三世諸佛)이 한번 더 당신이 선을 깨닫도록 기회를 줄 것이다. 그러나 아직도 그것은 수만 리 멀리에 있다. 선은 정말이지 '정신의 살해'니 '자기 도취'니 하는 어처구니없는 비난으로 허송할 시간이 없다.

비평가들은 또 다음과 같이 말한다.

　　선에 의하여 정신은 일종의 망아(忘我)의 상태에 이르게 된다. 이것이 실현되었을 때, 거기에 불교도가 언제나 강조하는 공(空: Sunyata)이 체험된다. 이때 주관은 그것이 어떤 상태인지 모르겠지만 하여튼, 막막한 공무(空無) 속에 몰입하게 되어 객관세계는 물론 자기 자신도 의식하지 못하게 된다.

이 해석 역시 선(禪)을 바로 이해하는 데 실패하고 있다. 확실히 이런 해석으로 이끄는 표현이 선에 상당히 있는 것도 사실이다. 그러나 선을 바로 이해하기 위해서, 우리는 여기서 한 단계를 뛰어넘을 필요가 있다. '광막한 무(無)의 바다(Vast Emptiness)'를 뛰어 넘어야 하는 것이다. 만약 산 채로 묻히기를 원치 않는다면 주체는 그 같은 망아(忘我)의 상태에서 깨어나야 한다.

선(禪)은 '자기 도취'를 버리고, '몽롱한 상태'에서 깨어나 깊은 자아로 도달할 때만이 얻을 수 있는 것이다. 만약 정신이 이미 죽어버렸다면 선으로 되찾아야 한다. 왜냐하면 선이야말로 죽어버린 인간, 생명이 없는 존재를 소생시켜 영원에로 이끄는 것이기 때문이다.

다시 깨어나라. 꿈에서 깨어나라. 죽음으로부터 일어서라. 그대
들, 취한 자들이여!

이같이 선(禪)은 부르짖는다. 그러니 눈에 안대를 하고 선을
보려 하지 말라. 그렇게 되면 선을 포착하기엔 손이 너무 불안정
할 것이다. 내가 지금 비유를 즐기고 있는 것이 아님을 기억해
두었으면 한다.

필요하다면 그 같은 비평을 좀더 열거할 수도 있지만, 지금까
지 검토한 것만으로도 독자들의 마음이 충분히 준비되었으리라
생각하기 때문에 앞으로는 선에 대한 긍정적·적극적 논술을 진
행시키려 한다. 선의 근본이념은 우리 존재 내부의 움직임에 접
근하는 것, 그것도 어떤 외부적인 혹은 부가적인 것에 의존함이
없이, 가능한 한 가장 직접적인 방식으로 접근하는 것이다. 그리
하여 외부적 권위로 생각되는 것을 선은 모두 거부한다. 절대적
인 믿음은 사람 각자의 내부에 자리잡고 있는 존재에 대한 믿음
이다.

선(禪)에 있어서 권위는 모두 개인의 내면, 그 깊은 곳에서 나
온다. 이것은 말의 가장 엄밀한 의미에서 '진리'이다. 사유능력
까지도 궁극적이거나 절대적인 것은 아니다. 오히려 그 능력은
마음이 자신과 가장 직접적으로 접촉하는 것을 방해한다. 지성
(知性)은 매개자로 활동하는 것이 그 역할이지만, 선은 다른 사
람과 대화할 때 이외에는 매개물을 필요로 하지 않는다. 이 때문
에 모든 경전들은 단지 임시적이고 조건부적인 것일 뿐, 그 자체
로 궁극적 의미를 지니고 있는 것이 아니다.

선(禪)이 붙잡으려 하는 것은 살아있는 그대로의 삶의 근본 사
실이며, 그것도 가장 직접적이고 살아있는 방식으로 잡으려는 것
이다. 선은 스스로 불교의 진수임을 표방하지만 사실상 모든 종
교와 철학의 진수이다. 선을 완전히 깨우쳤을 때 마음의 절대적

인 평화가 얻어지고, 인간은 본래 있어야 할 삶을 살게 된다. 더 이상 무엇을 바랄 것인가?

어떤 사람은 선이 명백히 신비주의의 한 형태인 이상, 종교사에 있어서 특이하다고 주장할 수는 없다고 말한다. 아마 그럴 것이다. 그러나 선은 차원이 좀 다른 신비주의이다. 그것은 태양이 빛나고, 꽃이 피며, 내가 이 순간 거리에서 누군가가 북을 치고 있는 소리를 듣고 있다는 의미에서 신비주의인 것이다. 이러한 것들이 신비적이라면, 선은 신비로 충만되어 있다고 할 수 있다.

한 선사(禪師)가 선이 무엇이냐는 물음에 '평상심(平常心)'이라고 대답했다. 이것이야말로 간명하고 또 가장 솔직한 대답이 아니겠는가? 이것은 어떤 종파심(宗派心)과도 관계없는 것이다. 불교인뿐만 아니라 기독교인들도 마치 큰 물고기와 작은 물고기들이 한 바다에서 살아가듯이, 선을 수행할 수가 있다. 선은 바다요, 공기요, 산이며, 천둥과 번개이자 몸의 꽃이며, 여름의 열기, 겨울의 눈이다. 아니, 무엇보다 선은 '인간'인 것이다.

선(禪)의 긴 역사를 통하여 축적되었던 모든 형식, 인습, 부가적인 것들에도 불구하고 선의 중심이 되는 진리는 매우 생동적이다. 선의 뛰어난 장점이 바로 여기에 있다. 즉, 다른 어떤 외부적인 것에 어지럽혀짐이 없이 이 궁극적인 사실을 체인하는 것이 여전히 가능하다는 점에 있다.

앞에서도 말했지만 극동에서 행해지는 선의 독특한 점은 바로 조직적인 정신 수련의 방법에 있다. 보통 신비주의는 지나치게 별스러운 것이어서 일상 생활과 동떨어져 있는 것이 많다. 선은 이것을 뒤엎었다. 하늘에 떠 있던 것을 땅으로 끌어내린 것이다. 선의 발전과 함께 신비주의는 신비적이길 그치고 더 이상 이상심리(異常心理)의 돌발적인 산물일 수도 없게 되었다. 왜냐하면 선은 일상적인 생활 속에서 삶의 진실을 보는 시정(市井)의 사람들, 그들의 평범하고 범상한 삶 한복판에서 스스로를 드러내 보이기 때문이다.

선(禪)은 이것을 볼 수 있도록 마음을 체계적으로 훈련시킨다. 선은 매일 매 순간마다 일어나는 커다란 신비에 눈뜨게 한다. 매번 뛰는 맥박 속에서 영원한 시간과 무한한 공간을 포용하도록 가슴을 넓혀 주며, 우리를 마치 에덴 동산을 거니는 것처럼 살게 한다. 그리고 이러한 모든 정신적인 성취는 어떤 교리에도 의존함이 없이 단지 우리 내부에 있는 진리를 가장 직접적인 방식으로 다잡음으로써 달성되는 것이다.

선(禪)은 실제적이고 단순하며 동시에 살아 움직이는 그런 것이다. 옛날 어떤 선사는 선이 무엇인지 보이기 위해 손가락 하나를 치켜들고, 어떤 선사는 공을 차고, 또 어떤 선사는 질문을 한 사람의 뺨을 올려 부쳤다. 그렇게 하여 우리 속 깊이 자리잡고 있는 내적 진리가 드러난다면, 다른 종교에 의해 행해지는 어떤 정신수련보다도 선이 실제적이고 직접적인 방법이 아니겠는가? 또 이 실제적인 방법이야말로 가장 근원적인 것이 아니겠는가?

선은 개념을 다루기를 거부하고 살아 숨쉬는 삶을 다루기 때문에 근원적이고 창조적인 것이 되지 않을 수 없다. 개념적으로 이해했을 때, 손가락을 드는 것은 가장 평범한 일 가운데 하나일 것이다. 그러나 선의 관점에서 볼 때 그것은 성스러운 의미와 창조적인 생동감으로 떨고 있다. 우리들의 관습적이고 개념에 얽매인 현실 속에서 선이 진리를 가르치고 있는 한 우리는 선의 존재의의(存在意義)를 인정해야 한다.

원오(圓悟: 1566~1642)로부터 인용한 다음의 글이 " 선은 무엇인가?"라는 이 글의 처음에 제기되었던 물음에 대해 어느 정도까지 대답해 줄 것이다.

그것은 그대의 얼굴 바로 앞에 나타나 있다. 그 순간 모든 것은 그대에게 주어졌다. 현명한 사람에게는 한 마디 말로 그 진리를 확신시킬 수 있겠지만 한 마디 말에도 잘못은 이미 범해졌다. 하물며 글로 쓰거나 말로 표현하거나 논리적 언설을 농하게 될 때, 선의 본질은 그대로부터 더욱 더 멀어지게 된다. 선의 커다란 진리는 모든 사람이 갖고 있다. 그대의 내부에서 이것을 찾으려 해야지 다른 사람들을 통해서 찾으려 해서는 안 된다. 그대의 마음은 모든 형체를 초월해 있는 것으로 자유롭고 고요하며 충만된 것이다. 마음은 스스로 육근(六根: 감각 능력)과 사대(四大: 감각 대상) 속에서 자신의 참모습을 드러내 보인다. 모든 것이 그 마음의 빛 속에 녹아 있다. 주관· 객관의 이원론을 떨쳐버리고 이성을 뛰어 넘어 직하(直下)에' 부처의 마음'을 뚫고 들어가 그와 하나가 되라. 이것 밖에는 어떤 실재도 없다. 그래서 달마는 서역(西域)에서 왔을 때, 다만 이렇게 말했다. 똑바로 그대의 마음을 찾아내라(直指人心). 나의 가르침은 특이한 것으로 경전에 구애되지 않고(敎外別傳) 진정한 마음, 그것을 전할 뿐이다(單傳正印). 선은 문자나 글이나 경전과는 관계가 없다(不立文字). 선은 그대가 단숨에 실상(實相)을 포착하여 거기서 평화로운 안식처를 발견하기를 바랄 따름이다. 마음이 어지러우면 분별심(分別心)이 작용하여 대상을 구별하게 되고 관념에 사로잡혀 편견만 쌓이게 된다. 그렇게 되면 미혹에 빠져 선을 영원히 깨닫지 못할 것이다.

현인 석상(石霜)은 말했다.

너의 모든 갈망을 버려라. 네 입술에 거미줄이 쳐지게 하라. 네 자신을 깨끗한 비단 조각이 되게 하라. 오직 이 생각 하나가 영원토록 하라. 그대 자신을 불꺼진 재, 생명 없는 주검으로 여겨라. 황폐한 사당의 먼지 덮인 향로로 생각하라고.

다만 이 말을 믿고 수행에 힘쓰라. 그대의 몸과 마음을 돌이나 나뭇조각처럼 여겨라. 철저한 부동(不動)과 아무런 지각이 없는 경지에 도달했을 때, 삶의 모든 표지는 탈각하고 동시에 모든 제약이 흔적 없이 사라질 것이다. 어떤 관념도 그대의 마음을 어지럽히지 않을 것이니 그때, 그대는 충만한 환희 속에서 한 줄기 빛을 얻었음을 깨달을 것이다. 그것은 두꺼운 어둠의 장막을 헤치고 햇빛 속으로 나서는 것 같고, 가난한 자가 보석을 얻는 것 같을 것이다. 아주 가볍고 편안하고 자유로워서 사대오온(四大五蘊)인 이 육신이 더 이상 짐이 되지 않을 것이다. 모든 속박으로부터 해방될 것이고, 그대는 열려져서 밝고 투명하게 될 것이다. 사물을 꿰뚫어 볼 수 있는 지혜를 갖게 되어서 사물들은 어떤 실체도 없는 허공의 꽃으로 보이게 될 것이다. 여기에 그대 존재의 본래 모습인 순수한 자아가 드러날 것이다. 여기에 그대 고향의 가장 아름다운 풍경이 꾸밈없이 드러날 것이다. 그리로 이끄는 열려 있는, 방해받지 않는 곧은 길이 단 하나가 있다. 육신이나 목숨, 그리고 그대의 자아에 속한 모든 것을 버릴 때, 이것이 성취된다. 바로 이때 평화와 안락함과 무위(無爲), 그리고 형언할 수 없는 기쁨이 찾아 든다. 모든 경(經)과 논(論)은 이 사실을 전하는 것 이상의 아무런 의미도 없다. 고금(古今)의 모든 현인들도 여기에 이르는 길을 찾기 위해 지혜와 상상력을 불태운 것이다. 그곳은 마치 보물이 저장된 문을 잠가 두지 않은 곳간과 같다. 그 입구를 찾아내기만 하면 그대의 눈이 닿는 것은 모두 그대의 것이고 주어지는 모든 기회를 그대는 이용할 수 있다. 그 보물이 아무리 다양하다 하더라도 거기서 얻을 수 있는 전부는 원래 그대의 본래적 존재가 가지고있던 것이 아니었던가. 거기에 있는 모든 보물은 오직 그대가 기쁘게 사용하기를 기다리고 있다. 이것이' 한 번 얻으면 영원히 얻는다(一得永得盡未來際)'라는 말의 의미이다. 그러나 실제로는 아무것도 얻은 것이 없다. 그대가 얻은 것은 얻은 것이 아니다. 그것은 본래 그대 존재 속에 있었으므로. 그렇지만 이 속에 진정한 얻음이 또한 있다. 그대는 어둠

(無明)에서 벗어났으므로.56)

---

56) 原文: 觀面相呈, 即時分什了也. 若是利根一言契證, 已早郞當. 何況形紙墨
涉言詮作路布轉更懸遠. 然此段大緣, 人人具足. 但向己求, 勿從它覓. 蓋自
己心無相虛閑靜密鎭長, 印定六根四大, 光舌群象. 若心境雙寂雙忘, 絶知見
離解會, 直下透徹卽是佛心. 此外更無一法. 是故, 祖師西來, 只言直指人心,
敎外別傳, 單傳正印, 不立文字語句. 要人當下休歇去. 若生心動念認物認見,
弄精魂著窠窟卽沒交涉也.
　石霜道, 休去, 歇去. 直敎脣皮上醮生去. 一條白練去. 一念萬年去. 冷湫湫
地去. 古廟裏香爐去.
　但信此語, 依而行之. 放敎身心 如土木如石塊. 到不覺不知不變動處. 靠敎
絶氣息絶籠羅. 一念不生, 驀地歡喜, 如暗得燈, 如貧得寶. 四大五蘊輕安 似
去重擔, 身心豁然明白. 照了諸相, 猶如空花, 了不可得. 此本來面目現, 本
地風光露. 一道淸虛便是自己. 放身舍命, 安閑無爲, 快樂之地. 千經萬論只
說此, 前聖後聖作用方便妙門只指此. 如將鑰匙開寶鎖藏門, 旣得開 觸目遇
緣萬別千差 無非是自己本分合有底. 珍奇信手拈來皆可受用, 謂之一得永得
盡未來際. 於無得而得. 得亦非得, 乃眞得也.《佛果克勤禪師心要, 續藏經
120》

제3장 선(禪)은 허무주의인가?

전통적으로 중국 선종의 육조(六祖)로 생각되는 혜능(慧能: 638~713)이 선(禪)의 역사에서 가장 중요한 인물로 두드러진다. 그는 당시에 중국에 존재했던 다른 불교 종파로부터 선을 확연히 독립시킴으로써 선의 창시자가 되었다.

그가 선에 대한 신념의 참된 표현으로 내세운 표준은 아래의 게송에 나타나고 있다.

> 보리(참 지혜)는 본래 나무가 아니며
> 맑은 거울(마음)에는 틀이 없다.
> 본래 아무것도 없거니 어디에 티끌이 모이랴.57)

이것은 선을 순수한 형태로 이해하고 있다고 주장했던 다른 선사인 신수(神秀)가 지은 게송에 응답한 글이다.

신수(神秀: ?~706)의 게송은 다음과 같다.

> 이 몸이 바로 보리수
> 마음은 맑은 거울
> 날마다 힘써 깨끗이 닦아야 하리
> 먼지가 앉지 않도록58)

---

57) 原文: 菩提本無樹　　明鏡亦非臺
　　　本來無一物　　何處惹塵埃

이들은 모두 오조(五祖) 홍인(弘忍: 602~675)의 제자들인데, 홍인은 혜능이 선의 정신을 올바르게 이해하고 있으므로, 혜능이야말로 자신의 참된 후계자로 가사와 그릇(庇鉢)을 전수할 가치가 있는 사람이라고 생각했다. 홍인은 혜능이 지은 게송을 인정함으로써 처음에 인용한 혜능의 글은 선의 신념의 정통적인 표현이 되었다.

이 게송이 공(空)의 정신을 보여 주고 있다고 생각했기 때문에 많은 사람들은 선이 허무주의를 옹호하는 것으로 여기게 된다. 이장의 목적은 이런 생각이 틀렸다는 것을 보여주기 위한 것이다.

선(禪)의 문헌에는 허무주의를 옹호하고 있는 것처럼 보이는 것이 많이 있다. 공(空: Sunyata)의 이론59)이 그 한 예이다. 대승불교 일반의 교리에 익숙한 학자들까지도 일부는 선이 삼론철학(三論哲學) 혹은 중관학파(中觀學派)의 실천적 응용이라는 입장을 아직도 고수하고 있다.

삼론은 세 개의 논문, 즉 용수(龍樹)의 중론(中論)과 십이문론(十二門論), 제바(提婆)의 백론(百論)으로, 이들 모두가 중관학파의 본질적인 교리를 형성하고 있다. 용수가 그 창시자로 알려져 있고, 반야경을 중심으로 한 일련의 대승경전이 다소간 같은 견해를 상술하고 있기 때문에 이 학파의 철학이 종종 반야의 교리에 속하는 것으로 이해되어 왔다. 따라서 그들이 생각하기로는 선이란 실제로 이 부문에 속한다.

다른 말로 하면 선의 궁극적 의미는 공(空)의 철학을 옹호하는

---

58) 原文: 身是菩提樹　　心如明鏡臺
　　時時勤拂拭　　勿使惹塵埃
59) Sunyata의 이론이 진정으로 무엇을 의미하는가 하는 것은 졸저
《Essays in Zen Buddhism》을 참조할 것. 이 책의 시리즈 3에 실린
‘반야경의 철학과 종교’라는 논술에서 상세하게 이 空에 대해 설명했다. (原註)

데 있다는 것이다. 적어도 겉으로 보기에 어느 정도까지는 이 견해가 정당화될 수 있다. 예를 들면, 다음의 일화를 생각해 보자.

어느 제자가 스승에게 " 나는 불교의 진리를 찾기 위해 여기에 왔습니다"라고 말했다. 스승은, " 너는 왜 그런 것을 여기에서 찾으려느냐? 어째서 네 집에 있는 값진 보물을 내버리고 여기서 서성대고 있느냐? 나는 너에게 아무것도 줄 게 없는데 이 절에서 무슨 진리를 찾으려 하느냐? 아무것도 없다. 정말 아무것도 없다"라고 대답했다.

그리고 어떤 스승은 언제나 다음과 같이 말하곤 했다.

나는 선(禪)이란 것을 모른다. 나는 여기서 너에게 보여 줄 아무것도 없다. 아무것도 없는데 무엇을 얻을 것이라 기대하면서 그렇게 서성대지 말아라. 어떻든 스스로 깨달을 일이다. 붙잡을 것이 있다해도 네 손으로 직접 할 일이다.

또는,

참 지혜[菩提]는 모든 표현수단을 초월한다. 깨달음이라고 말할 수 있는 것은 본래 없었다.

라고 말하기도 하고, 혹은

선에는 말로 설명될 수 있는 것은 없으며 교리로서 제시될 수 있는 것도 없다. 찬성하든 반대하든 몽둥이 30대를 맞을 것이다. 침묵을 지켜서도 안되고 입을 떼어서도 안 된다.

라고 말하기도 한다. 그리고 " 어떻게 부처가 될 수 있습니까?"라는 질문에 한 스승은 다음과 같이 말했다.

마음을 어지럽히지 말고 대상에 깊이 몰입하라. 절대의 공(空)
과 고요에 매 순간 머무는 것이 부처가 되는 길이다.

때로는 다음과 같은 문헌을 만나게 된다.

중도(中道)는 양끝에도 중간에도 있지 않다. 네가 대상에 속박
되었을 때 너는 한쪽으로 치우치게 된다. 또 네가 마음 자체만을
고집할 때 다른 쪽으로 치우치게 된다. 이 양쪽 끝이 존재하지
않을 때 그 중간도 없다. 이것이 중도이다.

수백 년 전에 유명했던 일본 선가의 한 스승60)은 생사의 속박
을 벗어나는 방법을 가르쳐 달라던 그의 제자에게" 여기에 생사
란 없어"라고 말하곤 했다.

중국 선종의 제일조(第一祖)인 달마(達磨: ?~528)가 중국 양나
라의 첫 통치자인 무제(武帝: 502~549)로부터 불교의 가장 궁극
적이고 중요한 원리에 대하여 질문을 받았다. 그때 달마는,

탁 트인 무(無)일 뿐, 거기에 성스럽다느니 하는 것은 없다(廓
然無聖).

라고 대답했다. 이들 인용은 방대한 선(禪)의 문헌으로부터 임
의로 추출해 낸 것인데 공(空: Sunyata), 비유(非有: Nasti), 적정
(寂靜: Santi), 무사(無思: Acinta) 등에 젖어 있으므로, 이들을 모
두 허무주의적이라 생각하거나 부정적 정적주의(靜寂主義)를 고

---

60) 일본 임제종 妙心寺의 開山祖 關山國師.

취하는 것으로 여길 수도 있다.

그런데 반야바라밀다심경61)으로부터의 다음 인용은 다른 어느 구절보다 충격적이다. 실재로 대승경전의 반야부에 속하는 경전은 공(空)의 사상으로 가득 차 있기 때문에 이런 식의 사고방식에 익숙지 못한 사람들은 당황하게 되어, 이들을 어떻게 평가해야 좋을지를 모를 것이다. 반야부 경전들 중에서 가장 간결하고 그 깊은 사상을 담고 있다고 생각되는 이 반야바라밀다심경은 선방(禪房)에서 매일 독송되었다. 승려들은 아침 일찍, 그리고 식사하기 전에 이 경을 암송했다.

> 그러니 사리자(舍利子)야, 모든 사물은 공(空)의 특성을 가지고 있다. 그것들은 시작도 없고 끝도 없으며, 더러운 것도 아니고 깨끗한 것도 아니며, 완전한 것도 아니고 불완전한 것도 아니다.
>
> 그러므로 사리자야, 여기 공(空)에는 형태도 없고 지각도 없으며 이름도 없고 개념도 없고 앎도 없다. 눈도 귀도 코도 혀도 몸도 마음도 없다. 모양도 소리도 냄새도 맛도 감촉도 대상도 없다. 깨달음도 없고 미혹도 없고, 그 미혹의 깨뜨림도 없다. 늙음도 죽음도, 네 개의 위대한 진리[四聖諦]도 없다. 즉, 고통도, 고통의 근원도, 고통의 멈춤도 고통의 멈춤으로 이끄는 길도 없다. 열반의 지혜도 없고 그것을 획득하는 것도 없고 획득하지 않는 것도 없다.
>
> 그러니 오 사리자야, 열반을 얻는 것이 없기 때문에 보살의 반야바라밀다에 도달한 사람은 마음에 방해를 받지 않고 거(居)한다. 마음에 방해가 사라졌을 때 모든 두려움으로부터 자유로워지고 변화에 얽매이지 않으며, 궁극의 열반을 누리게 된다.62)

---

61) 앞에서 언급한 석상(石霜)으로부터의 인용도 참조. 이 반야바라밀다심경은 자주 적멸의 교리를 가르치고 있다고 오해되어 왔다. 《반야심경》의 산스크리트 원전, 현장(玄奘)의 한역(漢譯), 그리고 문헌학적으로 정확한 영문역에 관해서는 졸저 《Zen Essays》 시리즈 3을 보라. 나는 그 책에서 이 중요한 경전의 의의에 대한 독자적 견해를 피력했다. (原註)

이 모든 인용을 보고서 선(禪)이 완전한 부정의 철학을 고취하고 있다는 평자들의 비판이 정당하다고 생각할지 모르나 실제로 이것보다 더 선을 오해한 것은 없다. 선은 늘‘ 삶(生)의 근본사실(Central fact of life)’ 을 포착하는 것을 겨냥하고 있는데,‘ 삶의 근본 사실’ 은 결코 지성의 해부대 위에서는 포착될 수 없다.

이‘ 삶의 근본 사실’ 을 파악하기 위하여 선은 연속적인 부정(否定)이라는 방법을 채택한다.63) 그러나 단순한 부정이 선의 정신은 아니다. 다만 이원적(二元的) 사고에 익숙해 있는 지성의 오류를 뿌리뽑기 위해 부정의 방법이 쓰이는 것이다. 그렇기 때문에 선이“ 이것도 아니고 저것도 아니고 어느 것도 아니다”라고 선언하는 것은 당연하다. 이때 우리는 이러한 모든 부정 후에 남은 것은 무엇이냐고 물을지 모른다. 그러면 선사(禪師)는 아마“ 이 멍청아, 그럼 이건 무엇이냐?” 하고 따귀를 한 대 올려 부칠 것이다. 혹자는 이것을 궁지로부터 벗어나고자 하는 변명으로 생각하거나, 혹은 선사들의 무례함을 보여 주는 실례에 불과하다고 여길지 모른다. 그러나 선의 진수를 순수하게 파악했을 때, 따귀를 올려 부친 것이 얼마나 옳은 일이었나를 알게 될 것이다.

여기서는 부정도 긍정도 없고, 있는 것은 명백한 사실, 순수한 경험 그리고 존재와 사고의 바로 그 바탕뿐인 까닭이다. 활발한 정신 활동 속에서 희구하는 고요함과 공(空)은 바로 여기에 존재한다. 결코 외부적인 것이나 인습적인 것을 좇지 말라. 선은 장

---

62) 原文: 舍利子 是諸法空相 不生不滅, 不垢不淨, 不增不減. 是故 空中無色 無受想行識. 無眼耳鼻舌身意. 無色聲香味觸法 無眼界, 乃至無意識界. 無無明 亦無無明盡. 乃至無老死, 亦無老死盡. 無苦集滅道 無智亦無得. 以無所得故 菩提薩埵 依般若波羅蜜多故 心無罣礙. 無罣礙故 無有恐怖, 遠離顚倒夢想 究竟涅槃.《般若心經, 唐玄奘譯》

63) Heraclitus의 Enantiodromia, 즉 反定立 antithesis의 조절역할에 해당된다고 할까. (原註)

갑을 내던지고 맨손으로 붙잡아야 하는 것이다. 젖은 옷이 몸에 달라붙듯이, 마음에 끈질기게 달라붙어 있는 생래적인 무명(無明: Avidya) 때문에 선은 부정에 호소하게 된다.

'무명'은 그 자체로는 별다른 해가 되는 것은 아니지만 자기 분수를 넘어서선 안 된다. 무명은 논리적 이원론의 다른 이름이다. 눈은 희고 까마귀는 검다. 그러나 이것은 세간에서 사용하는 무지한 말투이다. 사물의 진정한 모습에 도달하기를 원한다면, 우리는 이 세계가 아직 창조되지 않은, 이것 혹은 저것이라는 의식이 아직 깨우쳐지지 않은, 그리고 마음이 그 자체 속에, 즉 공(空)과 고요함 속에 몰입한 관점에서 사물을 보아야 한다. 이것은 부정(否定)의 세계이다.

그러나 그것은 차원 높은 절대적 긍정(肯定)—즉, 부정의 한가운데에서의 긍정으로 이끄는 그런 부정이다. 눈은 희지 않고 까마귀는 검지 않다. 그래도 눈은 희고 까마귀는 검다. 여기가 바로 일상언어가 선(禪)에서 표현되는 말의 정확한 의미를 전달하지 못하는 곳이다.

분명코 선은 부정한다. 하지만 그것은 우리 눈앞에 역력히 현전하고 있는 것을 보게 하기 위해서이다. 그것을 스스로 포착하지 못하면 책임은 우리에게 있다. 정신이 무명(無明)으로 뒤덮인 대부분의 사람들은 그것을 스쳐 지나갈 뿐 보려 하지 않는다. 그들은 그것을 보지 못하기 때문에 선을 허무주의로 생각한다.

　　황벽(黃檗: 850 쭈)이 불전에서 부처에 예배하고 있을 때 그의 제자가 다가와서 물었다.

　　"선은 불(佛)이나 법(法)이나 승(僧)을 통해 찾는 것이 아니라고 했는데 이러한 경건한 행위로 무얼 구하려고 하십니까?"

　　황벽은 대답했다.

　　"나는 불·법·승을 통해 무얼 구하려는 것이 아니다. 다만 부처에게 절하고 있을 뿐이다."

그러자 제자는 불만스런 어조로 말했다.

"어쨌든 그렇게 경건하게 보여서 무슨 소용이 있습니까?"

황벽은 제자의 뺨을 후려쳤다. 제자는,

"어째서 이토록 무례하십니까?"

하고 응수했다. 황벽은 다시 뺨을 한 대 안기면서,

"너는 네가 선 곳을 아느냐? 나는 너를 위해 무례나 공손함이
무얼 의미하는지 설명해 줄 시간이 없다"

고 말했다.64)

현명한 독자들은 퉁명스러워 보이는 황벽의 행동에도 불구하
고 그가 제자에게 무엇인가 전하려 하고 있음을 간파했을 것이
다. 표면적으로는 확실히 제자에게 금지시키고 있지만, 깊은 정신
에 있어서 그는 '어떤 것을 긍정'하고 있는 것이다. 이것을 모르
고서 선을 이해하기는 불가능하다고 해도 좋다.

신(神)을 형식적으로 경배하는 데 대한 선(禪)의 태도는, 부처
에게 열심으로 예배하고 있는 어떤 중을 보고 조주(趙州: 778~
897)가 한 말로 명확히 알 수 있다.

조주가 스님의 따귀를 때리자 그 스님은 묻기를

"부처님께 경배하는 것은 훌륭한 일이 아닙니까?"

라고 항의했다. 조주는,

"기특한 일이긴 하다만, 기특한 일 따위는 없는 것이 더 나은
일이다."

라고 말했다.

이러한 행동이 허무주의적이고 우상파괴적이라는 느낌이 드는
가? 피상적으로는 그렇다. 그러나 이렇게 말한 조주의 깊은 정신

---

64) 原文: 希叟和尙五家正宗贊《禪學人成》 4冊 14面 참고.

세계, 즉 조주의 진면목에 이르게 되면 우리는 추론적 이해의 틀을 벗어난 절대적인 긍정과 맞닥뜨리게 된다.

근대 일본 선(禪)의 개척자인 백은(白隱: 1685～1768)은 선에 정진하던 젊은 시절에 대덕(大德)인 정수노인(正受老人)을 만난 적이 있었다. 백은은 자신이 완전히 선을 알고 있다고 생각하고, 그의 득도를 자랑으로 여겼는데 정수노인을 만난 것도 실은 자신의 뛰어난 이해력을 자랑하기 위해서였다.

> 정수노인은 그에게 선을 얼마나 알고 있는가 물었다. 백은은 못마땅한 목소리로
> " 만일 손에 올려놓을 만한 무엇인가가 있다면 모두 토해 놓겠습니다."
> 라고 말하면서 실제로 토할 것 같은 시늉을 했다. 정수노인은 백은의 코를 잡고
> " 이건 뭐지? 어쨌든 난 그걸 붙잡고 있네만."
> 하고 말했다.

독자들은 이 면담에 대해 백은과 함께 깊이 생각해 보아야 한다. 그리하여 정수노인이 진정으로 나타내고자 한 바가 무엇이었던가를 알아내지 않으면 안 된다.

선(禪)은 순전히 아무것도 없는 듯이 마음을 맹탕 비우게 하는 그런 전적인 부정이 아니다. 그런 것은 지적인 자살행위이다. 선에는 자기 긍정적인 것이 있다.

그것은 자유롭고, 절대적이고, 제한도 없는, 추상적으로 취급되기를 거부하는 그런 것이다. 선은 살아 있는 진실이므로 무기체적인 암석이나 공허한 공간 같은 것이 아니다. 이 살아 있는 진실과 만나는 것, 아니 삶의 매 순간, 그 한복판에서 이것을 붙잡는 것이 수양의 목표이다.

　어느 날 형님뻘인 백장(百丈: 720~814)으로부터
" 다른 사람에게 설(說)하지 않은 무엇인가가 있느냐?"
는 질문을 받았을 때, 남전(748~834, 南泉이나 관습상 '남전' 이
라고 읽음)은 " 그렇다"고 대답했다.
" 그게 뭐냐?"
하고 묻자,
" 마음도 아니고 부처도 아니고 물건도 아닙니다(不是心 不是佛
不是物)."65)
라고 말했다.

　이 대답은 절대적인 공(空)의 교리를 설파하고 있는 것처럼 보
이지만 우리는 여기서도 그러한 부정(否定)을 통해서 무엇인가가
드러나고 있음을 알아 챌 수 있다. 두 사람 사이에서 오고 간 대
화를 좀더 살펴보자.

　백장: 그렇다면 너는 이미 그것에 대해 말해 버린 것이다.
　남전: 어쩔 수가 없었습니다. 스님이라면 어떻게 말하시겠습니까?
　백장: 나는 그렇게 똑똑한 사람이 못 돼.
　남전: 그렇군요, 제가 너무 말을 많이 했군요.

　우리가 선(禪)에 대해 지적인 논의를 할 수 있기 위해서는 우
선 논리적 기술을 허용하지 않는 이 같은 내적 의식의 상태를
이해하지 않으면 안 된다. 언어는 이 상태를 가리키는 표지판일
뿐이다.
　언어를 통해서 의미를 파악할 수는 있겠지만, 그것을 절대적인
안내자로 기대해서는 안 된다. 무엇보다도 먼저 어떠한 정신적인

---

65) 原文: 南泉和尙因僧問云, 還有不與人說底法麽. 泉云, 有. 僧云, 如何是不
　　與人說底法. 泉云, 不是心, 不是佛, 不是物.《無門關 第26則》

상태에서 선사들이 그렇게 행동하는가를 이해하도록 노력해야 한다. 겉으로 보기에야 어떨지 몰라도 그들은 터무니없는 행동을 하는 것이 아니다.

또 어떤 사람들이 말하듯이, 변덕스러운 기분에 따라 그런 어리석은 짓거리를 하는 것도 아니다. 그들은 스스로의 깊은 개인적 체험으로부터 얻은 진리의 확고한 기반을 가지고 있다. 미친 듯이 보이는 그들의 모든 행위에는 펄펄 살아 움직이는 진리가 '체계적'으로 제시되어 있다. 이 진리에서 보면 전 우주의 운행도 한 마리 모기의 날아다님이나 선풍기의 움직임과 동등한 의미를 지닌다. 문제는 이러한 모든 것에 관류하고 있는 '하나의 정신', 즉 허무주의 따위가 발붙일 수 없는 절대의 긍정을 이해하는 일이다.

> 한 스님이 조주에게
> " 내가 아무것도 가지고 있지 않다면 스님은 뭐라고 말씀하시겠습니까?"
> 하자 조주는
> " 그걸 땅에 내려놓게!"
> 했다. 그 중은
> " 아무것도 가지고 있지 않다고 했는데, 무얼 내려놓으라 하십니까?"
> 하니
> " 그럼 가지고 가게!"[66]
> 라고 조주가 응수했다.

이렇게 조주(趙州)는 허무주의의 철학이 무의미함을 여실히 가르치고 있다. 선(禪)의 목표에 도달하기 위해서는 ' 아무것도 가

---

66) 擧. 嚴陽尊者問趙州. 一物不將來時如何. 州云, 放下著. 嚴云, 一物不將來 放下箇其麼. 州云, 恁麼則擔取去. 《從容錄 第57則》

지고 있지 않다'는 생각까지도 제거해야 하는 것이다. 부처는 그가 더 이상 부처임을 고집하지 않을 때 비로소 현현(顯現)한다. 즉, 부처이기 위해서 부처를 포기해야 하는 것이다. 이것이 선의 진리에 이르게 되는 유일한 길이다.'무(無)'나'절대'에 대해 이야기하고 있는 한, 그는 선으로부터 멀리 있는 사람이다. 아니, 점점 멀어져 가고 있다는 편이 옳다.'공(空)이라는 발판'마저 차버려야 한다. 구원에의 유일한 길은 자신을 바닥없는 깊은 심연으로 던져 넣는 일이다. 이것은 결코 쉬운 일이 아니다.

원오(圓悟)는 대담하게 주장했다.

> 어떤 부처님도 지상에 나타나지 않았고, 신성한 교리로 공표될 만한 것은 아무것도 없다. 선의 초조(初祖)인 달마는 동방에 오지도 않았음은 물론, 마음을 통해서 아무런 비밀스런 교리도 전하지 않았다. 이것이 무얼 뜻하는지 이해하지 못한 사람들만이 그들 자신의 밖에서 진리를 찾는다. 그들이 그렇게 열심히 찾는 것이 그들 자신의 발 아래 짓밟히고 있다는 것은 얼마나 슬픈 일인가! 이것은 모든 현인(賢人)들의 지혜로도 붙잡을 수 없다. 우리는 그것을 보고 있지만 그것은 보이지 않고, 그것을 듣고 있지만 그것은 들리지 않는다. 우리는 그것에 대해 이야기하고 있지만 그것은 말해지지 않았고, 그것을 알지만 그것은 알려지지 않았다. 자, 그럼 묻노니,'이건 도대체 어떻게 된 일인가?'[67]

이것은 물음인가? 아니면, 사실상 일정한 마음 상태를 기술하고 있는 긍정적 진술인가?

그러므로 선에서의 부정은 반드시 논리적인 의미에서의 부정

---

67) 原文: 諸佛不曾出世, 亦無一法與人. 祖師不曾西來, 未嘗以心傳授. 自是時人不了, 向外馳求. 殊不知, 自己脚跟下. 一段大事因緣, 千聖亦摸索不著. 只如今, 見不見聞不聞說不說 知不知. 從什麽處得來.
《碧巖錄 第56則 "欽山一鏃破三關의 垂示"》

은 아니다. 이것은 긍정의 경우에도 마찬가지이다. 경험의 궁극
적 사실은 인위적· 도식적 사유의 법칙이나 '그렇다' 와 ' 아니
다' 의 흑백논리 혹은 인식론의 무미건조한 공식에 예속되지 않
는 까닭이다. 확실히 선은 언제나 불합리하고 부조리한 일들을
저지르고 있다. 그러나 이것은 겉으로 그렇게 보일 뿐이다. 선
(禪)이 외견상 그렇게 보임으로 하여 생긴 자연적인 결과들-오
해나 잘못된 해석, 종종 악의가 포함된 조소-을 피할 수 없다는
것이 이상한 일은 아니다. 선이 허무주의라는 비난은 이렇게 해
서 생긴 오해 가운데 하나이다.

보살이 깨달은 불이법문(不二法門)의 교리가 무엇인가 하고 유
마(維摩)가 문수(文殊)에게 물었을 때, 문수는

내가 이해하기로 불이법문은 사물을 모든 표현과 나타냄의 형
식 너머에 있는, 그리고 지식과 토론을 초월한 것으로 바라볼 때
깨달아진다. 이건 나의 견해이고, 당신의 견해를 들어 보고싶
다.68)

이 질문에 대해 유마는 완전히 침묵하여 한마디도 입을 떼지
않았다. 그 신비적인 응답-즉, 침묵이야말로 선이 말을 강요받는
어려운 상황에서 벗어날 수 있는 유일한 길인 것 같다. 그래서
원오(圓悟)는 앞에 인용한 문수와 유마의 대화를 이렇게 평하게
된다.

내가 '그렇다' 라고 할 때도 긍정할 만한 것은 아무것도 없다.' 아
니다' 라고 할 때도 부정될 만한 것은 있지 않다. 나는' 그렇다'

---

68) 原文: 維摩詰問文殊舍利. 何等是菩薩入不二法門. 文殊舍利曰, 如我意者
於一切法, 無言無說, 無示無識, 離諸問答, 是爲入不二法門. 於是文殊舍利
問維摩詰言, 我等各自說已. 仁者當說, 何等是菩薩入不二法門. 維摩默然.《維
摩經, 그리고 碧巖錄 第84則, 從容錄 48則》

와 '아니다'를 넘어 서 있다. 또 얻는 것과 잃는 것이 무엇인지 잊어버렸다. 다만 절대의 청정(淸淨), 순수하게 적나라한 경지가 있을 뿐이다. "네 뒤에 있는 것이 무엇이고, 네 앞에 있는 것이 무엇이냐?" 하고 물었을 때, 한 승려가 나서서 "앞에는 불당과 절문, 뒤에는 침실과 방장(方丈)"이라고 대답했다면, 이 사람은 심안(心眼)을 뜬 것인가, 아닌가? 이것을 판별할 수 있을 때, 나는 너희들이 진정으로 옛 성현(聖賢)들과 친히 만나고 있음을 인정해 주겠다.69)

침묵이 별로 도움이 안 된다면, 우리는 원오(圓悟)를 따라 '머리에는 천국의 문이 열려 있고, 발 밑에는 영겁의 불이 타고 있다'고나 해 볼까. 이 말이 '그렇다'와 '아니다'의 이원론에 의해서 방해되지 않는 선(禪)의 궁극적인 의미를 뚜렷이 해 줄 수 있을 것인가. 사실 이것과 저것, 내 것과 네 것에 대한 의식의 흔적이 조금이라도 남아 있는 한, 아무도 선을 보다 완전히 깨달을 수 없고, 옛 성현들은 우리와 무연(無緣)한 사람들이 되고 만다. 우리 속의 보물은 영원히 발굴되지 않은 채 묻혀 있게 된다.

한 승려가 물었다.

"유마가 정토(淨土)를 원하는 사람은 그의 마음을 청정(淸淨)하게 해야 한다고 말했는데, 청정한 마음이란 어떤 것입니까?"

선사는 이렇게 대답했다.

"마음이 **절대적으로 청정할 때**, 너는 청정한 마음을 얻는다. 마음이 절대적으로 청정하다는 말은 마음이 청정함과 더러움을 넘어 선 것을 의미한다. 이것이 어떻게 실현되는지 알고 싶은가? 너의 마음을 모든 제약과 한계로부터 완전히 비게[空] 하라. 그러

---

69) 原文: 道是, 是無可是. 言非, 非無可非. 是非已去, 得失兩志. 淨躶躶, 赤灑灑. 且道, 面前背後, 是箇什麼. 或有箇衲僧出來, 道面前是佛殿三門, 背後是寢堂方丈, 且道 此人還具眼也無. 若辨得此人, 許儞親見古人來. 《碧巖錄 八十四則의 垂示》

면 청정을 얻을 것이다. 이 상태가 성취되었을 때 어떤 생각도
끼어들게 해서는 안 된다. 청정하다는 생각이 끼어들면 마음은
그 청정함을 잃는다. 그러나 청정함을 잃었을 때라도 아무런 사
념을 그 사이에 끼우지 않으면, 너는 그 청정함을 잃었다는 생각
으로부터 벗어나게 된다. 이것이 절대 청정이다."70)

여기서 절대 청정은 절대적 긍정인 것이다. 그것은 정(淨)과
부정(不淨)을 넘어서서 절대적인, 보다 고차적인 종합의 입장에
서 양자를 통합하기 때문이다. 여기에는 부정(否定)도 없고 모순
도 없다.

선(禪)이 목표로 하는 것은 각자가 놓인 상황의 한 복판에서,
매일매일의 현실 생활 가운데에서 이러한 통일을 실현하는 것이
다. 선은 삶을 일종의 형이상학적 유희로 취급하려는 것이 아니
다. 모든 선의 '문답(問答)'은 이러한 관점에서 고려되어야 한다.
선에는 희떠운 소리나 말의 유희, 궤변은 전혀 없다. 선은 세상에
서 가장 진지한 관심거리이기 때문이다.

선의 가장 오래된 기록 가운데 하나인 다음을 인용함으로써
이장을 결론지으려고 한다.71)

　　불교철학자이자 유식(唯識: 절대적 관념론)학자인 도광(道光)이
　　어느 선사에게 와서 물었다.

---

70) 原文: 問, 維摩經 欲得淨土 當淨其心. 云何是淨心. 答, 以畢竟淨爲淨. 問,
云何是畢竟淨爲淨. 答, 無淨, 無無淨. 問, 云何是 無淨 無無淨. 答, 一切
處無心是淨. 得淨之時, 不得作淨想, 卽名無淨也. 得無淨時, 亦不得作無淨
相, 卽是無無淨也.《慧海撰, 頓悟要門》
71) 馬祖道一(709~788)의 제자 大珠慧海의 著作《頓悟要門》에서 끌어 쓴다.
原文: 講唯識道光座主問曰, 禪師用何心修道. 師曰, 老僧無心可用, 無道可
修. 曰, 旣無心可用, 無道可修, 云何每日聚衆, 勸人學禪修道. 師曰, 老僧
尙無卓錐地, 什麼處聚衆來. 老僧無舌, 何曾勸人來. 曰, 禪師對面妄語. 師
曰, 老僧尙無舌勸人, 焉解妄語. 曰, 某甲却不會禪師語論也. 師曰, 老僧自
亦不會.

" 어떻게 마음을 써야 진리에의 길을 닦을 수 있습니까?"

" 써야 할 마음도 없고, 닦아야 할 길도 없네."

" 그렇다면 어째서 당신은 매일 사람들을 모아 선을 가르치고 진리에의 길을 닦도록 권하고 있습니까?"

" 내게는 송곳 하나 꽂을 자리가 없는데 어디에다 사람을 모은단 말인가? 내게는 혀가 없는데 어떻게 사람들을 오라고 권할 수 있겠는가?"

그러자 철학자 도광은

" 어떻게 그런 뻔뻔스런 거짓말을 할 수 있습니까?"

라고 되물었다.

" 내게 다른 사람을 충고할 혀가 없다고 했는데, 거짓말인들 어떻게 할 수 있겠나?"

도광은 완전히 손을 들고 말았다.

" 나는 당신의 논법이 이해가 되지 않습니다."

" 나도 역시 모르겠어!"

선사(禪師)가 결론을 맺었다.

제4장 비논리적인 선(禪)

빈손으로 가고 있다.
그런데 보라, 호미가 내 손에 있다.
나는 걸어간다.
그런데도 나는 소 등에 타고 있다.
다리 위를 지나간다.
보라.
물은 흐르지 않고
다리가 흘러가고 있다.72)

　이것은 보통 부대사(傅大士)로 알려진 선혜(善慧: 497~569)의 유명한 게송인데, 선사(禪師)들이 갖고 있는 관점을 간명하게 보여준다. 이것이 비록 선의 가르침을 모두 드러낸 것은 아니라 하더라도 선(禪)이 지향하는 길을 생생하게 가리켜 주고 있다. 선의 진리에 대한 지적(知的) 통찰을 얻고 싶어하는 사람들은 우선 이 게송의 참된 뜻을 이해해야 하리라.
　이 4행의 시구(詩句)보다 더 비논리적이고 더 상식에 배치되는 것은 없다. 어떤 이는 선을 엉터리없는 것이고, 사람을 혼란시키며, 일상적 추론의 범위를 넘어 선 것이라고 비판하려 든다. 그러나 선(禪)은 다음과 같이 반박한다.

---

72) 原文: 空手把鋤頭　　步行騎水牛
　　　人從橋上過　　橋流水不流《禪門拈頌 第1429則》

사물에 대한 모든 상식적인 관점을 궁극적인 것으로 이해해선 안 된다. 우리가 진리를 철저하게 파악할 수 없는 이유는 사물의' 논리적' 해석이라는 부당한 집착 때문이다. 진실로 삶의 깊이에 도달하기를 원한다면 우리는 우리가 소중히 여겨 온 삼단논법을 버려야 하고, 논리의 횡포와 일상언어의 편향성에서 탈피할 수 있는 새로운 시각을 열어야 한다. 아무리 역설적으로 보이더라도' 호미는 당신의 빈손에 쥐어져 있고, 발 아래 흘러가고 있는 것은 물이 아니라 다리' 라고 선은 주장한다.

선(禪)에서의 비합리적인 표현은 이것뿐만 아니다. 이보다 더 사람을 어리둥절하게 하는 것이 많다. 어떤 사람들은 선을 돌이킬 수 없을 정도로 미친, 어리석은 것이라고 단언할지도 모른다. 실제로 다음과 같은 표현에 대해 독자들이라면 무엇이라고 말할 것인가?

" 춘향이가 술을 마셨는데 이도령이 취했다."
" 과거와 현재, 미래를 통하여 모든 부처들의 스승은 누구인가?
  ―주방장 김씨(金氏)이다."
" 간밤에 나무로 된 말이 울었고, 돌로 된 사람이 춤을 추었다."
" 보라! 구름 같은 먼지가 바다에서 일어나고, 파도의 우르릉거림이 땅 위에서 들려 온다."

때로 선사들은 다음과 같은 질문을 하기도 한다.

" 지금 비가 퍼붓고 있다. 너라면 어떻게 그치게 하겠는가?"
" 두 손바닥이 맞부딪치면 소리가 난다. 한 손바닥의 소리를 들어 보라."
" 네가 한 손바닥의 소리를 들었다면, 그 소리를 내게도 들려 줄 수 있는가?"

" 산은 높이 솟아 있고, 바다는 낮은 곳을 채우고 있다. 그런데 성전(聖典)에는 만법(萬法)이 일미평등(一味平等)하여 높고 낮은 것이 없다고 했다. 이걸 어떻게 읽을 것인가?"

대체 선사(禪師)들은 이성(理性)을 잃었는가? 아니면 의도적으로 신비화시키고자 애쓰고 있는 것인가? 이 모든 진술은 우리 마음을 혼란시키는 것 외에 어떤 내적 의의도, 즉 우리를 계발시키는 어떤 의의도 갖고 있지 않는 것인가? 아무리 보아도 쓰잘데없고 비합리적인 이러한 것들을 통해서 선이 진정으로 우리에게 이해시키려 하는 바는 무엇인가? 해답은 간단하다. 선은 우리가 삶의 신비와 자연의 비밀을 꿰뚫어 보는 전혀 새로운 시각을 얻게 되기를 바란다. 이것은 선이, 일상의 논리적 사유와 추론방식으로는 우리 정신의 깊은 곳에서 우러나는 바람을 충분히 만족시킬 수 없다는 결론에 도달했기 때문이다.

일반적으로 'A는 A이다'는 절대적이어서 'A는 A가 아니다' 혹은 'A는 A이면서, A가 아니다'는 생각될 수 없다. 우리는 오성(悟性)의 이 제약조건을 한번도 돌파하지 못했다. 논리는 너무도 무겁게 우리를 짓누르고 있었다.

그러나 이제 선(禪)은, " 언어는 언어에 불과하지 그 이상의 것은 아니다"라고 선언한다. **언어가 실제와 더 이상 부응하지 않을 때, 그때는 언어를 떠나서 '실제'로 돌아가야 한다.** 논리가 실용적인 가치를 지니고 있는 한 사용해야 하는 것이지만 그것이 소용에 닿지 않을 때, 혹은 자신의 고유한 한계를 넘어서려 할 때, 우리는 멈추라고 소리쳐야 한다. 의식이 눈을 뜬 이후 이때까지 우리는 'A'와 '非A'의 이원론을 통하여, 즉 다리를 다리라고 부르고, 물을 흐르는 것, 먼지는 땅에서 이는 것으로 함으로써 존재의 신비를 풀고 논리에의 목마름을 해소하려고 노력해왔다. 그러나 안타깝게도 우리는 마음의 평화와 완전한 행복, 그리고 삶과 세계에 대한 철저한 이해를 결코 얻을 수가 없었다.
이를테면 우리는 '이성'의 끝, 그 벼랑에 서 있다. 우리는 **실재
(實在)의 보다 넓은 영역으로** 한 발짝도 더 내디디지 못하고 있
는 것이다.

  예를 들어 보자. 우리 영혼의 가장 깊은 고뇌 같은 것은 말로
표현할 수 없다. 바로 이 때, 즉 정신의 깊이를 말로 표현할 수
없음을 느낄 때 우리의 전 존재 위로 빛이 비쳐온다. 이것이 선
의 시작이다. 왜냐하면 이때에야 우리는 결국 'A는 非A'임을 깨
닫기 때문이다. 논리는 일면적(一面的)인 것이며, 비논리로 불리
는 것이 반드시 비논리적인 것은 아니라는 것, 겉으로는 비합리
적으로 보이는 것이 결국 나름의 논리를 가지고 있어서 그 논리
가 사물의 진정한 모습과 만나게 해 주고 있다는 사실을 깨닫기
때문이다. '빈손으로 가고 있다. 그런데 보라, 호미가 내 손에 있
다.' 이것으로 완전히 행복하게 된다. 기이하게 여길지 모르지만
이 모순이야말로 '지성이 동터온 이래' 우리가 찾아 왔던 것이
기 때문이다. '지성의 동틈'이란 지성의 자기 주장이 아닌 지성
의 초월을 의미한다. 'A는 A이다' 라는 명제의 의미는 'A는 A가
아니다' 라고 했을 때 비로소 이해된다. 자신은 그 자신이 아니다.
—이것이 선(禪)의 논리이며, 우리의 모든 열망을 충족시키기에
충분한 것이다.

  '꽃은 붉지 않고, 버들은 푸르지 않다.' 이렇게 말할 때 선사
(禪師)들은 신선한 충족감을 느낀다. 논리를 궁극적인 것으로 생
각하는 한 우리는 얽매이며, 정신의 자유를 누리지 못하고 삶의
진정한 모습도 놓치게 된다. 그러나 이제 우리는 전체적 상황에
대응하는 열쇠를 쥐게 되었다. 우리는 실재(實在)의 지배자이다.
언어는 더 이상 우리를 지배하지 못하게 된다. 즉, 호미를 호미가
아니라고 부를 완전한 권리를 우리는 갖는다. 호미는 언제나 호
미일 필요가 없다. 호미는 호미가 아니라는 것, 이것이 오히려 선

사들이 보기에는 이름에 속박되지 않은 실재의 참 모습을 보다 정확하게 표현하고 있다.

이름과 논리의 횡포로부터 벗어남은 동시에 정신의 해방을 의미한다. 이때 정신은 더 이상 그 본래의 모습에 반(反)하여 나누어지거나 쪼개지지 않기 때문이다. 지적 자유를 얻음으로써 정신은 자신을 완전히 향유하게 된다. 나고 죽음마저도 더 이상 마음을 괴롭히지 않는다. 삶과 죽음이라는 이원성은 어디에도 없다. **우리는 죽음을 통해서만 살 수 있기 때문이다.** 삶과 죽음은 한 얼굴인 까닭이다. 이제까지 우리는 사물을 차별과 대립의 모습 아래서만 보아 왔고 그 관점에 따른 태도, 즉 대상에 대한 다소' 적대적'인 태도를 지녀왔다. 이것이 완전히 바뀌었다. 우리는 마침내 세계를 바라보는' 안으로부터의 시각'을 가지게 되었다. 그래서' 쇠로 된 나무에 꽃이 피고',' 쏟아지는 비에도 옷이 젖지 않는' 것이 가능하다. 이렇게 하여 영혼은 전체적이고, 완전하게 되며, 축복으로 가득 차게 된다.

선(禪)은 사실에 관여할 뿐, 논리적인 표현이나 언어에 의한 표현, 편견에 의해 왜곡된 표현에 관여하지 않는다. **직접적 단순성**이 선의 핵심이다. 여기에 선의 활력과 자유 및 독창성이 있다.

기독교뿐만 아니라 다른 종교들도' 단순한 마음'에 대해서 많이 이야기하고 있지만, 이것은 반드시 순진하다든가 소박한 것을 의미하지 않는다. 선에 있어서' 단순한 마음'은 지적 천착에 얽혀들지 않는 것, 그리고 자칫 교묘한 궤변에 빠지기 쉬운 철학적 사고에 어지럽혀지지 않는 것을 의미한다. 그것은 또 **사실을 사실 그대로** 인지(認知)하는 것, 말은 다만 말일 뿐임을 깨닫는 것을 의미한다. 선(禪)은 자주 마음을 티 없는 거울에 비유한다. 선에서' 단순하다'는 것은 이 거울을 언제나 밝고 순수하게 하여 거기에 비치는 것은 어떠한 것이든 **직접적·절대적으로 완전무**

결하게 비출 수 있도록 하는 것이다. 이때 호미는 호미이면서 동시에 호미가 아니게 된다. 전자만 인정하는 것은 상식적 견해이며, 전자와 함께 후자가 인정될 때 비로소 선이 있게 된다. 상식적인 견해가 덤덤하고 단조로운 것인 데 비해 선의 시각은 언제나 독창적· 자극적이다. 선이 주장될 때 언제든 사물들은 생기를 얻는다. 그때 비로소 창조의 움직임이 존재하게 된다.

선(禪)은 우리가 철저하게 말과 논리의 노예가 되어 있다고 생각한다. 이처럼 속박되어 있는 한 우리는 비참하고 말할 수 없는 고통을 받는다. 진실로 알 가치가 있는 것, 즉 우리의 정신적 행복에 도움이 되는 어떤 것을 찾고 싶다면, 우선 모든 조건들로부터 자신을 해방시키려고 노력해야 한다.

그리하여 세계를 그 전체에 있어서 조망하는 새로운 관점, 그리고 삶을 내면으로부터 이해할 수 있는 새로운 시각을 획득할 수 있는가 없는가를 따져야 한다. 이렇게 생각했을 때 우리는‘ 이름 붙일 수 없음(Nameless)’의 심연 깊이 뛰어들게 되고, 세계를 창조하는 일에 몰두하고 있는 정신을 직접적으로 파악하게 된다. 여기에는 논리도, 철학적 사유도 없다. 여기에는 인위적 척도(尺度)에 맞도록 사실을 뒤트는 일도 없다.

여기에는 지적(知的) 해부를 위해 인간성을 살해하는 일도 없다. 하나의 정신은 마치 하나의 거울이 다른 거울과 마주보듯이 다른 정신과 마주 서 있고, 그것들의‘ 서로 비춤’에 끼어드는 것은 아무것도 없다.

이러한 의미에서 선은 뛰어나게 실제적이다. 그것은 추상이라든가 변증법의 번쇄성과도 무관하다. 선은 그대 앞에 놓인 호미를 집어들고 대담하게 선언한다.“ 나는 호미를 쥐고 있다. 그렇지만 나는 그것을 쥐고 있지 않다.” 신(神)이나 영혼에 대해서는 조금도 언급하지 않는다. 무한이나 죽음 이후의 삶에 관한 이야기도 없다. 우리 주위에서 볼 수 있는 매우 일상적인 일인‘ 호미를 닮'으로써 우리가 삶에서 만나는 비밀을 열어 보인다. 그것도 남김없이 보여 준다. 왜냐? 선은 사물의 참 모습에 다가서는 새로운 길을 밝혀 놓았기 때문이다. 갈라진 담벼락에 핀 한 송이 꽃이 이해될 때 전 우주와 그 안팎의 모든 것이 이해된다. 선에 있어서 호미는 모든 수수께끼의 열쇠이다. 선이 철학의 가장 엉클어진 문제들과 씨름하는 방식, 그것은 얼마나 신선하고 생기에 가득 차 있는가!

일찍이 중세 초기의 어느 유명한 기독교 교부가 이렇게 외쳤다. "오, 불쌍한 아리스토텔레스! 그대 이교도들을 위해 변증법의 기술을, 세우고 무너뜨리는 기술을, 모든 것을 논의하되 아무것도 이룰 수 없는 기술을 발견한 자여!" 참으로 아무것도 아닌 것을 가지고 너무 많은 법석을 떨었다. 모든 시대의 철학자들이 이른 바 과학과 인식의 모든 문제에 관해 날카로운 논리와 분석적 재능을 다 쏟은 후에도 얼마나 서로 모순, 대립하고 있는가를 보라. 같은 기독교의 현자(賢者) 아우구스티누스가 이 모든 무익한 논의에 종지부를 찍으려고 다음과 같은 폭탄선언을, 모래성을 쌓는 사람들 가운데 과감하게 던진 것은 놀라운 일이 아니다. "불가능하기 때문에 그것은 진실이다(Certum est quia impossible est)." 혹은 더 논리적으로는, "불합리하기 때문에 나는 믿는다(Credo quia absurdum est)." 이것은 선(禪)에 대한 무조건적인 확신이 아닐까?

어느 노선사(老禪師)가 모인 승려들에게 자기 지팡이를 꺼내면서 말했다.

비구들아, 이것이 보이는가? 보인다면 이것을 무엇이라 할 것인가? '지팡이'라고 말한다면 너희들은 범인(凡人)일 뿐 선(禪)을 아는 사람이 아니다. 그렇다면 지팡이를 보지 않는다고 하려는가? 그러나 틀림없이 여기 이렇게 쥐고 있는데 어떻게 이 엄연한 사실을 부인하려 드는가?

선(禪)에 있어서 하찮은 것으로 여겨지는 사실은 없다. 사물들의 안쪽 깊이에 있는 비밀을 꿰뚫어 보는 제3의 눈을 가질 때 비로소 당신은 옛 현인(賢人)들과 함께할 수가 있다. 지팡이를 보면서 또한 보지 않는 이 제3의 눈은 무엇일까? 어디에서 사물을 **초논리적으로** 이해하는 길을 발견할 수 있을까?

선은 " 부처가 49년 동안 설법했지만 그의' 장광설(長廣舌: Tanujihva)' 은 한번도 움직여지지 않았다"고 말한다. 혀를 움직이지 않고 말할 수 있는가? 어째서 이렇게 비합리적인 말을 하는 것일까? 현사(玄沙: 831~908)의 설명은 이렇다.

> 경건한 사람들은 가능한 방법을 모두 동원하여 다른 사람들을 교도한다고 말한다. 그러나 세 종류의 병자(病者)들을 만났을 때 어떻게 대처할 것인가? 장님은 지팡이나 몽둥이가 활용될 때도 보지 못하고, 귀머거리는 설법이 아무리 훌륭해도 듣지 못한다. 그리고 벙어리는 아무리 하고 싶어도 말을 할 수가 없다. 이 사람들이 혜택받지 못한다면 부처의 가르침은 결국 무슨 소용이 있겠는가?73)

이 설명은 아무것도 해명하고 있지 못한 것 같다. 법안(法眼: 885~958)의 주석이 문제의 해명에 더 나은 빛을 던져 줄 것이다. 그는 제자들에게 말했다.

> 너희들은 각자 귀를 두 개씩 가지고 있는데 그것으로 무엇을 들은 적이 있느냐? 너희들은 혀를 하나씩 가지고 있는데 그것으

---

73) 原文: 玄沙示衆云, 諸方老宿盡道, 接物利生, 忽遇三種病人來, 作麼生接. 患盲者 拈槌竪拂 佗又不見. 患聾者, 語言三昧 佗又不聞. 患啞者 敎伊說, 又說不得, 且作麼生接. 若接此人不得, 佛法無靈驗.《禪門拈頌 第985則》

로 무엇을 설(說)한 적이 있는가? 진실로 너희들은 한 번도 말한
적도, 들은 적도, 본 적도 없다. 그렇다면 이 모든 형태, 뭇 소리,
냄새, 맛은 어디에서 오는가?(즉, 이 현실 세계는 어디에서 나타
났는가?)

이제까지의 말이 우리를 깨우치지 못했다면, 가장 위대한 선사
가운데 한 사람인 운문(雲門: ?~966)이 우리를 도와줄 수 있을
는지 모르겠다.

한 승려가 운문에게 앞에 인용한 현사의 말을 깨우치게 해 달
라고 간청했다. 운문은 먼저 그에게 예법에 따라 절을 하도록 했
다. 절을 마치고 일어 설 때 운문은 그를 떠밀어 버렸다. 승려는
주춤 뒤로 물러섰다.
" 눈이 멀지는 않았군."
하고 말하면서 운문은 그 승려더러 가까이 오라고 했다. 승려는
가까이 다가섰다.
" 귀머거리도 아니구먼."
운문은 마지막으로 이 일의 의미를 알겠느냐고 물었다. 그 승려가,
" 모르겠는데요."
라고 대답하자
" 벙어리도 아니군 그래."
운문의 결론이었다.[74]

이 모든 주석과 행위들을 살펴보고도 아직도 미지(未知)의 나
라를 헤매고 있는가? 그렇다면 처음으로 돌아가서 그 게송을 반
복하는 수밖에 없다.

---

74) 原文: (雲門이 玄沙의 이야기를 示衆하자) 有僧請益師. 師云, 儞禮拜著.
僧禮拜起. 師以柱杖便搊僧. 退後師云, 儞不是患盲. 復喚近前. 僧近前. 師
云, 儞不是患聾. 乃竪起柱杖云, 還會廳. 僧云, 不會. 師云, 儞不是患瘂.
[其僧於此有省.]《雲門錄, 卷中 42面》

빈손으로 가고 있다.
그런데 보라,
호미가 내 손에 있다.
나는 걸어간다.
그런데도 나는 소 등에 타고 있다.

몇 마디 더 덧붙여 보기로 하자. 선(禪)이 논리를 격렬하게 공격하고, 이 책에서 우선 선의 비논리적 성격을 논하는 이유는 우리들 대부분이 논리는 곧 삶이며, 논리 없이 삶은 무의미한 것이라고 결론지을 정도로 논리가 우리 삶 깊숙이 침투해 있기 때문이다. 삶의 지도(地圖)는 논리에 의해 구석구석까지 규정되고, 철두철미하게 틀 지워져 있어서 우리들이 할 일은 다만 논리를 따르는 일일 뿐 그 결정적인 사유방법을 범한다거나 하는 것은 생각할 수도 없는 일이었다.

그러나 실제로는 대부분의 사람들이 범해서는 안 된다고 생각하는 일을 언제나 범하고 있다. 그러면서도 그들은 논리에 의한 일반적인 삶의 태도를 가지고 있다. 다시 말하지만 그들은 ' 호미를 쥐고 있으면서도 쥐고 있지 않다.' 그들은 둘과 둘의 합계를 때로는 3으로 때로는 5로 하고 있는 것이다. 다만 그들은 이 사실을 의식하지 못하고 스스로의 삶이 논리적으로 혹은 수학적으로 규정된다고 생각할 따름이다.

선(禪)은 이 전도(顚倒)의 아성(牙城)을 두들긴다. 우리는 **정신적(Psychological)· 생물학적(Biological)으로 살고 있지, 논리적으로 사는 것이 아니**라는 것을 보여 주려 한다.

논리(論理)에는 인위적 노력과 고심의 흔적이 있다. 논리는 자기—의식적(自己—意識的)이다. 그것을 삶의 여러 사실에 적용한 윤리도 그렇다. 윤리적 인간은 칭찬 받을 만한 봉사 행위를 하고 있지만, 자신은 언제나 그것을 의식하고 있다. 때로는 장래의 어떤 보상까지 바라기도 한다.

그러므로 그 행위가 아무리 객관적으로 그리고 사회적으로 선(善)한 것이라 하더라도 우리는 그의 마음이 오염되어 있으며 결코 순수하지 않다고 말할 수 있다. 선(禪)은 이 같은 태도를 꺼린다. 삶은 예술이므로, 완벽한 예술에 있어서처럼 '나'라는 자기 의식을 지워버려려 한다. 인위적 노력이나 고통스런 생각의 흔적이 없어야 하는 것이다.

선(禪)에 의하면 삶은 새가 하늘을 날듯, 물고기가 물 속을 헤엄치듯 하는 것이어야 한다. 인위(人爲)의 조짐이 나타날 때 인간은 운명지어져서 더 이상 자유로운 존재가 되지 못한다. 그대는 당연히 누려야 할 삶을 누리지 못하고 환경의 굴레에 얽매여 신음하게 된다.

그대는 제약을 느끼고 있으며 자주성을 상실하고 있다. 선은 당신의 살아 숨쉬는 힘, 타고난 자유, 무엇보다도 당신 존재의 완전성을 보존하려는 것이다. 다시 말하면 선은 외적 강제에 의해서가 아니라 내부로부터 스스로의 생명력에 의해 살기를 바란다. 법칙이나 규칙에 얽매이지 않고, 자신의 법칙을 창조하는 것—이것이 선이 그대에게 권하는 삶이다. 선의 비논리· 초논리(超論理)는 여기서 나[75]는 이렇게 말했다.

> 부처가 평생 설(說)한 가르침은 5,048권에 달한다. 거기에는 공(空)의 교리와 유(有)의 교리가 포함되어 있다. 돈오(頓悟)를 가르친 것도 있고, 점수(漸修)를 가르친 것도 있다. 이것은 하나의 긍정이 아닌가?
>
> 그러나 영가(永嘉)의 증도가(證道歌)에는 "중생도 없고 부처도 없다. 갠지즈 강의 모래처럼 수많은 현자들은 바다의 물거품에 지나지 않는다. 과거의 성현들도 한순간 번쩍이다 사라진 불꽃과

---

75) 五祖法演(1024~1104).

같다"76)고 했다. 이것은 하나의 부정이 아닌가?

　제자들아, 너희들이 만약 '있다'고 말하면 영가를 거스르는 것이 된다. 반대로 '없다'고 한다면 너희는 우리들의 옛 스승 부처를 부정하는 것이 된다. 부처라면 이 난제를 어떻게 극복하려 할까? 그렇지만 제자들아, 자신이 서 있는 곳을 확실히 알고 있다면 너희들은 아침저녁으로 부처와 만나고 있는 것이 된다. 너희가 자신이 서 있는 곳을 아직 모르고 있다면 내가 그 비밀을 가르쳐 주겠다. 내가 '없다'고 말할 때, 그것이 반드시 부정을 뜻하지는 않는다. '있다'고 할 때도 반드시 긍정을 나타내는 것은 아니다. 동쪽으로 서서 서산(西山)을 보고, 남쪽을 바라보면서 북극성을 찾아내라.

---

76) 原文: 了了見無一物, 亦無人亦無佛. 大千沙界海中漚, 一切聖賢如電拂. 《證道歌》

제5장 선(禪)· 고차원적 긍정

수산(首山: 926~992)이 한번은 그의 제자들이 모였을 때에, 죽비(竹篦)[77]를 들어 올리고 외쳤다.

" 너희가 이것을 죽비라고 부르면, 긍정하는 것이 된다. 죽비가 아니라고 한다면 부정하는 것이 된다. 긍정도 부정도 하지 않고 무엇이라고 하겠는가? 빨리 말해 보라!"

그때 제자 중의 한 사람이 앞으로 나서서 스승으로부터 죽비를 가로채어 둘로 부러뜨리고,

" 이것은 무엇입니까?"

라고 외쳤다.[78]

추상적(抽象的)인 것과 어려운 주제를 다루는 사람에게는 이것이 아주 사소한 일로 보일 것이다. 철학자들이 하찮은 대나무 조각에 관심을 가질 일은 없겠기 때문이다. 그것이 대나무 막대라고 불리든 아니든, 혹은 그것이 부러지든 마루바닥으로 던져지든 그런 것이 깊은 사색에 빠져 있는 학자들의 관심을 어떻게 끌 수 있겠는가?

그러나 선(禪)의 구도자들에게는 수산의 선포는 의미심장한 것

---

77) 죽비(竹篦): 길이가 약 45cm 되는 막대기로서 대나무 조각에 등나무 줄기를 감아서 만든 것이다. (原註)

78) 原文: 首山和尙拈竹篦示衆云, 汝等諸人若喚作竹篦則觸. 不喚作竹篦則背. 汝等人且道喚作甚麼.《無門關 第43則 首山竹篦》

이다. 그가 이 질문을 할 때의 마음 상태를 깨닫게 되면, 우리는 선의 경지로 한 걸음 다가선다. 이런 까닭으로 하여 수산(首山)의 예를 따라서 죽비를 제시하고 선객(禪客)들에게 만족할 만한 해답을 요구하던 선사들이 많이 있었다.

추상적으로 말한다면—아마 이렇게 말하는 편이 독자들에게 더 잘 받아들여지게 될 것인데—선(禪)은 긍정과 부정의 논리적 대립을 넘어선 차원 높은 긍정에 도달하려는 것이다. 보통 우리는 불가능하다고 생각하기 때문에 그러한 대립을 넘어서려고 시도하지 않는다. 이름만 들먹여도 두려워 떨 정도로 논리의 위력은 대단하다.

지성(知性)이 눈을 뜬 이래 마음은 논리적 이분법(二分法)의 엄격한 규율 아래서만 작용해 왔다. 때문에 그 가상(假象)의 형틀을 부수는 것이 쉽지 않았다. 스스로 얽어맨 지성의 제약으로부터의 탈피가 가능하지 않았던 것이다.‘ 그렇다’ 와‘ 아니다’ 의 대립을 깨뜨리지 않으면 우리는 참으로 자유로운 삶을 기대할 수 없다. 정신은 언제나 그 자유를 갈망하면서도 우리는 잊고 있었다, 그것이 가능하다는 것을. 부정과 긍정 사이에 대립되는 어떤 특성도 존재하지 않는 차원 높은 긍정에 도달하는 것이 결코 그렇게 어렵지 않다는 것을. 우리가 선에 거는 기대는 바로 여기에 있다.

선사(禪師)의 손에 쥐어진 대나무 막대기로 이 높은 경지의 긍정에 도달하는 것이 가능하다.

들어 올려진 죽비가 세계 안에 존재하는 수많은 개별 존재 가운데 하나임은 말할 나위도 없다. 그렇지만 이 죽비에 우리의 모든 가능한 존재, 모든 가능한 경험이 집중되어 있다. 죽비를 알 때, 즉 평범한 대나무 조각을 알 때 우리는 남김없이, 투철하게 우주 전체의 이야기를 알게 된다.

죽비를 내 손에 들고 있을 때, 나는 전 우주를 거머쥐고 있는 것이다. 다른 모든 존재에 대해서도 같은 말을 할 수 있다. 화엄철학(華嚴哲學)이 가르치듯이 말이다.

하나는 전체를 포함하고, 전체는 하나에 녹아 있다. 하나는 전체이고, 전체는 하나이다. 이것은 모든 대상, 모든 존재에 대해서 그렇다.

그러나 여기에 어떤 범신론(凡神論)이나 동일성(同一性)의 철학도 끼어들 수 없음을 주의하라. 한 조각 대나무가 내 앞에 들어 올려졌을 때, **그것은 오직 대나무일 뿐** 그 속에 어떤 우주도 **응축**되어 있지 않다. 거기엔 전체도 하나도 없다.' 나는 죽비를 본다' 든가,' 여기에 죽비가 있다' 라는 말을 하는 것조차 정곡을 놓친 것이 된다. 화살은 이미 과녁을 빗나가 버린 것이다. 거기에 더 이상 선(禪)은 없으며, 화엄철학이 설 자리 역시 없다.

나는 앞 장에서 선(禪)의 비논리적 성격에 대해서 이야기했다. 이쯤해서 독자들은 어째서 선이 형식논리, 비형식논리 할 것 없이 모든 논리에 적대적인가를 알았을 것이다. 그러나 단순히 비논리적으로 보이는 것이 선의 목적은 아니다. 다만 사람들로 하여금 논리적 정합성(整合性)이 궁극이 아니라는 것, 그리고 지적 기교로는 얻어질 수 없는 어떤 초월적인 명제(命題)가 존재한다는 것을 알게 하려는 것뿐이다.

' 그렇다' 와 ' 아니다' 의 이분법이라는 지성의 습관은 사물이 규칙적인 과정을 밟을 때에는 유용한 점이 많다. 그러나 삶의 궁극적인 물음에 맞닥뜨렸을 때 지성은 만족스런 해답을 제시하지 못한다.

' 그렇다' 라고 말할 때, 우리는 어떤 것을 긍정하고 있으며 그 긍정으로 하여 우리는 자신을 제한하게 된다.' 아니다' 라고 말할 때, 우리는 부정(否定)하고 있으며, 그 부정은 무엇인가를 배제해

버림을 의미한다. 배제와 제한은 정신을 상하게 한다는 집에서
결국 같은 것이다. 완전한 자유 속에서 그리고 완전한 일체 속에
서 사는 것이 정신적인 삶이 아닌가? 배제와 제한에는 자유도
합일(合一)도 없다. 선(禪)은 이 사실을 잘 알고 있다. 우리들의
내적인 삶의 요구와 맞아떨어지도록 선은 어떤 종류의 대립도
없는 절대적인 경지에로 우리를 이끈다.

그러나 우리는 부정(否定) 가운데서가 아니라 긍정 가운데서
살고 있다는 것을 기억해야 한다. 삶은 그 자체가 긍정이기 때문
이다. 그리고 이 긍정은 부정을 동반하거나 전제하지 않은 것이
어야 한다. 그런 경우의 긍정은 상대적이지 결코 절대적인 것이
아니다. 상대적인 긍정으로는 삶은 창조적인 고유성을 잃고 영혼
없는 육신(肉身)을 끌고가는 기계적인 과정에 떨어지고 만다.

자유롭기 위해서 삶은 절대적인 긍정이어야 한다. 삶은 자유로
운 활동을 방해하는 모든 가능한 조건과 제한과 대립을 초월해
야만 하는 것이다. 수산(首山)이 죽비를 들어 올렸을 때, 제자들
에게 기대한 것은 이러한 절대적인 긍정을 이해하고 깨닫는 것
이었다. 이 물음에 대해 자신의 가장 깊은 곳, 그 내면에서부터
솟아오른 것이라면 어떤 해답이든 수긍된다.

그러한 해답은 언제나 절대적인 긍정이기 때문이다. 따라서 선
(禪)은 지성의 속박에서 벗어나는 것만을 의미하지 않는다. 그것
만이라면 순전히 방종으로 끝나기 쉽다. 선은 제약으로부터 우리
를 자유롭게 하는 동시에 **일상적인 확고한 디딤돌을 박차버리
고 디딤돌이 없는, 디딤돌이 아닌 디딤돌을 주려고** 노력한다.
이를 위하여 죽비뿐 아니라 손에 가까이 있는 것은 무엇이든 이
용될 것이다.

허무주의는 선이 아니다. 왜냐하면 이 죽비는—다른 어떤 물건
이든 마찬가지이다. —언어나 논리가 할 수 있듯, 없애 버릴 수
있는 것이 아니기 때문이다. 선(禪)의 연구에서 간과해서는 안

될 곳이 바로 여기이다.

이해를 돕기 위해 몇 가지 예를 들어 보겠다.

> 덕산(德山: 780~865)은 단상에 올라,"한마디라도 입을 때면 몽둥이가 30대, 조용히 있는다 해도 30대를 안기겠다"고 으르대면서 설법할 때마다 커다란 몽둥이를 흔들어 보이곤 했다.[79)

이것이 그가 구도자(求道者)들에게 말하려던 전부이다. 종교나 도덕에 대하여 긴 이야기도 없다. 추상적인 논설도, 미세한 분석의 형이상학도 없다. 오히려 거칠고 막되먹은 행동이 있다. 종교를 외경이나 경건함과 관련시키는 사람들에게 선사(禪師)들은 아주 무례하고 버릇없는 친구들로 보일 것이다. **그러나 아무런 매개 없이―가령 언어나 생각 같은―사실을 볼 때 그것들은 날것(生) 그대로이다. 우리는 정직하게 두려움 없이 바라보아야 한다. 사념에 의한 어떤 도피도, 언어에 의한 어떤 속임수도 통하지 않는다.** 안쪽 깊이 잠들고 있던 눈이 쏟아지는 몽둥이 30대로 열려야 한다. 절대적인 긍정이 삶이라는 뜨거운 분화구로부터 용솟음쳐야 한다.

> 오조산(五祖山)의 법연(法演: 1024~1104)이 한번은 다음과 같이 물었다.
> "당신이 길을 가다가 현자(賢者)를 만났을 때, 말도 걸지 않고, 침묵하지도 않으면서 어떻게 그와 대화를 하겠습니까?"[80)

법연(法演)은 내가 절대 긍정이라고 부르는 것을 깨닫게 하려

---

79) 原文: 德山示衆云, 今夜不答話問話者三十棒"禪門拈頌 第667則」
80) 原文: 路逢達道人, 不將語默對時如何.《法演禪師語錄》

하고 있다.' 그렇다'와' 아니다'의 반정립을 피하는 데 그치지
않고 대립이 사라진 긍정의 길을 발견하는 것, 이것이 이 물음에
서 노리는 것이다.

　　한 선사(禪師)가 시뻘겋게 타고 있는 숯을 가리키며 그의 제자
에게 말했다.
　　" 나는 이것을 불이라고 부른다. 그런데 너는 그렇지 않다고 한
다. 그것이 무엇인지 나에게 말하라."

　여기서 같은 일이 일어나고 있다. 그 선사(禪師)는 인간성을
해쳐온 논리의 구속으로부터 제자들의 마음을 해방시키려 하고
있는 것이다.
　이것은 독자들을 당황케 하기 위하여 제안된 수수께끼 같은
것이 아니다. 여기에 장난기는 전혀 없다. 만약에 당신이 대답을
못한다면, 그 결과를 감내해야 한다. 당신은 자신의 사유법칙(思
惟法則)에 영원히 얽매이려는가? 아니면 무시무종(無始無終)의
삶을 긍정하여 완전히 자유로와 지려는가? 망설일 시간이 없다.
붙잡든가, 놓치든가 이 둘 외에 선택의 여지는 없다.
　선(禪)의 훈련 방법은 제자를 딜레마에 빠뜨려서 제자 자신이
논리나 사유를 통해서가 아니라 정신의 고차적(高次的) 작용을
통해 그 딜레마를 온 몸으로 빠져 나올 수 있게 하는 것이다.

　　약산(藥山: 751~834)은 처음에 석두(石頭: 700~790) 밑에서 선
을 공부했는데 어느 때
　　" 삼승십이분교(三乘十二分敎)에 대해서는 전혀 모르는 바 아니
지만 요즘 남쪽81)에서 가르치고 있는 선(禪)에 대해서는 아무것

---

81) 다른 불교 종파에 비하여 선은 중국의 남부에 역사적 근원을 두고 있
　　다. (原註)

도 모릅니다.

그들은' 마음을 바로 지적해 내어(直指人心) 그 진정한 본성을 앎으로써 부처를 이룬다(見性成佛)'고 하는데 어떻게 그것을 성취할 수 있겠습니까?"

하고 묻자 석두는 대답했다.

" 긍정해도 틀리고 부정해도 틀린다. 둘 다 틀린다면 너는 어떻게 말하겠는가?"

약산은 이 물음의 의미를 파악하지 못해 생각을 이리저리 굴렸다. 석두는 강서(江西)의 마대사(馬大師)라면 이 눈먼 스님의 눈을 뜨게 해줄 수 있으리라 생각하여 약산을 그에게로 보냈다. 약산은 같은 문제를 가지고 마대사를 찾아갔다.

" 종종 눈썹을 치켜올리고, 때로는 눈을 깜박거려 가르치는 게 옳다. 어떤 때는 그렇게 하는 것이 전혀 잘못이다."

약산은 즉시 이 말의 참된 의미를 깨달았다. 마대사가 어떻게 알았느냐고 묻자 약산은 이렇게 대답했다.

" 내가 석두와 함께 있었을 때, 그 때는 마치 모기가 쇠로 만든 황소에게 부딪치는 것 같았습니다."[82)

이것이 물음에 맞는 이유, 충분한 설명이라 할 수 있을까? 이' 긍정', 즉 이유 아닌 이유, 설명 아닌 설명을 통한 긍정은 얼마나 놀라운가?

당(唐)의 고위관리였던 이고(李翺)가 남전(南泉)에게 물었다.

82) 參考: 藥山問石頭. 三乘十二分敎 某甲粗知. 嘗聞南方直指人心見性成佛, 實未明了 伏望和尙慈悲指示. 頭云, 恁麼也不得. 不恁麼也不得. 恁麼不恁麼摠不得 汝作麼生. 師佇思. 頭云, 子因緣不在此, 江西有馬大師, 子往彼去 應爲子說. 師至彼, 准前請問. 馬祖云, 我有時敎伊揚眉瞬目, 有時不敎伊揚眉瞬目. 有時敎伊揚眉瞬目者是, 有時敎伊揚眉瞬目者不是. 師於是有省, 便作禮. 祖曰, 子見箇什麼道理. 師云, 某甲在石頭時 如蚊子上鐵牛. 祖曰, 汝旣如是宜善護持.
《禪門拈頌 第324則》

" 옛적에 어떤 사람이 병 속에 새를 키우고 있었는데 그 새가 점점 자라 병을 나올 수 없게 되었습니다. 병을 깨뜨려서도 안되고 새를 다쳐서도 안됩니다. 스님이라면 어떻게 하시겠습니까?"

남전은 불쑥

" 장관!"

하고 불렀다.

" 예!"

이고는 무심코 대답했다.

" 됐어. 새가 나왔네."[83]

남전은 이렇게 병 속의 새를 자유로운 창공으로 날려 보냈다. 그런데 이고는 과연 그 차원 높은 긍정을 얻었던가? 아닌가?

향엄(香嚴)이 말했다.

" 어떤 사람이 나무에 올라가 입으로 가지를 물고 있다고 생각해 보자. 그의 손은 아무것도 붙잡고 있지 않고 그의 발은 땅을 떠나 있다. 그때 어떤 사람이 다가와서 불교의 근본원리에 대해 묻는다고 하자. 만약 대답하지 않는다면 질문한 사람을 무시하는 것이 된다. 대답하려 했다가는 목숨을 잃을 것이다. 어떻게 하면 그 궁지에서 벗어날 수 있을까?"[84]

우화(寓話)의 형태로 제시되어 있지만, 그 의도는 이미 언급한 바와 같다. 긍정 혹은 부정하려고 입을 열려는 순간 당신은 정곡을 놓친다. 선(禪)은 더 이상 거기에 있지 않다. 침묵한다 해도

---

83) 原文: 南泉因陸亘大夫問云, 古人瓶中養一鵝. 鵝漸長大. 出瓶不得. 如今不得毁瓶, 不得損鵝 作麼生出得. 師召曰, 大夫. 大夫應諾. 師曰 出也.《禪門拈頌 第238則》

84) 原文: 香嚴和尙云, 如人上樹. 口啣樹枝, 手不攀枝, 脚不踏樹. 樹下有人問西來意. 不對卽違他所問. 若對又喪身失命. 正恁麼時作麼生對.《無門關 第5則 香嚴上樹》

마찬가지이다. 놓여 있는 돌도 침묵하고 있고 창문 밑에 활짝 피어 있는 꽃도 침묵하고 있지만 어느 것도 선을 이해하지 못한다. 침묵과 웅변이 다르지 않은, 즉 부정과 긍정이 차원 높은 진술의 형태에서 통합되는 어떤 길이 틀림없이 존재한다. 여기에 도달하게 되면 선을 아는 것이라 할 수 있다.

그렇다면 절대적 긍정이란 무엇인가?

> 백장(百丈: 720~814)이 대위산(大潙山)의 주지를 결정하기 위해 뛰어난 제자들 가운데 두 사람을 불렀다. 그리고는 승려들이 늘 가지고 다니는 물주전자를 꺼내면서
> " 이것을 물주전자라 부르지 말고, 무엇인지 말해 봐라."
> 하고 다그쳤다. 그 중 한 사람이
> " 나뭇조각이라 해서는 안 되지요."
> 라고 대답했다. 백장은 이 대답이 정곡을 찔렀다고 생각하지 않았다. 그때 다른 제자가 앞으로 나와서 물주전자를 거꾸로 세워 놓고 아무 말 없이 조용히 방을 나갔다. 그가 새로운 주지로 선정되었고 후에 천오백 명 승단의 개산조(開山祖)가 되었다.[85]

그럼 이렇게 '물주전자를 엎는 것' (淨瓶趯倒)이 절대적 긍정일까? 당신도 이 행동을 흉내낼 수 있다. 그러나 아무도 당신이 선(禪)을 이해한다고 생각하지 않을 것이다.

선(禪)은 어떤 형태이든 반복이나 모방을 싫어한다. 그것은 알맹이를 빼 버린 껍데기에 불과하기 때문이다. 같은 이유로 선은 설명하지 않는다. 다만 고개를 끄덕일 뿐이다. 살아 있음은 엄연한 사실이므로 설명이 반드시 필요한 것은 아니며 또 그것은 적

85) 原文: 百丈將選大潙主人. 乃請同首座對衆下語. 出格者可往. 百丈遂拈淨瓶置地上說問云, 不得喚作淨瓶, 汝喚作甚麼. 首座乃云, 不可喚作木梭也. 百丈却問於山(潙山), 山乃趯倒淨瓶而去. 百丈笑云, 第一座輸却山了也. 因命之爲開山.《無門關 第40則 趯倒淨瓶》

절한 것도 아니다. 설명은 어떤 일의 앞뒤를 밝히는 일이다. 삶
에 무슨 해명이 필요한가? 살아 있음, 그것으로 충분하지 않은
가? 자, 그럼 살아보자, 춤추어 보자. 삶 자체에 무조건 고개를
끄덕이자. 여기에 순수한 선이 있다. 벌거벗은 알몸 그대로의 선
이 있다.

> 남전(南泉)이 있었던 절에 어느 날 고양이 한 마리를 놓고 동
> 당(東堂)과 서당(西堂)의 스님들 사이에 다툼이 있었다. 남전이
> 고양이를 붙잡아 싸우고 있던 스님들 앞에 들어 올리고는
> " 이 불쌍한 동물을 살리기 위해 너희 가운데 무엇인가를 말할
> 수 있는 사람이 있다면 놓아주겠다."
> 하고 말했다. 아무도‘ 긍정’의 한 마디를 하려 하지 않자 남전은
> 다툼의 대상인 고양이를 둘로 잘라 버렸다. 네 것이니 내 것이니
> 하는 비생산적인 다툼을 종결시켜 버린 것이다. 그런 일이 있은
> 직후 조주(趙州)가 밖에서 돌아왔다. 남전은 그간의 경위를 이야
> 기하면서 너라면 고양이를 살리기 위해서 무엇을 어떻게 했겠느
> 냐고 물었다. 조주는 별 말 없이 짚신을 벗어 머리에 이고 방을
> 나갔다. 이를 보면서
> 남전은
> " 조주가 그때 여기 있었더라면 고양이를 구할 수 있었을 텐데."
> 라고 말했다.86)

이 모든 것은 무엇을 의미하는가? 왜 불쌍하고 죄 없는 고양
이가 희생되었는가? 조주(趙州)가 짚신을 머리에 얹은 것이 그
싸움과 무슨 관련이 있는가? 남전(南泉)이 살아 있는 동물을 죽

---

86) 原文: 南泉東西兩堂爭猫兒. 泉來堂內, 提起猫兒云, 道得卽不斬, 道不得卽
斬却. 大衆下語, 皆不契泉意. 當時卽斬却猫兒了.
至晚間, 師(趙州)從外歸來, 問訊次, 泉乃擧前話了云, 你作麼生救得猫兒.
師遂將一隻鞋戴在頭上出去. 泉云, 子若在, 救得猫兒.
《碧巖錄 第63則》

인 것은 비종교적이고 비인간적인 행위가 아닌가? 엉뚱하고 터무니없는 짓을 한 조주는 정말 바보가 아닐까? 또 절대부정(絕對否定)과 절대긍정, 정말 서로 다른 두 가지일까? 이 두 등장인물, 남전과 조주의 행동에는 뭔가 매우 진지함이 서려 있다.

이것이 이해되지 않는다면 선(禪)은 단순한 어릿광대극에 지나지 않는다. 고양이는 헛되이 죽지 않았다. 일체 중생의 성불이 가능하다면 이 고양이야말로 성불했을 것이라고 확신할 수 있다.

바로 이 조주가 어느 승려로부터 질문을 받은 적이 있다.

> " 모든 것이 하나로 돌아간다 했는데 그럼 그 하나는 어디로 돌아갑니까?"(萬法歸一, 一歸何處)
> 조주의 대답은 엉뚱했다.
> " 내가 청주(靑州)에 있을 때 옷[布衫] 한 벌을 지었는데 무게가 일곱 근(斤)이더군."(我在靑州作一領布衫, 重七斤)

이것은 가장 주목되는 조주의 말 가운데 하나이다. 어떤 이는 물을지도 모른다." 이것이 바로 절대적 긍정이 의미하는 것인가? 승려의 옷과 만법귀일(萬法歸一)과는 어떤 연관성이 있을 수 있을까?" 하고. 내가 묻겠다. 당신은 만물이 신(神) 안에 있다고 믿는다. 그런데 신의 거처는 어디인가? 그것은 조주의 일곱 근 성의(聖衣)에 있는가? 당신이 신(神)은 바로 여기에 있다고 말할 때 그는 거기에 더 이상 있지 않다. 그렇다고 신은 아무데도 없다고 하려는가? 당신은 신(神)이 편재한다고 하지 않았던가? 지성(知性)에 속박되어 있는 한, 있는 그대로의 신(神)과 만날 수 없다.

우리는 사방에서 그를 찾아 헤매지만 언제나 우리의 손을 빠져 날아가 버린다. 지성은 그를 붙들어 매고 싶어하지만 그는 본성(本性)상 제약될 수 없는 존재이다. 여기에 지성의 딜레마가 있다. 피할 수 없는 일이다. 어떻게 출구를 찾을 것인가? 조주의 ' 일곱 근 포삼(布衫)' 은 우리의 것이 아니다. 그의 해결방법을 별 생각 없이 따라가서는 안 된다.

왜냐하면 우리들 한 사람 한 사람이 자신의 길을 열어가야 하기 때문이다. 만일 누군가가 같은 물음을 너에게 던진다면 너는 어떻게 대답하겠는가? 아니, 물음은 벌써 던져졌다. 우리는 삶의 매 순간 똑같은 문제에 맞닥뜨리고 있지 않은가? 그리고 그것은 항상 즉각적이고 가장 실제적인 해결을 다그치고 있지 않은가?

구지(俱胝)[87]는 누가 물어올 때마다 손가락 하나를 들어 보이곤 했다. 그의 어린 시동(侍童)이 이것을 흉내냈다. 낯선 사람이 스승의 가르침이 무엇이냐고 물을 때마다 소년은 작은 손가락을 들어 보였다. 이 사실을 안 스승은 어느 날 소년을 불러들여 손가락을 잘라 버렸다. 소년은 놀람과 고통으로 방을 뛰쳐나갔다. 뒤미쳐 스승이 소년을 불렀다. 소년이 멈춰 서서 돌아보았을 때 스승은 손가락을 들어 보였다. 소년도 늘 하던 대로 손가락을 들어 보였다. 그러나 손가락은 이미 거기에 없었다. 이때 소년은 그의 전 존재가 뒤바뀌는 소리를 들었다.[88]

남을 따라 하는 것은 노예적인 것이다. 살아 있는 정신을 붙잡을 일이지 문자(文字)에 얽매여서는 안 된다. 높은 차원의 긍정은 외적(外的) 형식이 아니라 바로 그 정신에 있다. 그럼 그 정신은 어디에 있는가? 당신의 일상 경험, 순간순간의 체험에서 그것을 찾아라. 그러면 거기에 당신이 필요로 하는 모든 것에 대한

---

87) 9世紀 天龍의 法嗣 (原註)
88) 原文: 俱胝和尚. 凡有詰問, 唯擧一指. 後有童子, 因外人問, 和尙說何法要. 童子亦竪指頭. 胝聞遂以刀斷其指. 童子負痛號哭而去. 胝復召之. 童子回首. 胝却竪起指. 童子忽然領悟.
《從容錄 第84則, 無門關 第3則》

증거가 충분히 있을 것이다.

경전에 이런 이야기가 있다.

> 붓다와 같은 무렵에 태어나 마을 동쪽 어귀에 살던 여인이 있었다. 붓다와 이 여인은 평생을 같은 곳에서 살았다. 그런데 그 늙은 여인은 붓다를 만나려고 하지 않았다. 붓다가 다가갈 때마다 이 여인은 이리저리 도망가거나 숨곤 했다. 그러던 어느 날 그로부터 도망친다는 것이 불가능함을 알고서 그녀는 손으로 얼굴을 가렸다. 그런데 웬걸? 그녀의 열 손가락 사이사이로 붓다가 나타났다.

그럼 묻노니, " 이 늙은 여인은 누구인가?"

여기서 붓다는 절대긍정을 상징한다. 그로부터 벗어날 수 없다.

언제 어느 때고 당신은 그와 만나고 있기 때문이다. 그러나 당신은 구지(俱胝)의 시동(侍童)처럼 손가락을 잃을 때까지는 그것을 깨닫지 못한다. 이상하게도 우리는 " 쌀가마 옆에서 배가 고파 죽어가는 ' 사람' " 혹은 " 강물 속에 있으면서 목마름으로 죽어가는 사람"과 흡사하다. 한 선사(禪師)는 여기서 한발을 더나가 ' 우리 자신이 쌀이요, 물이다' 라고 말한다. 정말 그렇다면 배고프고 목마르다는 것은 말이 안 되는 엄살에 불과하다.

> 한 불승이 조산(曹山: 840~901)에게 가진 것이 없는 것처럼 자비를 구했다. 조산이
> " 스님!"
> 하고 외치자 그 불승은 즉각 대답했다. 그때 조산은
> " 당신은 집에 값진 술을 세 통이나 가지고 있으면서도 아직도 입술을 축여보지 못했다고 말하고 있습니다."[89]

우리는 이 풍족하면서도 가난한 불승과 흡사할지 모른다. 우리
는 충분히 채워져 넘치고 있는데 그 사실을 깨닫지 못하고 있을
따름이다.

선(禪)의 어록(語錄)에서 발견되는 무수한 말 가운데 선의 진
리를 절대적으로 확인하고 있는 한 구절을 인용하여 결론으로
삼으려 한다.

　　청평(淸平: 843~919)이 취미(翠微)에게 물었다.
　" 불교의 근본 원리가 무엇입니까?"
　취미는
　" 쉿! 주위에 아무도 없을 때 이야기해 주겠네."
　라고 말했다. 잠시 후 청평이
　" 이제 아무도 없습니다. 이야기해 주시지요."
　하자 취미는 청평을 대나무 숲으로 데리고 갔다. 그러나 아무 이
야기도 없었다. 청평이 재삼 대답을 재촉했다. 취미는 다음과 같
이 속삭였다.
　" 이 대나무들은 무척 큰데 말이야! 그런데 저기에 있는 저 대
나무들은 왜 저렇게 작아!"90)

---

89) 原文: 曹山因僧問, 淸銳孤貧乞師拯濟. 師云, 銳闍梨 近前來. 僧近前. 師
　　云, 泉州白家酒三盞 猶道未沾唇.《禪門拈頌 第890則》
90) 原文: 師(淸平) 造于翠微之堂, 問如何是西來的的意. 翠微曰, 待無人卽向
　　汝說. 師良久曰, 無人也請師說. 翠微下禪床引師入竹園. 師又曰, 無人也請
　　和尚說. 翠微指竹曰, 遮竿得恁麼長, 那竿得恁麼短.
　　《景德傳燈錄 卷15》

제6장 선(禪)의 일상성(日常性)

(1)

지금까지 선(禪)을 지적(知的) 관점에서 논의해 온 까닭은 이 관점에서 선을 이해하는 것이 불가능함을 보여주기 위해서였다. 실제로 선을 지적·철학적으로 이해하려 드는 것은 올바른 태도가 아니다. 선은 매개물을 좋아하지 않는다. 그것이 지적 매체일지라도 그렇다.

선(禪)은 처음부터 끝까지 철저하게 어떤 설명에도 의존하지 않는 '수련'이며 '경험'이다. 설명은 시간과 정력의 낭비일 뿐으로 그를 통하여 진정한 핵심에 이르기를 기대할 수 없다. 설명에서 얻을 수 있는 것은 오해와, 실재(實在)에 대한 왜곡되고 뒤틀린 관점뿐이다. 설탕 맛을 보여주려 할 때 선은 다만 설탕덩어리를 당신의 입에 넣어줄 뿐 별다른 말이 없다.

매개물과 실재에 대하여 선사(禪師)들은 이렇게 말한다. 손가락을 드는 것은 달을 가리키기 위한 것이다. 그런데 그 손가락을 달로 아는 것은 얼마나 슬픈 일인가? 설마 그런 바보가 있을까 하고 생각할지 모르지만 우리는 이 같은 오류를 자주 범하고 있다. 모르는 게 약이라 무지(無知)가 오류를 깨닫는 데서 오는 혼란을 겪지 않도록 도와준다.

이것을 바로 보기 위하여 선의 저작(著作)이 쓰여진다. 그렇더라도 그 저작은 달을' 가리키는' 일 이상은 할 수 없다. 다시 말하면 그에게 허용된 유일한 것은 달을' 보여주는 것' 이 아니라 달을' 가리키는' 일 뿐이다. 가능한 모든 방법을 동원하여 무명(無明)에 덮인 사람들이 달을 볼 수 있도록, 즉 선의 진리를 이해하도록 모든 노력을 경주하는 일이다.

선(禪)을 형이상학적으로 다루게 되면 대부분의 독자들은 사변이나 내적 성찰에 익숙해져 있지 않기 때문에 딱딱한 논의에 실망할 것이 틀림없다. 그래서 좀 다른 방법으로-아마 이것이 더욱 진정한 선(禪)다운 것일 텐데-선에 접근해 보려고 한다.

조주(趙州)가 도(道: 선의 진리)란 무엇이냐는 질문을 받았을 때," 평상심(平常心), 이것이 도(道)"라고 대답했다. 바꾸어 말하면 외적(外的) 대상에 이끌리거나 혼란스럽지 않은 그대 자신의 고요하고 진실한 존재, 이것이 선의 진리이다. 내가 말하는 선의 탁월성 실제성, 일상성은 여기에 있다. 선은 곧바로 삶에 다가선다. 선은 일상적인 삶의 흐름에 간섭하거나 방해하는 어떤 것도, 심지어 영혼이나 신(神)에 대해서도 언급하지 않는다. 선의 이념은 흐르는 그대로의 삶을 포착하는 데 있다.

선(禪)에 신비(神秘)한 것은 없다. 나는 손을 든다. 책상 가장자리에서 책을 집는다. 창 밖에서 공을 차고 뛰어 노는 아이들의 소리를 듣는다. 저쪽 숲 너머로 흘러가는 구름을 바라본다. 바로 이 속에서 나는 선을 실현하고 있고 선을 살고 있는 것이다. 시끄러운 논의는 필요없으며 어떤 설명도 쓸 데 없다. 우리는 이러한 모든 경험이 어째서 가능한가를 모른다. 이유를 알 수 없는 대로-아니, 이런 말조차 군더더기이지만-해가 솟아오를 때 온 세상은 기쁨으로 춤추며, 사람들의 가슴은 뜨거운 축복으로 가득차게 된다. 선을 이해하기 위해서는 이' 소식' 을 듣지 않으면 안 된다.

그래서 달마(達摩: ?~528)는" 네가 누구냐?"는 질문을 받았을

때, " 모른다(不識)"고 대답한 것이다. 이는 그가 자기를 설명할
수 없었기 때문도 아니고 언어에 의한 논쟁을 피하고 싶어 던진
말도 아니다. 그것은 바로 달마는 있는 그대로의 달마일 뿐 다른
어떤 것도 아니라는 사실 외에는, 그가 누구인지 또는 무엇인지
알 수 없었기 때문이다. 이유는 지극히 간단하다.

남악(南嶽: 677~744)이 육조(六祖) 혜능을 만났을 때 혜능은
이렇게 물었다.
" 나에게로 걸어오는 것은 무엇이냐(什麼物伊麼來)?"
이 질문을 받고 남악은 눈앞이 캄캄해짐을 느꼈다. 남악은 이
문제를 8년 동안 품고 있다가 어느 날 그의 마음 깊이에 떠오르
는 빛을 보았다.
" **그것이' 무엇**'이라고 말했을 때 벌써 화살은 과녁을 빗나갔
다."
빛을 본 남악이 터뜨리는 일성(一聲)이었다.[91]

이것은 달마가' 모른다' 한 것과 같다.

석두(石頭: 700~790)가 한번은 제자 약산(藥山)에게 물었다.
" 너 여기서 무얼 하고 있느냐?"
" 아무것도 하고 있지 않습니다."
" 그럼, 멍청히 시간을 흘려 보내고 있다는 말이구나."
" 멍청하게 시간을 보내는 것도 어떤 일을 하고 있는 것이 아닙
니까?"
그러자 석두는 계속 다그쳤다.
" 그럼, **아무것도 하고 있지 않는 그 사람**(주인공)은 누구냐?"

---

91) 原文: 南嶽懷讓禪師, 初參六祖. 祖問, 甚處來. 曰, 嵩山來. 祖曰, 是什麼物
伊麼來. 讓無語. 遂經于八載, 忽然有省曰, 說似一物卽不中.《景德傳燈錄
卷15, 禪門拈頌 119則》

약산의 대답도 달마와 같았다.
" 성현(聖賢)도 그건 모릅니다."92)

이것을' 신비화' 시키려는 수작으로 생각하는 사람이 있을지도
모르겠지만 여기에는 불가지론(不可知論)이나 신비론은 없다. 단
순한 사실이 평범한 언어로 표현되었을 뿐이다. 독자들은 그렇게
느끼지 않을지도 모른다. 그러나 그것은 독자들 자신이 달마나
석두가 이른 정신의 경지에 도달해 있지 못하기 때문이다.

양(梁)의 무제(武帝)가 부대사(傅大士: 497~569)에게 불법강론
(佛法講論)을 청했다. 대사는 의자에 숙연히 앉아 있을 뿐 한마디
도 꺼내지 않았다. 무제는 참다못해 이렇게 말했다.
" 짐은 강론을 청했는데 어째서 말을 하려 하지 않는가?"
이때 무제의 객승(客僧) 가운데 한 사람인 지공(誌公)이 나서서
말했다.
" 대사는 벌써 강론을 마쳤습니다."93)

말없는 불교철학자의 설법은 도대체 어떤 것이었을까? 후일
한 선승(禪僧)은 이를 평하여,

" 이 얼마나 웅대한 설법인가?"

라고 했다. 유마경(維摩經)의 주인공인 유마거사가 불이법문(不二
法門: 절대적 진리의 가르침)이 무엇이냐는 물음에 대해 부대사

92) 原文: 藥山一日坐次. 石頭覰之問曰, 汝在這裏作麼. 師曰一切不爲. 頭曰,
恁麼則閑坐也. 師曰, 若閑坐則爲也. 頭曰, 汝道不爲, 且不爲个什麼. 師曰,
千聖亦不識.《禪門拈頌 第325則》
93) 原文: 梁武帝, 請傅大師, 講金剛經. 大師便於座上, 揮案一下, 便下座. 武
帝愕然. 誌公問, 陛下還會麼. 帝云, 不會. 誌公云, 大師講經竟.《碧嚴錄
第67則》

처럼 침묵으로 대답했을 때도 누군가가

" 유마의 침묵은 우레[雨雷]와 같다."

라고 평했다. 입을 다무는 것이 정말 귀를 멍멍하게 할 정도의 우레소리와 같은가? 그렇다면 나도 이제 입을 다물겠고, 전 우주는 모든 소란과 혼돈과 더불어 즉시 절대침묵 속으로 침잠하리라.

그러나 무 뿌리를 삼 년 묵혀 인삼 되지 않듯이 흉내로는 아무것도 창조할 수 없다. 창조적 독창성(獨創性)이 없는 곳에 선(禪)은 없기 때문이다. 진정한 삶, 자발적인 행위의 표현이 아니라 모방과 인습에 의해 행위하려 할 때 나는 이렇게 말한다." 너무 늦었다. 화살은 이미 시위(弦)를 떠났다"라고.

한 스님이 육조 혜능에게 물었다.
" 오조(五祖)의 의발(衣鉢)을 계승한 사람이 누구입니까?"
혜능이 대답했다.
" 불법(佛法)을 아는 사람이겠지."
" 그럼, 당신이겠군요?"
" 아니, 나는 아닐세."
그러자 그 스님이,
" 어째서입니까?"
라고 물은 것은 당연한 일.
" 나는 불법을 깨치지 못했기 때문이야."
혜능의 대답이었다.94)

---

94) 原文: 六祖因僧問, 黃梅意旨什麼人得. 祖曰, 會佛法人得. 僧云, 和尙還得
不. 祖曰我不得. 僧云, 和尙爲什麼不得. 祖云, 我不會佛法.《禪門拈頌 第
112則》

그렇다면 선(禪)의 본질을 이해한다는 것은 얼마나 어렵고도 쉬운 일인가? 선을 안다는 것은 선을 이해하지 못한 것이기 때문에 어렵고, 선을 모르는 것이 진정으로 선을 이해한 것이기에 쉽다. 어느 선사는 이렇게 말했다. " 붓다도 미륵도 이것(禪)을 이해하지 못했는데 밭의 무지랭이 노인이 이것을 알고 있다."95)

이쯤에서 우리는 선이 어째서 추상이나 언어에 의한 표현, 또 말의 능란한 구사를 피하고 있는지 알 수 있을 것이다. 신(神)이라든가, 부처, 영혼, 무한자(無限者), 일자(一者) 등의 말은 어떤 실질적인 의미도 갖고 있지 않다. 이들은 결국 관념이며 말일 뿐 선을 진실로 이해하는 데 도움이 되지는 않는다.

오히려 이들은 얼마나 자주 사실을 바로 보는 것을 방해하고, 의도한 바와는 엉뚱한 결과를 낳게 하는지. 그러므로 우리는 끊임없이 지켜보아야 한다. 실재가 언어나 관념에 의해 왜곡되고 있지는 않는가를. 한 선승은

" 붓다란 말을 지껄인 그 입을 잘 씻도록 하라!"

또는,

" 내가 듣기 싫은 말이 하나 있다. 그것은 붓다이다."

또는

" 붓다가 없는 곳은 재빨리 지나가라. 붓다가 있는 곳에도 머물러서는 안 된다."

라고 했다. 왜 선사들은 이렇게 붓다를 못마땅해 하는가? 붓다는

---

95) 原文: 三世諸佛不知有 狸奴白牯却知有,「南泉의 示衆 가운데에서」

그들의 교조(教祖)가 아닌가? 붓다는 불교 최고의 존재가 아닌
가? 그렇다. 붓다는 선(禪)의 수행자가 꺼릴 만큼 밉고 불결한
존재가 아니다. 그들이 싫어하는 것은 붓다 자체가 아니라 붓다
라는 말에 덕지덕지 묻어 있는 역겨운 냄새이다.

'붓다란 무엇인가?'라는 물음에 대한 선사들의 대답은 다양하
다. 어째서 그런가? 그 큰 이유의 하나는 선사들이 인간 외부로
부터 강요되는 언어나 관념, 욕망 등에 의한 갈등, 집착으로부터
가능한 한 우리의 마음을 자유롭게 하려고 한 데 있다. 여기 몇
개의 대답을 옮겨본다.

　　"진흙으로 만들어 금(金)가루를 입힌 것."

　　"아무리 뛰어난 화가도 그(붓다)를 그리지 못한다."

　　"불당에 안치된 것."

　　"붓다는 붓다가 아니다."

　　"네 이름은 혜초(慧超)야."[96]

　　"마른 똥 막대기(乾屎橛: 雲門)"

　　"앞산이 물 위로 가고 있다(東山水上行)."

　　"어허! 잠꼬대 같은 소리."

　　"여기는 사방이 모두 산이군."

---

96) 原文: 僧問法眼, 慧超咨和尚, 如何是佛. 法眼云, 汝是慧超.

" 장림산 아래에 대나무가 몰려 있다(杖林山下竹根鞭)."

" 삼베 세 근(麻三斤: 洞山)."

" 입이 화근이다(口是禍根: 圓悟)."

" 보아라, 흰 파도가 마른 땅 위에서 일고 있다."

" 총총걸음 치는 저 세 발 당나귀를 보게나."

" 허벅지에서 갈대가 자라났다."

" 여기 가슴을 헤친 채 맨발로 누군가가 지나간다."

이들은 내가 그때그때 목적에 따라 사용하는 몇 권의 선어록(禪語錄)에서 눈에 띄는 대로 뽑아 본 것이다. 선문헌(禪文獻)의 전반에 걸쳐 체계적으로 조사해 보면 우리는 '붓다란 무엇인가?' 라는 간단한 질문에 대해서도 정말 기묘한 대답들을 모으게 될 것이다. 앞에서 든 대답만 보더라도 몇몇은 정말 엉뚱하다. 사실 이것들은 일상적 추론의 기준에서 보면 결코 적절한 것이 아니다.

그 나머지도 질문이나 질문자를 놀리는 것 같다. 이 따위 대답을 하고 있는 선사(禪師)가 과연 진지하게 그의 제자들의 깨달음을 바라고 있다고 생각할 수 있을까? 그러나 중요한 것은 선사들이 그러한 기이한 말을 던질 때의 정신의 경지와 온전히 틈서리 없이 만나는 일이다. 이 일치가 이루어졌을 때 선사들의 대답은 완전히 새로운 빛 속에 드러나게 되고 놀랍게도 투명하고 명료해진다.

 일상적· 실제적이며 또 곧바로 핵심에 도달하는 것이기 때문에 선은 결코 설명을 하느라 말이나 시간을 낭비하지 않는다. 대답들은 항상 간결하고 함축성이 있다. 장황하거나 둘러대는 표현이 없다. 선사들의 말은 지체없이 즉각적으로 튀어나온다. 징을 치면 곧 울림이 따르듯이. 정신을 바짝 차리지 않으면 놓쳐 버린다. 눈이라도 한번 깜박였다가는 영원히 과녁을 빗나가 버린다.

 선(禪)을 번갯불의 번쩍임에 비유함은 정당한 일이다. 그러나 속도-번쩍임이 선의 본질은 아니다. 그 자연스러움, 꾸미지 않은 그대로의 자유로움, 삶 자체의 표현, 그 독창성-이들이 선의 본질적 특성이다. 그러므로 진실로 선의 핵심에 도달하려 한다면 외적 표상(表象)과 기호(記號)에 이끌리지 않도록 언제나 주의하고 있어야 한다.

 그러니 '붓다란 무엇인가?' 라는 물음에 답한 위의 말들에 의거해서, 언어와 논리에 입각해 선을 이해하려 드는 것은 매우 어렵고도 잘못된 길에 들어선 것이다. 물론 그것들이 해답으로 제시된 것인 한, 그 대답들은 붓다를 어디서 찾아야 할 것이냐에 대한 이정표가 될 수는 있다.

 그러나 기억해야 할 것은 달을 가리키는 손가락은 다만 손가락일 뿐 어떤 경우에도 그 손가락이 달 자체가 될 수는 없다는 사실이다. 지성(知性)이 교묘히 숨어드는 곳에, 그리하여 가리키는 손가락을 달로 착각하는 곳에 위험은 언제나 도사리고 있다.

 그런데 위의 말들을 글자 그대로 혹은 논리적으로 해석하여 그 속에서 일종의 범신론(凡神論)을 찾으려는 철학자들이 있다. 예를 들어 선사의, '삼베 세 근' 혹은 '똥 막대기' 라는 대답은 확실히 범신론적 사유를 보여주고 있다. 다시 말하면 선사들은 붓다가 모든 존재 가운데서 현현하고 있음-삼베조각에도, 나무토막에도, 흐르는 시냇물, 우뚝 솟은 산에도 혹은 예술작품 속에서까지도 어김없이 존재하고 있다고 믿는다는 것이다. 대승불교,

특히 선은 범신론적 사유를 암시하고 있는 듯이 보인다.

　그러나 실제로 이러한 범신론적 사유는 선의 정신과는 완전히 동떨어져 있다. 선사(禪師)들은 애초부터 이런 위험을 예기했다. 선사들이 앞뒤 맞지 않고 조리도 없는 엉뚱한 말을 하는 것은 이 위험으로부터 벗어나기 위해서이다. 그 의도는 고정관념이나 편견, 그리고 소위 논리적 해석이라는 억압으로부터 제자나 학인(學人)들의 마음을 해방시키는 데 있다. 동산(洞山: 780~865, 운문[雲門]의 제자)이 '붓다가 무엇인가?' 하는 물음─이는 '신(神)이란 무엇인가?' 라는 물음과 같다─에 '삼베 세 근' 이라 대답했을 때, 그가 뜻한 것은 아마도 그때 그의 손에 들고 있었을 삼베가 붓다의 현현이라거나, 지혜의 눈으로 보면 모든 사물에서 붓다를 만날 수 있다는 것이 아니었다. 그의 대답은 다만 '삼베 세 근' 이었다. 이 평범하고 간결한 말에 형이상학적 냄새는 전혀 묻어 있지 않다.

　그의 말은 그의 가장 깊은 의식에서 마치 샘에서 물이 솟듯, 꽃봉오리가 햇살아래 열리듯, 그렇게 터져 나온 것이었다. 미리 준비된 철학 따위는 생각해 본 적도 없었다. 그러므로 삼베 세 근의 의미를 이해하자면 먼저 동산(洞山)의 의식의 가장 깊은 곳과 만나야 하지 그의 입술을 좋아서는 안 된다. 그때 논리가들은 당혹하여 동산을 완전히 정신나간 사람으로 취급하리라.

　그러나 선자(禪者)라면 '비가 촉촉히 내린다. 풀들은 신선하고 푸르다' 라고 응수할 것이다. 그들은 이 답이 동산의 '삼베 세 근' 과 일치함을 잘 알고 있다.

　다음에 드는 예를 보면 선(禪)을 범신론(凡神論)의 일종으로 보는 것이 부당하다는 것을 알게 될 것이다. 여기서 범신론이란 눈에 보이는 세계와 우주를 신(神), 정신 등으로 불리는 최고의 실재와 동일시하는 철학, 말을 바꾸면 신은 스스로의 드러남인 우주와 따로 독립해서 존재하지 않는다고 주장하는 철학을 가리킨다.

실제에 있어 선은 이러한 철학을 넘어 서 있다. 선에는 철학적 논의(論議)에 빠져들 여지가 없다. 그렇지만 철학 역시 살아있는 존재가 표현하는 생명 발현의 한 양식이므로 선이 무턱대고 철학을 기피할 필요는 없다. 철학자가 깨달음을 위해서 찾아온다면 선사는 거부하지 않고 그를 맞아들여 자신의 영역으로 이끌 것이다. 특히 초기의 선사들은 소위 철학자에게 비교적 관대했다.

임제(臨濟: ?~867)나 덕산(德山: 780~865)이었다면 신속하고 단도직입적으로 응대했을 것을 그들은 상당한 인내심을 갖고 대해주었던 것이다. 다음에 인용하는 것은 선의 원리를 밝힌 대주(大珠)[97]의 어록에서 뽑은 것이다. 이 책은 선이 점차 독특하게 정채(精彩)를 띠면서 융성하기 시작했던 8~9세기 무렵에 편찬된 것이다.

한 스님이 대주에게 물었다.
문: 언어는 마음인가?
답: 언어는 외적 조건[緣]이지 마음이 아니다.
문: 외적 조건을 떠나 어디서 마음을 찾으려는가?
답: 언어를 떠나 마음은 없다. (즉, 마음은 언어로 표현되지만 그 언어를 마음 자체로 이해해선 안 된다.)
문: 언어를 떠나 마음이 없다면 그럼 마음이라는 것은 도대체 무엇인가?
답: 마음은 형태도 없고 모양도 없다. 마음은 언어를 떠난 것도 아니고 언어 가운데 있는 것도 아니다. 마음은 영원히 고요하고 그 움직임은 자재(自在)하다. 그래서 조사(祖師)도 " 마음

97) 대주혜해(大珠慧海)는 마조(馬祖: ?~788)의 제자이다. 그의 《돈오입도요문론(頓悟入道要門論)》(A Treaties on the Essence of Sudden Awakening) 두 권은 당시 이해되었던 선(禪)의 기본 가르침을 보여주고 있는 저작(著作)이다. (原註)

이 마음 아님을 깨달을 때 마음과 그 작용을 이해하게 된
다"고 말했던 것이다.98)

대주는 이어서 쓰고 있다.

만법(萬法: 모든 사물)을 낳는 것을 법성(法性) 혹은 법신(法身)
이라 부른다. 법이란 중생심(衆生心: 모든 존재의 마음)을 뜻한다.
이 마음이 일어날 때 만법이 일어난다. 마음이 일어나지 않으면
어떠한 사물도 일어나지 않고 이름(개념)도 없게 된다. 미혹된 사
람은 법신에 본래 아무런 형태가 없고 다만 조건에 따라 낱낱의
형태를 나타낸다는 사실을 모른다. 미혹된 사람은 푸른 대나무를
그대로 법신으로 보고, 노란 꽃나무를 반야(般若) 그것으로 생각
한다. 그러나 꽃나무가 반야라면 반야는 감각 없는 무정(無情)의
하나로 떨어지게 되고, 대나무가 법신이라면 법신은 초목과 같은
것이 되고 만다. 그러나 피어나는 꽃, 푸른 대나무가 없더라도 법
신은 존재하고, 반야도 존재한다. 그렇지 않다면 법신은 죽순(竹
筍)과 함께 사라진다. 대나무 순을 먹는 것은 바로 법신을 먹어
버리는 셈이므로. 이 같은 견해는 진실로 논의할 만한 가치가 없
다.99), &100)

---

98) 原文: 僧問, 言語是心否. 師曰, 言語是緣, 不是心. 曰, 離緣何者是心. 師
曰, 離言語無心. 曰, 離言語既無心, 若爲是心. 師曰, 心無形相, 非離言語,
非不離言語, 心常湛然, 應用自在. 祖師云, 若了心非心, 始解心心法.《諸方
門人參問語錄 卷下》
99) 原文: 心是法身, 謂能生萬法. 故號法界之身. 起信論云, 所言法者謂衆生心.
卽依此心 顯示摩訶衍義. ……一念塵中, 演出河沙偈. 時人自不識. ……法
身無象, 應翠竹以成形. 般若無知, 對黃華而顯相. 非彼黃華翠竹而有般若法
身也. ……黃華若是般若, 般若卽同無情. 翠竹若是法身, 翠竹還能應用.
……
100) 스즈키는 大珠의 語錄 가운데 몇 부분을 발췌하여 이어 놓았다. (譯註)

(2)

앞서 선(禪)의 비논리성을 설명하고 또 고차(高次)의 긍정으로 서의 선을 다루었다. 이것만 읽고 독자들은 선을 접근하기 어려운 것, 우리의 일상적인 삶과는 거리가 있는 것, 매력적이긴 하지만 포착하기 힘든 것이라고 결론지어 버릴지 모르겠다. 그것을 비난할 수도 없는 노릇이다.

그래서 지금부터 선을 쉽고 친근하며 접근 가능한 측면에서 말하려 한다. 우리들의 구체적인 삶을 떠나서는 아무것도 존재할 수 없다. 삶은 모든 것의 기반이기 때문이다. 어떤 철학도, 어떤 위대한 관념도 우리들이 영위하고 있는 삶을 떠나 있을 수 없다. 별을 바라보는 사람일지라도 그 발은 언제나 땅을 딛고 서 있는 것이다.

그렇다면 모든 사람이 접근할 수 있는 선(禪)이란 어떤 것일까?

조주(趙州)가 한 번은 새로 온 스님에게 물었다.
" 전에 여기 와 본 적이 있는가?"
" 예, 있습니다."
" 그럼 차나 한 잔 들게(喫茶去)."
다른 스님이 왔을 때도 조주는 먼저와 같은 질문을 던졌다.
" 전에 여기 와 본 적이 있는가?"
이번에는 좀 달랐다.
" 아뇨, 여긴 처음입니다."
조주는 먼젓번처럼,
" 그럼 차나 한 잔 들게."
하고 권했다. 그 일이 있은 다음 원주(院主: 절의 관리를 맡고 있는 중)가 조주에게 물었다.
" 스님의 대답이 어떻든 똑같이 차나 한 잔 마시라니 그런 법이 어디 있습니까?"
　늙은 스님인 조주는 느닷없이
" 원주!"
하고 불렀다.
" 예, 무슨 일입니까?"
" 차나 한 잔 들게."
　조주의 여전한 말이었다.101)

　조주(趙州: 778~897)는 당대(唐代)의 가장 빈틈없고 예리한 선
장(禪匠) 가운데 한 사람으로 중국 선의 발전은 그에 힘입은 바
크다. 그는 팔십이 넘어서도 선 수행의 완성을 위해 행각(行脚)
을 쉬지 않았다고 전해진다. 그는 백 이십 년을 머물다 갔다. 그
에게서 터져 나오는 말은 영롱하게 반짝이는 보석과 같았다.

" 조주의 선은 그 입술에서 빛을 발하고 있다."

라고 평할 정도이다. 아직 초심자인 스님 하나가 조주에게 가르
침을 구했다.

" 아침은 먹었는가?"
　라고 조주가 묻자 스님은 그렇다고 대답했다.
" 그럼 가서 그릇(持鉢: 바리때)을 씻게나."102)

　이 말이 그 초심자의 눈을 선의 진리로에 열어 주었다 한다.

---

101) 原文: 師問二新到上座, 曾到此間否. 云, 不曾到. 師云, 喫茶去. 又問那一
人, 曾到此間否. 云, 曾到. 師云, 喫茶去. 院主問. 和尙, 不曾到, 敎伊喫
茶去卽且置, 曾到, 爲什麽敎伊喫茶去. 師云, 院主. 院主應諾. 師云, 喫茶
去. 《趙州錄 卷下》
102) 原文: 問如何是學人自己. 師云, 喫粥了也來. 云, 喫粥也. 師云, 洗鉢盂去.
《景德傳燈錄 卷10》

조주가 뜰을 쓸고 있을 때 누군가가 와서 물었다.
" 스님은 그렇게 훌륭한 선지식(善知識)인데 어째서 스님의 뜰
에 티끌이 자꾸만 모여들고 있습니까?"
조주가 대답했다.
" 그건 바깥에서 오기 때문이야."103)

한 번은 이런 질문도 받았다.

" 어째서 이 신성한 청정가람(淸淨伽藍)에 티끌이 모입니까?"
" 옳지, 여기 먼지가 또 하나 날아오고 있구나."
조주의 대답이었다.104)

조주가 머물고 있던 절 앞에 이름난 돌다리(石橋)가 있었다.
우연히 그곳을 지나가던 객승(客僧)이 조주에게 물었다.

" 유명한 돌다리가 있다고 자주 들었는데, 와 보니 돌다리는커
녕, 통나무로 된 다리밖에 없는데요."
" 통나무 다리만 보고 돌다리는 보지 못했던 게지."
" 그럼 돌다리는 어디 있습니까?"
" 방금 지나 와 놓구선 그래."
조주의 지체없는 응수였다.
다른 때 바로 이 돌다리에 대해 누가 물었을 때 그의 대답은
" 말(馬)도 지나가고 사람도 지나가고 모든 것이 지나간다"였
다.105)

---

103) 原文: 劉相公入院, 見師掃地問, 大善知識, 爲什麼却掃塵. 師云, 從外來.《趙
州錄 卷中》
104) 原文: 又僧問, 淸淨伽藍爲什麼有塵. 師曰, 又一點也.《景德傳燈錄 卷10》
105) 原文: 問, 久嚮趙州石橋, 到來只見掠彴子. 師云, 闍梨只見掠彴子, 不見趙
州石橋. 云, 如何是趙州石橋. 師云, 過來過來.
又僧問, 久嚮趙州石橋, 到來只見掠彴子. 師云, 你只見掠彴子, 不見趙州

이들 대화가 다만 자연세계와 일상생활의 평범한 일에 대한 사소한 한담(閑談)일 뿐이라고 생각되는가? 여기에 우리를 종교적 심성(心性)의 눈금에로 이끄는 정신적, 영적(靈的)인 무엇인가는 없다 하는가? 지금 본 바로는 선은 너무 실제적이고 지나치게 상식적인 것이 아닌가? 선이 그토록 높은 초월차원에서 갑자기 일상에로 떨어져 내린 것은 어떻게 된 일인가?

그런데 이 모두는 당신이 그것을 어떻게 보느냐에 달려 있다. 내 책상 위에는 향(香) 한 조각이 타고 있다. 이것이 사소한 일인가? 지진이 땅을 흔들고 남산(南山)이 내려앉는다. 이것은 커다란 사건인가? 공간 개념이 남아 있는 한 그렇다. 그러나 우리는 정말로 '공간'이란 둘러싸임 속에 제한되어 살고 있는가? 선은 주저하지 않고 대답할 것이다.

'향(香) 한 가지[枝]가 타들어감과 함께 삼계(三界)가 몽땅 타버리고, 조주(趙州)의 찻잔 속에 인어(人魚)들이 춤을 춘다.' 시간, 공간의 의식에 묶여 있는 한, 선은 그대로부터 십만 팔천 리를 격(隔)하여 있다. 그대의 나날은 허청스레 흘러가고, 그대는 편히 그리고 깊이 잠들 수 없으며 무엇보다 그대의 삶은 온통 실패, 그것이다.

위산(潙山)과 앙산(仰山) 사이에 오고 간 다음과 같은 이야기를 살펴보자.

여름 안거(安居)가 끝난 후에 앙산은 스승 위산(潙山)을 방문했다. 위산이 물었다.
"한 여름 내내 보지 못했는데 그 동안 무슨 일을 하고 있었나?"
"땅을 좀 갈아서 수수[黍] 씨앗을 뿌렸습니다."
"여름을 헛되이 보내진 않았군 그래."

石橋. 云, 如何是石橋. 師云, 度驢度馬.《趙州錄 卷中》

이번에는 앙산이 물을 차례였다.
여름 동안 무엇을 했느냐는 물음에 위산은,
" 하루 한 끼씩 먹고 밤에는 잘 잤어."
하고 대답했다. 앙산은 스승의 말에 즉각 토를 달았다.
" 스승님도 여름을 헛되이 보내지 않으셨군요."106)

한 유학자(儒學者)는 " 도(道)는 바로 곁에 가까이 있는데 사람
들은 멀리서 구한다"라고 쓰고 있다. 선(禪)에서도 마찬가지로
말한다. 선의 진리는 우리의 일상적인 삶에 구체적으로 드러나
있는 데도 사람들은 꼭 있을 것 같지 않은 언어적 추상이나 교
묘한 형이상학에서 찾으려 든다. 거기서는 아무래도 선의 진리가
발견되지 않을 텐데도 말이다.

한 중이 스승에게 따져 물었다.
" 붓다의 성도(聖道)를 가르쳐 달라고 스승님께 온 지 꽤 오래
되었는데 어째 한번도 그 비슷한 것도 말씀해 주시지 않습니
까?"
스승의 대답은 이랬다.
" 그게 무슨 소리냐? 매일 아침 너는 인사를 했고, 나는 그 인
사를 받지 않았더냐? 네가 차를 갖고 왔을 때는 받아서 기꺼이
마시지 않았단 말이냐? 이 밖에 또 무슨 가르침을 기대하고 있는
거냐?"

이것이 선인가? 이것이 바로 선이 우리에게 맛보라는 ' 살아
있는 경험' 인가? 어느 선시인(禪詩人)은 이렇게 읊었다.

---

106) 原文: 潙山夏末問仰山, 子今夏作何所務. 仰云, 開得一片田 種得一籮粟.
師云 子今夏也不空過. 仰卻問. 和尚今夏作何所務. 師曰, 晝日一湌 早辰
一粥. 仰云, 和尚今夏亦不空過.《禪門拈頌 第367則》

얼마나 놀라운 기적인가?
내가 물을 긷고 장작을 나르다니.

선(禪)이 비논리적(非論理的)이고 불합리(不合理)한 것이라고
했을 때 소심한 독자들은 아마 질려서 선과 관계 맺기를 꺼렸을
지도 모르겠다. 그래서 나는 이 장에서 선의 실제적인 면을 다루
려 한다. 그리하여 선을 지적(知的) 관심에서 다룰 때 자칫 생기
기 쉬운, 거칠고 생경함이 상당히 해소될 것이라고 확신한다.

선의 진수는 실제적인 측면에 있지 불합리한 측면에 있는 것
이 아니므로 비합리적 성격을 앞뒤 없이 강조하는 것은 올바른
태도가 아니다. 그럴 경우 선은 더욱 보통의 지성인들이 접근하
기 어려운 저 너머의 것이 되고 만다.

선이 얼마나 단순하고 평범한 것인가를 보여 주기 위해, 또 선
의 실제적 성격을 강조하기 위해 나는 일상적인 삶에서 누구나
가 경험할 수 있는 '순수'한 체험들을 예로 들어보려 한다.
'순수'하다는 것은 개념에 의한 설명이나 지적 분석에 얽혀
있지 않다는 의미에서 쓴 말이다. 당신은 들어 올려진 지팡이를
본다. 집안의 물건 하나를 건네 달라는 부탁을 받는다. 또는 누
가 당신의 이름을 부른다. 이러한 것은 매일의 생활에서 일어나
는 가장 사소한 일들이다. 그래서 별다른 주의 없이 스쳐 지나가
기 쉽다.

그런데 선은 바로 여기, 흘려버리기 쉬운 이 사소한 일들에 있
다. 비합리성으로 가득 차 있는 선이, 혹은 독자들의 구미에 맞는
표현으로 한다면 인간의 예지(叡智)가 이를 수 있는 최고의 사변
(思辨)인 선이 바로 여기에 있다는 말이다. 다음에 간명하고 직
절(直截)하며 실제적인, 거기에다 깊은 함축까지 띠고 있는 예를
몇 가지 더 들어 보려 한다.

석공(石鞏)107)이 제법 익어 가는 제자에게 물었다.
" 너는 허공을 잡을 수 있겠느냐?"
" 예, 스승님."
" 어디 한번 해 보게."
제자는 팔을 뻗쳐 허공을 움켜쥐는 시늉을 해 보였다.
" 겨우 그건가? 결국 아무것도 잡지 못했지 않나."
그러자 제자가 물었다.
" 그럼 스승님은 어떻게 하시겠습니까?"
말이 떨어지기 무섭게 석공은 제자의 코를 잡아 세게 비틀어
버렸다. 제자는 아파서 소리쳤다.
" 아야! 이게 도대체 무슨 짓입니까?"
" 허공을 잡는 나의 방법은 그렇다네."
석공의 대답이었다.108)

어떤 스님이 염관(鹽官: 마조의 제자)에게 물었다.
" 어떤 것이 진짜 비로자나불(毘盧遮那佛: 화엄경의 主佛)입니
까?"
염관은 그 스님에게 가까이 있는 물주전자를 좀 건네 달라고
부탁했다. 그렇게 해 주었더니 이번에는 도로 갖다 놓으라고 했
다. 싫은 기색 없이 공손하게 시키는 대로 한 다음 스님은 다시
물었다.
" 어떤 것이 비로자나불의 본신(本身)입니까?"
" 고불(古佛)은 여기 없다네."
염관의 대답이었다.109)

---

107) 마조(馬祖)의 제자. 선문(禪門)에 들어 오기 전에는 사냥꾼이었다. 그와
마조의 만남에 관해서는 나의《Zen Essays》Ⅲ. 참고.
108) 原文: 師問西堂, 汝還解捉得虛空麼. 西堂云, 捉得. 師云, 作麼生捉. 堂以
手撮虛空. 師云, 作麼生恁麼捉虛空. 堂却問, 師兄作麼生捉. 師把西堂鼻
孔拽. 西堂作忍痛聲云, 大殺搜人鼻孔直得脫去. 師云, 直須恁麼捉虛空始
得.《景德傳燈錄 卷6》
109) 原文: 擧, 僧問南陽忠國師. 如何是本身盧舍那. 國師云, 與我過淨瓶來. 僧

이것을 평하여 어떤 선사는 말했다.

" 그럼, 그렇고 말고. 고불(古佛)은 오랜 옛날부터 거기에 있었지."110)

이 예들은 지적(知的) 냄새를 완전히 떨어버리지 못한 것이라 할 수 있지만 다음과 같은 남양(南陽) 충국사(忠國師: ?~775)의 경우는 어떨까?

그는 하루에 세 차례씩 시자(侍者)를 불렀다. 그때마다 시자는 어김없이 꼬박꼬박
" 예, 스님."
하고 대답했다. 마침내 충국사는 이렇게 말했다.
" 내가 너를 잘못 대했다고 생각하지만 실은 네가 나를 잘못 대한 것이다."111)

다만 이름을 부르는 것. 정말 간결하지 않은가? 충국사의 마지막 코멘트는 보통의 논리적 관점에서 이해하기 어렵다고 느끼겠지만 어떻든 내가 부르고 네가 대답하는 것만큼 일상적이고 실제적인 일은 없다. 더구나 선(禪)은 이 가운데 진리가 있다고 힘주어 말한다. 선이 얼마나 평범하고 일상적인가를 아마 느꼈으리라. 거기엔 아무런 신비도 없다.' 사실[本地風光]'은 온통 모두에게 열려 있고 적나라하게 드러나 있다. 나는 부르고 너는 대답한다.' 여보!' 하고 부르면' 응!' 하고 응답한다. 이것뿐이다. 더 이

將淨瓶到. 國師云, 却安舊處著. 僧復問, 如何是本身盧舍那. 國師云, 古佛過去久矣.《從容錄 第42則》
110) 原文: 尋常本身盧舍那滿淨覺者現相人中.
111) 原文: 國師三喚侍者. 侍者三應. 國師云, 將謂吾辜負汝. 元來却是汝辜負汝.《無門關 第17則》

상 무엇을 보태고 무엇을 뺄 것인가?

　　양수(良遂)는 마곡(麻谷: 임제와 같은 시대 사람)에게 선을 배
우고 있었다. 한 번은 마곡이 양수를 불렀다. 양수는 " 예!" 하고
대답했다. 마곡은 다시 불렀다. 양수도 똑같이 대답했다. 이러기
를 세 번. 마곡은 마침내 큰 소리를 질렀다.
" 이 멍청한 놈 같으니!"
　　이 소리에 양수는 정신이 들었다. 눈이 열린 것이다. 선을 알고
나서 양수는 이렇게 말했다.
" 스승님, 저를 더 이상 속이실 필요 없습니다. 스승님의 문을
두드리지 않았더라면 저는 아마 경론(經論)에 묻혀 헛되이 일생
을 보내고 말았을 것입니다."
　　후에 양수는 불교철학 연구에 깊이 빠져 있는 불승들에게 이렇
게 말했다.
" 너희들이 알고 있는 것은 나도 알고 있다. 그러나 내가 알고
있는 것을 너희들은 모른다."112)

　　놀랍지 않은가? 스승이 자기 이름을 부르는 ' 뜻' 을 깨닫고 이
러한 사자후를 터뜨리게 됐다는 사실이.
　　이러한 예들로 하여 우리가 내건 문제가 좀더 명료하고 이해
하기 쉽게 되었는지 모르겠다. 나는 이런 예를 얼마든지 보여 줄
수 있지만 이제까지 제시된 것만으로도 선(禪)이 아주 복잡한 것
은 아니라는 것, 고도의 추상과 사변 능력을 요구하는 것이 아니
라는 것을 알기에 충분할 것이다. 선의 진수와 힘은 바로 그 단
순성, 직접성, 그리고 고도의 실제적 성격에 있다. " 잘 있었나. 어
떻게 지내?", " 잘 지내고 있네. 자네는 어떤가?" ─여기에 선이

---

112) 原文: 壽州良遂禪師初參麻谷. 麻谷召曰, 良遂. 師應諾. 如是三召三應. 麻
　　谷曰遮鈍根阿師. 師方省悟 乃曰, 和尙莫謾良遂. 若不來禮拜和尙. 幾空過
　　一生. 麻谷可之.《景德傳燈錄 卷 9》

있다. " 차 한 잔 드시지요." ― 이것 역시 선으로 가득 차 있다. 일하던 스님이 밥 먹으라는 소리에 금세 연장을 놓고 식당으로 달려간다. 이를 보는 스승은 빙그레 마음 깊은 곳의 웃음을 보낸다. 스승은 그 스님이 선을 완전히 실현하고 있음을 알기 때문이다. 이보다 더 자연스러운 일은 없다. 필요한 것은 이 모든 것의 의미를 바라볼 수 있는 새로운 눈을 가지는 일이다.

그러나 여기 선을 배우는 사람이 특히 주의해야 하는 함정이 있다. 선은 자연주의나 허랑방탕과 혼돈해선 안 된다는 것이 그것이다. 이들은 행위의 동기나 가치를 묻지 않고 자연적 경향을 따르는 것, 즉 마음 내키는 대로 행위하는 것을 의미한다. 인간의 행위는 동물의 행동과 다르다. 동물에게는 도덕에의 직관 능력과 종교적 의식(意識)이 없다. 동물은 환경의 조건을 개선하거나 보다 높은 가치에로 나아가기 위해 노력할 줄 모른다. 그러나 사람은 다르다.

어느 날 석공(石鞏)이 부엌에서 일을 하고 있는데 스승 마조(馬祖)가 들어와서 무얼 하느냐고 물었다.
" 소를 먹이고 있습니다."
" 어떻게 기르고 있느냐?"
" 소가 길 옆으로 나서려고 하면 지체 없이 고삐를 잡아당깁니다."
이 말을 듣고 마조가 석공의 어깨를 다독거렸다.
" 너야말로 소 기르는 법을 알고 있구나."[113]

이것은 자연주의가 아니다. 여기엔 올바른 행위에의 주체적 노력이 숨쉬고 있다.

---

113) 原文: 一日在廚中作務次. 祖問曰, 作什麽. 曰 牧牛. 祖曰, 作麽生牧. 曰, 一廻入草去便把鼻孔拽來. 祖曰, 子眞牧牛. 《景德傳燈錄 卷6》

어떤 스님이 자기 스승에게 물었다.

" 스승님도 진리에의 길을 닦으려고 힘을 들이십니까?"

" 그럼!"

" 어떻게 노력하십니까?"

" 배고프면 먹고, 피곤하면 잔다네."

" 그거야 아무나 하는 일이 아닙니까? 그렇다면 모두가 스승님
처럼 진리에의 길을 닦고 있다고 할 수 있겠군요?"

" 아니야, 그건 그렇지 않네."

" 어째서입니까?"

" 그들은 밥 먹을 때 밥은 먹지 않고 수많은 어지러운 생각으로
혼란되어 있고, 잘 때 잠들지는 않고 이런저런 꿈에 시달리고 있
지. 그래서 나와는 좀 다르다고 했네."114)

한 발자국 물러서서 선(禪)을 자연주의의 한 형태라 부를 수
있다 해도, 그것은 엄격한 종교적 수련에 밑받침된 자연주의이다.
선이 자연주의라는 것은 이러한 뜻에서이지 허랑방탕과 비슷한
것쯤으로 이해해선 안 된다. 허랑방탕주의자는 의지(意志)의 자
유가 없다. 그들은 외부로부터의 힘, 자신도 이해할 수 없는 충동
에 손발이 묶여 있어 그 앞에 어찌할 수 없는 무력한 존재이다.

그러나 선은 완전한 자유를 누린다. 그는 그 자신의 주인이다.
반야경에서 즐겨 쓰는 표현을 빌리면' 머무는 곳이 없다(無住處).'
어딘가에 붙박힐 때 고정, 집착하게 될 때 그는 얽매인다. 더 이상' 절
대' 라고 말할 수 없게 된다. 다음의 대화가 이 점을 좀더 분명히
보여 줄 것이다.

---

114) 原文: 有源律師來問, 和尙修道還用功否. 師曰, 用功. 曰, 如何用功. 師曰,
飢來喫飯, 困來卽眠. 曰, 一切人總如是, 同師用功否. 師曰, 不同. 曰, 何
故不同. 師曰, 他喫飯時. 不肯喫飯, 百種須索. 睡時不肯睡, 千般計校, 所
以不同也. 律師杜口.《大珠, 諸方門人參問語錄 下》

한 스님이 물었다.

" 마음이 머무는 곳이 어디입니까?"

" 마음은 머무르지 않는 곳에 머문다."

스승은 대답했다.

"' 머무르지 않는 곳' 이란 어떤 뜻입니까?"

" 마음이 특정한 대상에 머무르지 않는 것. 이것을 마음이' 머무르지 않는 곳' 에 머무른다고 한다."

"' 특정한 대상에 머무르지 않는다는 것' 은 또 무슨 뜻입니까?"

" 선(善)과 악(惡), 유(有)와 무(無), 주관(主觀)과 대상(對象)이라는 이원론에 머무르지 않는 것을 의미한다. 공(空)에도 머물지 않고 공(空) 아님에도 머물지 않으며, 열반(涅槃)에도 머물지 않고, 무명(無明)에도 머물지 않는 것을 이르는 말이다. 머무르지 않는 마음, 여기가 마음이 머물 자리이다."115)

설봉(雪峰: 822~908)은 당(唐)대의 선종사(禪宗史)에서 가장 진지한 구도자 가운데 한 사람이었다. 그는 선 수행의 완성을 위한 오랜 편력의 세월 동안 언제나 국자를 가지고 다녔다고 한다. 선방(禪房)에서 가장 어려운 일인, 그래서 사람들이 꺼리는 밥 짓고 빨래하는 일을 맡은 것이다. 국자는 그의 상징이었다. 그 후 설봉이 덕산(德山)의 법사(法嗣)가 되었을 때, 어떤 스님이 와서 물었다.

" 스님은 덕산에게 무엇을 배웠길래 이렇게 평온하고 자적(自適)하십니까?"

---

115) 原文: 問, 心住何處卽住. 答, 住無住處卽住. 問, 云何是無住處. 答, 不住一切處, 卽是住無住處. 問云, 何是不住一切處. 答, 不住一切處者, 不住善惡有無內外中間, 不住空, 亦不住不空, 不住定. 亦不住不定. 卽是不住一切處. 只箇不住一切處, 卽是住處也.
《頓悟入道要門論 卷上》

" 나는 빈손으로 집을 떠나 빈손으로 돌아왔을 뿐이네."116)

이것이' 머무는 곳이 없음[無住處]'을 생생하게 말하고 있지 않은가?

어느 날 스님들이 스승 백장(百丈)에게 선의 강의를 청했다.
" 밭에 나가 일부터 하도록 해라. 그 후에 선을 가르쳐 주겠다."
들일을 마친 스님들이 스승에게 다시 모였다. 백장은 두 팔을 벌려 보였을 뿐 한마디도 하지 않았다.117)

이것이 그의 위대한 설법이었다.

---

116) 原文: ……. 後有僧問師, 和尙見德山, 得个什麽便休去. 師云, 我空手去空
手歸.《禪門拈頌 第780則》
117) 參考: 스즈키는 원문을 자유로 고쳐 쓴 듯하다.《譯註》

제7장 깨달음· 새로운 시각의 열림[118]

선(禪) 수행의 목적은 사물의 본질을 꿰뚫어 볼 수 있는 새로운 눈을 얻는 데 있다. 당신은 지금 '이다', '아니다', '좋다', '나쁘다'라는 논리적 이원론에 의해 생각하는 데 익숙해져 있다.

이것으로부터 벗어날 수 있다면 어느 정도 선에 가까이 다가간 셈이다. 생각해 보자. 당신과 나는 같은 세계에 살고 있다. 그러나 과연 누가 창 밖으로 보이는 정원의 돌이 당신과 나에게, 아니 각각의 모든 사람들에게 똑같은 것이라고 자신 있게 말할 수 있는가? 당신과 나는 차를 마신다. 다른 사람이 보기에 우리들의 행동은 별 차이가 없어 보인다. 그러나 차를 마시고 있는 당사자인 당신과 나의 내적 마음상태는 정말 얼마나 다른 것인가? 당신의 차 마심은 선이 아닐지 모르지만 내가 차를 마시는 행위는 그대로 선이다. 왜냐하면 당신은 논리라는 이원적 사유의 쳇바퀴를 돌고 있지만 나는 그로부터 한 걸음 벗어나 있기 때문이다.

사실 선에는 소위 말하는 '새로운' 시각이란 없다. 그렇지만 세계를 바라보는 선의 시각을 '새롭다'고 말하는 것이 편리하고 유용하기 때문에 쓰기로 한다. 그러므로 '새로운'은 선의 편에서

---

118) 이 주제는 나의 《Zen Essays I》 pp. 215~250, 그리고 II pp. 4 이하에서 상세하게 논했다. (原註)

한 수 접은 표현이다. 선에 있어 새로운 시각의 열림을 '깨달음' [開悟]이라 한다. 이것 없이 선은 없다. 선적인 삶은 '깨달음' 에서 시작하기 때문이다.

깨달음은 지적, 논리적 이해와는 달리 직관적 통찰로 이야기될 수 있다. 어떻게 정의하든 '깨달음' 은 이원적 사유로 물든 마음에 의해 덮여 있었던 새로운 세계의 열림을 의미한다. 이쯤 해두자. 독자 여러분이 다음 문답을 잘 음미해 보면 내 말이 더 잘 이해되리라 생각한다.

> 젊은 중이 조주(趙州)에게 선(禪)의 깊은 곳을 물었다.
> " 아침은 먹었는가?"
> " 예. 먹었습니다."
> " 그럼 가서 그릇[鉢盂]을 씻어야지."119)

이 말에 그 젊은 스님은 눈을 떴다. 나중에 운문(雲門)이 이 대답을 평하기를,

> " 조주의 말에는 무슨 특별한 가르침이 있는가 어떤가? 있다면 그것은 무엇일까? 없다면 중이 얻었다는 깨달음은 도대체 무엇인가?"120)

후에 취암(翠巖)이 운문의 이 평을 반박했다.

> " 이따위 말을 하는 걸 보니 거장(巨匠)이라던 운문도 뭐가 뭔지를 몰랐던 게 분명하다. 이건 뱀에다 발을 그리고 여자에게 수

---

119) 原文: 僧問趙州, 學人乍入叢林. 乞師指示. 州云, 喫粥了也未. 僧云 喫了. 州云, 洗鉢盂去.《從容錄 第39則》
120) 原文: 雲門偃拈, 且道 有指示無指示. 若言有, 趙州向伊道箇什麼. 若言無, 者僧因甚悟去.《禪門拈頌 第429則 雲門頌》

염을 붙이는 것처럼 불필요한 짓이다. 나라면 그렇게 말하지 않는다. 중이 무슨 깨달음이란 걸 얻었다면 쏘아놓은 화살보다 빠르게 지옥에 떨어질 것이다."121)

이 모든 것들은 도대체 무엇을 의미하고 있는가? ―그릇을 씻으라는 조주의 말, 중의 깨달음, 운문의 이것일까 저것일까, 그리고 취암의 단언은. 그들은 서로 공박하고 있는가? 아니면 아무것도 아닌 일을 공연히 떠들고 있는가? 내 생각으로는 그들은 모두 하나의 길을 가리키고 있다. 그 중이 어디로 떨어지든 그의 깨달음은 전혀 엉터리없는 것이 아니다.

덕산(德山)은 《금강경》의 권위 있는 학자였다. 남쪽에 모든 경전을 무시하고 바로 마음을 지적해 내어 부처를 이룬다(直指人心 見性成佛)고 주장하는 무리들이 있다는 소문을 듣고 길을 떠났다. 이윽고 용담(龍潭)에 이르러 그곳의 숭신(崇信) 선사에게 가르침을 구했다.

　어느 날 덕산은 선(禪)의 비밀을 알려고 문 밖에서 좌선하고 있었다.
　용담(보통 거주하고 있는 지명을 따서 이름으로 부른다)이
" 왜 들어오지 않나?"
하고 물으니 덕산은
" 너무 캄캄해서 어디가 어딘지 모르겠습니다."
하였다. 용담은 촛불을 켜서 덕산에게 건넸다. 덕산이 촛불을 받아들려는 순간 용담은 촛불을 혹 불어 꺼버렸다. 그때 덕산의 마음이 열렸다.122)

---

121) 原文: 雲峯悅拈 雲門與麽道, 大似爲黃門裁鬚, 與蛇畵足. 雲峯則不然. 這僧伊麽悟去, 入地獄如箭射.《禪門拈頌 第438則評》(취암이 아니라, 운봉으로 되어 있다―역주)
122) 原文: 德山在龍潭 入室夜深. 潭曰子且下去. 師珎重, 揭簾而出, 見外面黑. 却回曰, 和尙外面黑. 潭點紙燭度與. 師纔接. 潭便吹滅. 師不覺失聲曰, 我

　백장(百丈)은 어느 날 스승 마조(馬祖)와 함께 들길을 걷고 있었다.
　들오리떼가 날아 오르는 것을 보고 마조가 물었다.
" 저게 뭐지?"
" 들오리떼입니다."
" 어디로 날아가는 것일까?"
　이 물음에 백장은
" 벌써 날아가 버렸습니다."
하고 대답했다. 마조는 갑자기 백장의 코를 틀어쥐더니 세게 비틀어버렸다. 백장은 아파서 소리 질렀다. 그러자 마조 왈(曰),
" 날아가 버렸다더니, 아직도 여기에 있지 않나."
　이 말에 백장은 등에 식은땀이 흐름을 느꼈다.‘ 깨달’았던 것이다.123)

　밥그릇을 씻는 일과 촛불을 꺼버린 일, 그리고 코를 비튼 일 사이에 무슨 관련이 있을까? 운문을 따라 이렇게 물어야 하리라.“ 만일 아무런 연관이 없다면 그들은 어떻게 함께 선의 깊은 곳에 이를 수 있었겠는가? 관련이 있었다면 그 내적 연관은 과연 무엇일까? 이 깨달음이라는 것, 사물을 보는 새로운 시각이란 도대체 무엇인가?" 하고.

　송(宋)대의 뛰어난 선승, 대혜(大慧: 1089～1163)의 문하에 도겸(道謙)이라는 스님이 있었다. 오랫동안 노력했지만 선의 비밀을 벗기지 못해 낙심하고 있었다. 그러던 차에 먼 곳에 심부름을 가게 되었다. 반년도 넘게 걸리는 여행이었으므로 가뜩이나 낙담해 있던 판에 선 수행에 장애가 될 여행을 명령받은 도겸은 더욱 암

自今已後 更不疑天下老和尙舌頭.《禪門拈頌 第665則》
123) 原文: 百丈懷海禪師, 隨馬祖行次, 見野鴨子飛過. 祖云, 是什麼. 師云野鴨子. 祖云, 什麼處去也. 師云, 飛過去也. 祖遂扭師鼻頭. 師作忍痛聲. 祖云何曾飛過去.《禪門拈頌 第177則》

담함을 느꼈다. 이를 본 친구 종원(宗元)이 그를 위로했다.

" 여행 중 허허할테니 내가 따라가 줌세. 그리고 여행 중이라고 해서 수행을 못하란 법도 없지 않은가?"

이래서 같이 여행을 하게 되었는데 어느 저녁 도겸은 친구 종원에게 삶의 비밀, 그 일생의 대사(大事)를 해결하게 해 달라고 눈물을 흘리며 애원했다. 친구는 이렇게 말했다.

" 나도 힘닿는 데까지 도와 주고 싶네만 내 힘으로는 어찌할 수 없는 일이 있네. 그런 일은 자네 자신이 해야 하네."

도겸은 그 일이 도대체 무엇이냐고 초롱한 눈을 빛내며 물었다.

" 가령, 자네가 배고프고 목마를 때, 내가 먹고 마신다고 자네 배가 불러지지는 않아. 네가 먹고 마셔야지. 오줌이 마려울 땐 네가 직접 누어야지, 누가 대신 해 줄 수 있는 일이 아니지. 그리고 이 길을 걷고 있는 것은 바로 자네 자신이지 다른 사람이 걸어 줄 수 있는 것이 아니지 않는가?"

이 우정어린 충고에 그 진지한 구도승은 눈을 떴다. 그는 얼마나 기뻤던지 손이 춤추고 발이 뛰노는 걸 스스로도 깨닫지 못할 정도였다. 종원은 자기의 일이 끝났음을 알았다. 더 이상 동행할 필요가 없음을 느끼고 도겸을 혼자 여행하게 했다. 반 년 후에 도겸이 돌아 왔다. 대혜(大慧)가 때마침 산을 내려오는 길에 도겸과 마주쳤다. 대혜는 그를 보자 기뻐서 이렇게 외쳤다.

" 이제는 네가 모든 걸 알고 있구나."

자, 그럼 물어보자. 친구 종원이 그런 당연한 말을 했을 때 도겸의 마음속에서 불꽃처럼 터진 것이 도대체 무엇이었을까?

향엄(香嚴)은 백장(百丈)의 제자였다. 스승이 죽자 위산(潙山)에게 갔다. 위산 역시 백장의 제자로 향엄보다 선배였다. 위산이 그에게 물었다.

" 그대는 나처럼 스승 백장의 문하에서 자랐고 특히 지혜가 뛰어나다고 들었다. 그러나 지혜를 어디에 쓰겠는가? 지혜로 선을 이해하려 들면 지적· 분석적 이해(分別智)에 떨어지고 만다. 그렇지만 선의 깊이에 대해서 너도 뭔가 통찰한 바가 있을 것이다. 그것을 듣고 싶다. 삶과 죽음의 원리—생사(生死)의 일대사(一大事)를 듣고 싶다. **즉 부모도 아직 태어나기 이전의 네 자신의 모습**(父母未生前의 本來面目)**은 무엇이었던가?**"

이 질문을 받고 향엄은 어쩔 줄을 몰랐다. 자기 방으로 돌아와 백장이 생전에 강(講)한 노트를 뒤적여 보았으나 자신의 견해로 내놓을 만한 신통한 해답이 없었다. 그는 다시 위산에게로 가서 선의 이치에 대해서 가르쳐 달라고 졸랐다. 그러나 위산의 반응은 냉담했다.

" 나는 너에게 가르쳐 줄 것이 아무것도 없다. 만일 가르치려 든다면, 너는 후일 나를 비웃게 될 것이다. 그렇지 않다 하더라도 내가 너에게 말하는 것은 나의 것이지 너의 것이 아니다."

향엄은 실망하여 위산을 인정머리 없는 사람이라고 생각했다. 이윽고 그는 정신의 성숙에 전혀 도움이 되지 않는 수많은 노트와 강의록을 태워버리고 속세를 떠나 고독하게 불제자(佛弟子)의 계율에 따라 살기로 결심했다.

" 그렇게 이해하기 어렵고 가르칠 수도 없는 것이라면 불교는 연구해서 무엇하나? 나는 그런 어려운 것을 생각하지 말고 그냥 평범한 떨거지 중으로 살리라."

라고 생각하면서 향엄은 위산을 떠나 남양(南陽) 충국사(忠國師)의 묘 옆에 띠집을 지어서 지냈다. 어느 날 마당을 쓸고 있었는데 빗자루에 쓸린 자갈 하나가 근처의 대나무에 맞았다. 이 예기치 않았던 소리가 그의 긴 잠을 깨웠다. 눈이 열린 것이다. 그는 기뻐서 어쩔 줄 몰랐다. 위산이 제기했던 물음이 비로소 투명해졌다. 마치 돌아가신 부모님을 다시 만난 것 같았다. 그때서야 향엄은 그에게 가르침을 베풀기를 거절한 위산이 얼마나 친절했던 가를 깨달았다. 위산이 만일 그에게 가르쳐 주겠답시고 나섰더라면 그의 눈은 영영 열리지 못했을지도 모른다고 생각했기 때문이다.124)

그렇다면 선(禪)은 스승이 설명을 통하여 제자를 깨달음에로 이끌 수 없는 그런 것인가? 선은 해명될 수 없는 것인가? 또, 깨달음은 지적 분석으로 도달할 수 없는 곳인가? 그렇다. 선은 철저하게 경험이다. 먼저 깨닫고 있지 않으면 어떤 설명이나 논의로도 다른 사람과 교통(交通)할 수 없다. 깨달음이 분석에 의해 좌우된다면, 즉 지적 분석에 의해 아직 그 경험을 갖고 있지 못한 사람에게 그 깨달음을 온전하게 전할 수 있다면 그 깨달음은 깨달음이 아니다. 깨달음이 '개념'이 될 때 깨달음은 깨달음이길 그친다. 더 이상 선 '경험'은 없다.

그러므로 선에서 스승이 제자를 이끌기 위해 할 수 있는 일은 암시와 시사뿐이다. 스승은 제자가 언제나 목표를 향하고 있도록 길을 가리키는 일밖에 할 수 없다. 목표에 이르는 일, 진리를 확고하게 붙잡는 일은 전적으로 제자 자신의 손에 달려 있다. 아무도 그걸 대신 해 줄 수 없다.

그런데 암시와 시사를 줄 수 있는 것은 어디에나 널려 있다. 제자의 마음이 깨달음에 이르도록 충분히 익었을 때 아무것도 아닌 평범한 일도 깨달음의 계기가 된다. 예기치 않는 소리를 들었을 때라든가, 이해할 수 없는 말을 들었을 때, 혹은 꽃이 핀다든가 돌에 채는 등의 사소한 일들이 깨달음으로 이끄는 계기가 되는 것이다. 별로 중요한 것 같지 않은 일들이 엄청난 결실을

---

124) 原文: 香嚴和尙在百丈時, 聰明怜利, 多知多解, 數年參禪不得百丈遷化. 後至潙山. 山云, 聞汝在百丈, 問一答十, 問十答百. 此是汝意解識想. 生死根本, 父母未生時事, 試道一句看. 師被潙山一問, 直得茫然. 却歸寮中, 將平日過底文字 要尋無一句, 可將酬對, 竟不能得. 乃自嘆曰, 畵餅不可充飢. 屢乞潙山說破. 山云, 我若爲汝說破, 汝已後罵我去 在終不爲汝說破, 奈何不得. 遂將平生所集文字 以火燒却曰, 休休此生不學佛法, 且作箇長行喫粥飯僧 免役身心, 乃告辭潙山, 直往南陽 覩忠國師遺迹, 遂止草庵. 一日芟草木因颺瓦礫擊竹作聲. 不覺打著父母未生時鼻孔. 當時如暗得燈, 如病得醫, 如貧得寶, 如子得母. 遂沐浴焚香, 遙禮潙山. 嘆曰, 和尙大悲 恩逾父母. 當時若爲我說破, 何有今日事.《景德傳燈錄 卷11》

낳는다. 살짝 건드린 도화선에 지축을 뒤흔드는 폭음이 들리는 것처럼 -. 깨달음의 모든 원인 모든 조건은 마음 가운데 있다. 이들은 충분히 익기만을 기다리고 있는 것이다.

여러모로 마음이 그 준비가 다 되었을 때 새가 날거나 종이 울리는 소리에 그대는 단숨에 그대의 고향으로 돌아간다. 그대는 그대 자신의 진정한 자아(自我), 참 면목을 알게 된다. 그러나 처음부터 그대로부터 감추어진 것은 아무것도 없었다. 그대가 보기를 원했던 모든 것은 그대 앞에 본래부터 거기에 있었다. 그 엄연한 현전에 눈을 감고 있었던 것은 바로 그대 자신이었다.

따라서 선에는 그대의 지식을 늘려주기 위해서 가르칠, 설명해 줄 아무것도 없다. 그대 자신 속에서 익고 자란 앎이 아니면 어떤 것도 진정하게 너의 것이 아니다. 다만 빌린 옷에 불과하다.

> 황산곡(黃山谷)은 송(宋)대의 유학자이다. 시인이며 정치가이기도 한 그가 회당(晦堂)에게 와서 선을 물었다. 회당은 이렇게 대답했다.
> " 당신이 언제나 읽고 받드는 경전(논어를 말함) 가운데 선의 가르침을 곧바로 말하고 있는 구절이 있습니다. 공자가 제자들에게' 너희는 내가 무엇을 숨기고 있다고 생각하느냐? 나는 정말 너희들에게 아무것도 숨긴 것이 없다' 125)고 말한 것이 바로 그것입니다."
> 황산곡이 무슨 대답인가를 하려 하자 회당은 즉각
> " 아니, 그게 아닙니다."
> 하고 그를 제지시켰다. 유학자 황산곡은 마음에 커다란 혼란을 느꼈지만 어찌할 수가 없었다. 그런 일이 있고 난 며칠 후 산곡과 회당은 함께 산책을 나섰다. 들엔 월계수가 활짝 피어 그 향기가 주위에 가득했다. 회당이 말했다.
> " 향기가 좋습니다."

---

125) 原文: 二三子以我爲隱乎. 吾無隱乎爾. [述而]

" 그렇군요."
라고 산곡이 대꾸하자 회당은
" 그것 보십시오. 나는 당신에게 숨긴 게 아무것도 없습니다."
이 말을 듣고 황산곡은 깨달았다.126)

앞에 든 예로 '깨달음' 이 무엇이며, 어떻게 그것이 스스로를 열어 보이는지 알았을 것이다. 독자들은 이렇게 물을지도 모르겠다. " 당신의 설명과 시사를 자세히 읽어 보았지만 별로 더 명백해진 건 없는 것 같다. 당신은 깨달음의 '내용' 을 좀더 확실히 밝혀 줄 수 없는가? 당신이 든 예와 진술은 놀라운 시도였지만 우리는 결국 '바람이 부는 방향' 밖에 안 것이 없다. 배가 닿는 항구는 도대체 어디인가?" 라고. 이 물음에 대해 선사들은 이렇게 대답한다.

내용에 관한 한, 당신의 지적 인식을 위해 기술, 표현, 제시될 수 있는 '깨달음' 이나 '선' 은 없다. 선은 지적 관념의 작업이 아니며, 깨달음은 일종의 **내적 지각**이기 때문이다. 그것은 **개별적 대상의 지각이 아니라 말하자면 '실재(實在)' 자체의 지각이다.** 또 깨달음이 궁극적으로 귀착하는 곳은 '자신(self)' 이다. 깨달음은 자기 자신에게로 돌아가는 길이다. 그래서 조주는 " 차나 한 잔 들게" 라고 했고, 남전은 " 이건 아주 좋은 낫인데, 잘 드는 걸" 하고 말했다. 이것이 '진정한 자아(self)의 움직임(드러남)' 이다. 만약 이것을 포착하는 것이 가능하다면 그 '움직임(드러남)' 의 한가운데에서 찾아야 한다.

깨달음은 존재의 가장 깊은 뿌리를 흔들어 놓는 것이기 때문에 그것의 획득은 우리 삶의 전체를 뒤바꾸어 놓는다. 그렇지만 깨달음의 획득은 철저하고 완전한 것이어야 한다. 그렇지 않고

126) 《五燈會元 卷17》 참조.

미적지근한 깨달음-이런 것이 있다면-은 아예 없느니만 못하다.

다음의 예를 살펴보자.

　　임제가 황벽(黃檗)에게 30대를 도리 없이 얻어맞고 있을 때는 처량한 몰골이었지만 일단 깨달은 뒤에는 전혀 다른 사람이 되었다.
　　" 황벽의 불법(佛法)도 별 것 아니었군."
　　이것이 새로 태어난 임제의 첫 사자후였다. 그리고 다시 황벽을 만났을 때 임제는 귀쌈 한 대로 그 고마움을 갚았다.127)

저런 오만하고 난폭한 놈이 있나 하고 생각할지 모르지만 임제의 행동에는 이유가 있다. 황벽이 임제의 대접에 지극히 만족했다는 것은 이상한 일이 아니다.

　　덕산(德山)이 선의 진리를 깨우쳤을 때 그는 한 때 그렇게 귀중하고 없어서는 안 된다고 생각하여 언제나 소중하게 갖고 다녔던 금강경의 주석들을 끄집어내어 모두 불에 태워 버렸다. 그리고는 이렇게 외쳤다.
　　" 비길 데 없이 심오한 철학도 무한한 공간에 흩날리는 깃털 하나와 같고 세속의 이런저런 수많은 경험들도 바닥 모를 심연에 떨어진 물 한 방울과 같다."128)

---

127) 原文: ……三度被打. 不知某甲有過無過. 大遇云, 黃檗與麼老婆爲汝得徹困, 更來這裏問有過無過. 師於言下大悟云, 元來黃檗佛法無多子. ……黃檗云, 大遇有何言句, 師遂擧前話, 黃檗云, 作麼生得這漢來, 待痛與一頓. 師云, 說什麼待來卽今便喫. 隨後便掌. 黃檗云, 這風顚漢却來這裏將虎鬚.《臨濟錄》

128) 原文: 師遂取疏鈔, 於法堂前 將一炬火提起云, 窮諸玄辯 若一毫置於大虛. 竭世樞機, 似一滴投於巨壑.《禪門拈頌 第665則 附記》

들오리 사건이 있고 난 뒤-앞에서 든 백장과 마조의 일화 한 토막-

　　어느 날 마조는 법당에서 모인 중들에게 설법을 하려던 참이었다. 그때 전날 코를 그야말로 떨어지게 비틀렸던 백장이 앞으로 나서더니 마조가 앉으라고 편 자리(蓆)를 둘둘 말아 들고 나가버렸다. 자리를 말아 나가는 것은 설법이 끝났음을 의미한다. 마조는 이를 보고도 별다른 언급 없이 단상에서 내려와 제 방으로 가버렸다. 그리고 백장을 불러서 어째서 설법이 시작되지도 않았는데 자리를 말아 가버렸느냐고 물었다. 백장은
" 전날 스승님이 코를 비틀었을 때는 무척 아팠습니다."
하고 대답했다. 이 대답에 마조는 짐짓
" 무슨 뚱딴지 같은 소리냐?"
하고 떠보았다.
" 오늘은 전혀 아프지 않습니다."
이 말을 듣고 마조는 백장의 눈이 열렸음을 인정했다.129)

　　이제 깨달음을 얻고 난 다음 마음에 어떤 변화가 일어나는지 충분히 보았을 것이다. 깨닫기 전에는 얼마나 참담한가? 마치 사막에서 길을 잃은 사람들처럼-. 그러나 깨닫고 나면 흡사 절대군주처럼 행동한다. 그는 이제 아무에게도 예속되지 않는 그 자신의 주인이기 때문이다.
　　이제까지 서술한 깨달음, 즉 새로운 눈의 열림에 대해 다음의 몇 가지를 관찰, 요약해 볼 수 있겠다.

---

129) 原文: 回來明日, 馬祖陞堂才坐. 師出來卷却蓆. 馬祖便下座. 師隨至方丈. 馬祖云, 適來要擧一轉因緣, 你爲什麽卷却蓆. 師云, 爲某甲鼻頭痛. 祖云, 你什麽處去來. 師云, 昨日偶出入不及參隨. 馬祖, 喝一喝. 師便出去.《禪門拈頌 第178則 附記》

(1)

사람들은 선(禪) 수행이 명상을 통해 자기 암시적 상태를 만들어 내기 위한 것이라고 생각하는 수가 있다. 이것은 앞에서 든 예에서 보듯 전혀 씨가 먹지 않는 소리이다. 깨달음은 어떤 대상에 생각을 집중함으로써 예기된 일정한 심적 상태를 산출하는 일이 아니다. 깨달음은 사물을 보는 새로운 시각을 얻는 일, 그것이다. 의식이 눈을 뜬 이래 우리는 개념적·분석적 방법으로 내적, 외적 조건에 반응하도록 훈련되어 왔다. 선의 수행은 바로 이 토대를 한꺼번에 뒤엎어 버리고 새로운 기반 위에 집을 짓도록 하는 일이다. 그러므로' 상대적 의식'의 산물인 형이상학적, 상징적 명제에 대해 명상하는 것은 선에 전혀 도움이 되지 않는다.

(2)

깨달음 없이는 아무도 선의 진리에 들어설 수 없다. 깨달음은 이제까지 꿈꾸지 못했던 새로운 진리가 의식 속으로 불꽃처럼 터져나오는 일이다. 그것은 마치 지성적·논증적 집적물을 쌓아 놓은 것이 점점 높아져서 어느 한계에 도달했을 때 갑자기 무너지는 일, 이를테면 심적(心的) 카타스트로피(Catastrophe: 大異變)와 같다. 쌓아 놓은 것이 안정의 한계를 벗어났을 때 구조물 전체가 땅에 내려앉는다. 그때 새로운 하늘이 눈앞에 트여 온다. 빙점(氷點)에 도달했을 때 물이 갑자기 얼음으로 변하고 유동하던 것이 고체로 굳어 버리듯이 깨달음은 구도자가 자신의 모든 정신과 존재 전체를 소진시켰다고 느낀 순간 불현듯 무의식적으로 드러난다. 종교적으로는 새로운 탄생의 순간, 지적으로는 새로운 시각의 열림이다. 세계는 새로운 빛을 띠고 다가선다. 거기는 볼품없는 이원론(二元論)의 꼴사나움이 없다. 불교식 표현으로는 무명(無明)이라는 일체의 때가 벗겨지고 사라진다.

(3)

깨달음은 선(禪)의 존재이유(rasion d'être)이다. 깨달음 없이 선은 없다. 그러므로 모든 수행, 모든 교리적 장치는 깨달음을 향해 있다. 선장(禪丈)들은 깨달음이 제 발로 찾아오도록 기다릴 수가 없다. 생각지 않게 혹은 저 마음 내킬 때 그를 찾아오도록 기다릴 수가 없는 것이다. 스승은 선의 진리를 찾는 제자들을 도우려는 열의로 가득 찬 나머지 좀더 체계적으로 제자들의 심적 상태를 깨달음으로 인도하기 위해 명백히 수수께끼 같은 문제(공안: 供案은 다음 장인 8장을 참고)를 내놓는다. 지금까지 수많은 종파와 철학의 창시자들이 내놓은 모든 지적 논증과 조용한 타이름은 기대하던 효과를 거두지 못했다. 제자들은 그로 하여 더욱 혼란스러워지고 길을 잃고 헤매게 되었다. 특히 불교가 중국에 처음 들어왔을 때의 사정이 그러했다. 고도의 추상적 형이상학과 요가 훈련의 정밀한 체계를 갖고 있는 인도적(印度的) 유산은 실제적인 데가 있는 중국민족을 당황케 하기에 충분했다. 중국인들은 어떤 것이 붓다의 중심 교의인가를 파악할 수가 없었다. 달마(達摩)와 육조(六祖), 마조(馬祖) 그리고 다른 중국의 선장들이 이 사실을 통감하고 선을 선포했다. 중국에서 선의 발전은 아주 자연스런 결과였다. 그들에게 '깨달음'은 경전의 해석이나 논소(論疏: Sastra)의 학문적 천착보다 우위에 놓인다. 깨달음이 선과 동일한 뜻으로 쓰일 정도이다. 그러므로 깨달음 없는 선

은 김빠진 맥주, 향기 없는 꽃과 같다. 그렇지만 주의해야 할 것
은 '지나친 깨달음'이라 불리는 것이 있는데 이것은 피해야 한
다는 점이다.

(4)

이렇게 깨달음을 무엇보다 강조함으로써 선이 인도인이나 중
국의 다른 불교종파에서 행해졌던 선나(禪那: Dhyana)의 체계와
는 다르다는 사실이 중요한 의미를 띠게 된다. Dhyana는 일반적
으로 어떤 특정한 사유대상을 향한 일종의 정신집중 혹은 명상
으로 이해된다. 소승불교에서는 만물의 덧없음(無常)에 대한 생
각의 집중인 한편 대승불교에서는 '자아(自我) 없음', '비어 있
음(空)'에 대한 명상이다. 마음에 의식의 흔적이 남아 있지 않게
되었을 때 의식하고 있지 않다는 생각마저 남아 있지 않은 '완
전히 비어 있음'의 상태를 실현할 수 있게 훈련되었을 때, 다시
말하면 어떤 형태의 정신활동도 의식의 영역에서 사라졌을 때
마음이 구름 한 점 없이 다만 푸르디푸른 대공(大空)일 때,
Dhyana는 그 완성에 이르렀다고 할 수 있다. 이것을 황홀경
(ecstasy)이나 몽환의 상태(trance)라 부를 수는 있겠지만 결코
선은 아니다. 선에는 '깨달음'이라는 것이 있어야 한다. 지성의
오랜 집적물을 한꺼번에 뒤엎고, 새로운 태어남의 기반을 형성하
는 정신의 일대전환이 있어야 하는 것이다. 사물을 보는 새로운
눈, 이때까지 생각도 못했던 새로운 감각의 눈뜸이 필요하다.
Dhyana에는 이런 것이 없다. Dhyana는 다만 정신의 조용하고
평화로운 활동을 위한 훈련일 뿐이다. 물론 Dhyana에도 나름의
장점이 있지만 선과 동일시되어서는 안 된다는 점을 지적해 두

고 싶다.

(5)

깨달음은 어떤 기독교 신비주의자의 주장처럼' 신(神)을 있는 그대로 보는 것' 이 아니다. 나는 처음부터 선(禪)이' 창조의 역사(役事)를 꿰뚫어 보는 일' 이라고 분명하게 주장해 왔다. 그러나 기독교적 창조주는 자신의 피조물을 만드는 데 분주할지 모르고, 그의 작업장을 떠나 있는지도 알 수 없지만 선은 바로 그 창조의 일을 **자신의 손으로** 직접 해 나간다. 어떤 창조주의 도움도 없이 독립적으로 해 나간다. 스스로의 삶을 살고 있는 이유를 안 것으로 선은 충분히 만족할 것이다. 오조산(五祖山)의 법연(法演: ?~1104)은 제자들에게 불쑥 손을 내밀고는 이것이 왜 손으로 불려지는가를 묻곤 했다. 우리가 그 이유를 알 때' 깨달음' 이 있게 되고 선을 획득하게 된다. 그러나 반면 신비주의자들의 신(神)에는 어떤 특정한 **대상**이 파악되고 있다. 그대가 신을 알았을 때, 그때' 신(神) 아닌 것' 은 제외된다. 이것은 스스로를 제한하는 일이다. 선(禪)은 자유롭기를 바란다. 신(神)으로부터도 자유롭기를 바란다.' 아무데도 머무는 곳이 없음[無所住]' 이 바로 이 뜻이다.' 부처라고 말했을 땐 입을 씻어라' 도 같은 것을 의미하고 있다. 이것은 선이 병적으로 경건과는 반대쪽으로 달리려 하거나 신(神)이 없는 쪽을 찾아 헤매기 때문이 아니라' 이름' 이 갖고 있는 불완전성을 충분히 알고 있는 데 연유한다. 그들은 언어나 개념만으로는 어떤 도움도 줄 수가 없다는 것을 투철히 알고 있다. 그래서 약산(藥山)은 강연을 요청받았을 때 한마디도 않고 단상에서 내려와 제 방으로 들어가 버렸다. 백장(百

丈)은 몇 걸음 걷다가 조용히 서서는 두 팔을 벌렸을 뿐이다. 이
것이 위대한 원리, 최고의 진리를 드러냄이다.

(6)

깨달음은 '이상심리학(Abnormal Psychology)'이 다루기에 알
맞은 병적인 심리상태가 아니다. 어느 편인가 하면 깨달음은 완
전히 정상적인 마음 상태이다. 내가 정신의 대전환에 대해 이야
기했을 때 어떤 사람들은 선(禪)이 보통 사람에겐 별로 인연이
없는 특이한 현상으로 생각했을지도 모르겠다. 이건 완전히 잘못
된 견해이지만 불행하게도 편견을 가진 비판자들에 의해 자주
주장되고 있다. 조주(趙州)가 선언했듯이, '선은 그대의 일상적인
마음이다(平常心是道).' 문(門)이 안쪽으로 열리는가, 바깥쪽으로
열리는가 하는 것은 순전히 '돌쩌귀 붙이기 나름'이다. 눈 하나
깜박이는 순간에 사태가 변하여 그대는 선을 붙잡게 된다. 그렇
더라도 그대는 이전처럼 완전하고 정상적이다. 그것뿐만이 아니
다.

그대는 그 사이에 전혀 새로운 것을 얻었다. 그대의 정신 활동
은 전에 체험하지 못했던 더 만족스럽고, 더 평화롭고, 기쁨에 찬
가락을 울리게 된다. 삶의 울림은 완전히 바뀌었다. 선을 얻으면
활기에 넘치게 된다. 봄의 꽃은 더욱 아름다워 보이고 계곡에 흐
르는 물은 더욱 시원하고 투명하게 느껴진다. 존재의 이러한 상
황을 야기하는 근본적 혁명이 비정상으로 불릴 수는 없다. 삶이
좀더 기꺼운 것이 되고 그 삶이 우주 자체를 포함하도록 넓혀질
때 그대는 '깨달음'에 아주 소중하고 추구해 볼 가치가 있는 무
엇인가가 있음을 알게 될 것이다.

제8장 공안(公案)[130]

선(禪)은 동양 정신의 독특한 산물이다. 그 독특함은 실제적인 측면에서는 존재의 모든 비밀이 열리는 깨달음으로 이끄는 조직적인 정신 수련에 있다. 선이 신비주의로 불리고 있지만 다른 신비주의와는 그 조직, 수행 그리고 궁극의 성취라는 면에서 입장을 달리한다. 나는 지금 공안(公案)에 의한 훈련, 그리고 좌선(坐禪)을 염두에 두고 이런 말을 하고 있다.

산스크리트어의 Dhyana에 해당하는 좌선은 다리를 꼬고 앉는 결가부좌(結跏趺坐)의 자세로 깊은 명상과 정적에 잠겨 있는 것을 말한다. 이 수련법은 인도에서 창안되어 동양 전역으로 퍼졌다. 수천 년을 내려오면서 실행된 좌선은 지금도 선 수행자들에 의해 엄격히 고수되고 있다. 이렇게 보면 좌선은 동양에 있어 정신 수련의 가장 일반적인 방법이라고 하겠다.

그러나 공안과 연결되었을 때 좌선은 새로운 의미를 띠게 되었다. 이렇게 새로이 단장한 좌선은 선의 전유물이 된 것이다.

좌선이나 Dhyana가 무엇인가를 충분히 실망하는 것이 이 장의 목적은 아니다. 이 장에서 나는 지금도 극동에서 실행되고 있는 선의 가장 본질적인 특성을 드러내고 있는 공안에 대해 고찰해보려 한다. 본래 불교에서 Dhyana는 계(戒: Sila－도덕적 규

---

130) 이 주제에 대해서는 나의 《Zen Essays Ⅱ》에 좀더 자세하게 다루어져 있다. (原註)

율), 정(定: Dhyana-명상), 혜(慧: Prajna-지혜)란 삼학(三學) 가운데 하나이다. 훌륭한 불교도라면 붓다에 의해 내려진 계율을 모두 준수하여야 하고[戒], 지나친 정념(情念)을 통어하는 방법에 숙달되어야 한다[定]. 그리고 심원한 불교형이상학의 복잡한 체계를 모두 아는 지적 능력[慧]131)을 잘 갖추고 있어야 한다. 이 중 어느 하나라도 결여되어 있으면 진정한 불제자(佛弟子)라고 할 수 없었다.

그러나 시간이 지남에 따라 불교도들은 삼학(三學) 가운데 어느 하나를 더욱 중요시하고 강조하게 되었다. 어떤 사람들은 계율의 준수를 다른 것보다 우위에 놓았고, 어떤 이들은 선정(禪定)의 추종자가 되었다. 어떤 무리는 불교교리의 정치(精緻)한 지적 구조의 연구에 몰두했던 것이다. 여기서 선자들은 선정(禪定: Dhyana)의 수행자로 생각될 것이다. 그러나 선에 있어서 Dhyana는 그 본래적인 의미를 잃고 새로운 모습을 띤다. 선은 인도 특유의 정신 수행의 실천을 통해서 선(禪) 자신의 고유한 목적을 갖게 된 때문이다.

천태종(天台宗)의 개조(開祖)인 지자대사(智者大師)의 《석선바라밀차제법문(釋禪波羅蜜次弟法門)》에 인용된 대승논소(大乘論疏)에 의하면 Dhyana는 경건한 불교도들이 마음속에 품은 네 개의 커다란 염원(사홍서원: 四弘誓願)132)을 성취하기 위해 행해지는 것으로 되어 있다.

---

131) 「혜: Prajna」는 우리의 영적 삶, 그 깊이를 울리는 고차적 직관 능력이다. 그러니 단순한 지성을 넘어선다. 좀더 상세한 것을 알기 위해서는 《Zen Essays Ⅲ》의 「반야바라밀」에 대한 장을 참고. (原註)
132) 1. 한없는 중생을 모두 피안으로 건너게 하오리다. (衆生無邊誓願度)
    2. 한없는 번뇌를 모두 끊으오리다. (煩惱無盡誓願斷)
    3. 한없는 진리를 모두 깨치오리다. (法門無量誓願學)
    4. 높디높은 불도(佛道)를 이루오리다. (佛道無上誓願成) (原註)

선정(禪定: Dhyana)은 착한 지혜의 곳집
공덕(功德)의 복전(福田)
흐린 물을 가라앉히듯
선정은 정념(情念)의 때를 씻는다.
선정은 금강(金剛)처럼 단단한 갑옷
번뇌의 화살을 모두 막아낸다.
무위(無爲)의 경지에는
이르지 못했다 할지라도
열반의 길은 이미 닦여지고 있는 것.
그대는 금강삼매(金剛三昧)를 얻은 것이다.
태산처럼 막아선 장애와 족쇄를
한 번에 부숴버릴 것이다.
여섯 신통력을 얻어
수많은 중생을 건지게 된 것이다.
번뇌의 먼지가 일어나
빛나는 태양을 가리게 되더라도
한 차례 소나기가 모든 것을 쓸어가듯
지혜의 깨달음이 이를 제거하겠지만
몽땅 쓸어내는 것은 선정의 힘.

Dhyana는 '지각(知覺)한다', '곰곰이 생각한다', '무엇에 마음을 고정시킨다'의 뜻이 있는 Dhi라는 어근에서 파생되었다. Dhi는 '붙잡다', '보지하다', '유지하다'의 뜻을 갖는 Dha와 어원적으로 상당한 연관을 갖고 있다고 생각된다. 그래서 Dhyana는 생각이 바른 길을 벗어나지 않도록 우리의 사고를 끌어 모으는 것을 의미하게 된다.

다시 말하면 마음을 단일한 사유 대상에 집중시키는 것을 뜻한다. 수행할 때는 과도한 열망이나 욕정을 점차로 가라앉힐 수 있도록 가장 안정된 마음 상태를 유지해야 한다. 그를 위해 상황과 조건이 통제되어야 하는데 예를 들면 먹고 마시는 것이 적당히 조절되어야 하고 잠을 너무 많이 자서는 안 된다. 몸은 편하고 안락한 자세를 취하는 것이 좋지만 상체는 바르게 곧추세워야 한다.

잘 알다시피 인도인은 호흡조절에 통달한 사람들이다. 이와 함께 선정을 행하는 장소도 신중하게 고려해야 할 문제이다. 시장 바닥이나 공장 그리고 사무실 등은 피하는 것이 좋다. 심신의 통어와 조절에 관한 규칙과 지시사항은 이 밖에도 많이 있지만 접어두기로 한다. 지자대사의 《선나바라밀(禪那波羅密)》이 이를 상세히 다루고 있으니133) 참조하면 도움이 될 것이다.

Dhyana에 대한 이 간략한 설명으로 분명해진 것처럼 선(禪) 수행자들이 행하는 좌선은 일반적으로 불교도들이 행할 때와 같은 **심적 대상**을 갖고 있지 않다. Dhyana 혹은 좌선은 선의 경우, 공안의 해결에 이르는 수단으로서만 의의를 갖는다. 선은 Dhyana 자체를 목적으로 생각하지 않는다. 공안의 참구(參究) 없는 Dhyana는 2차적인 의미만 갖는 것이다.

물론 선을 체득하는 데 좌선은 필수조건이다. 공안이 이해되었다 하더라도 좌선의 수행을 충분히 쌓지 않으면 선의 깊은 정신적 진리를 수행자가 남김없이 누릴 수 없을 정도이다. 그러므로 공안과 좌선은 선에 있어서 두 날개이다. 공안이 눈이라면 좌선은 발이다.

중국에 불교가 유입된 초기에는 철학적인 측면이 세인(世人)들의 관심을 끌어서 《화엄(華嚴)》, 《법화(法華)》, 《반야(般若)》, 《열반(涅槃)》 등의 경전이 일찍이 번역되었다. 이 경전들에 담긴 심오한 형이상학적 사유가 다른 측면보다 더 중국학자들을 매료시켰다.

---

133) 일본에서 행해지고 있는 좌선에 대해서는 《Zen Essays Ⅱ》 pp. 284~287을 참고. (原註)

그리고 이 경전들의 지적(知的) 파악에 커다란 자극이 되었던 것은 주로 뛰어난 학승(學僧) 구마라습(鳩摩羅什: Kumarajiva)에 힘입은 것이라 생각한다. 불교의 윤리적인 측면에 대한 연구는 다음 단계에 이루어졌다. 선의 초조(初祖)인 달마가 중국에 왔을 때 사람들은 그를 이단자로 생각하여 곱지 않은 눈으로 보았다. 불교철학자들도 그를 이해하지 못하고 싫어했다. 육조(六祖) 혜능(慧能)이 스스로 선의 정통을 계승한 사람이라고 선언하기 위해 은둔생활을 버리고 세상에 나왔을 때에도 선 수행자들로부터 그다지 눈길을 끌지 못했다.

중국불교 초기의 전기와 저작을 읽고, 당시에 번역된 Dhyana 와 관련된 경전으로 추측해 보면 그때까지 선정(禪定: Dhyana) 혹은 좌선은 주로 소승불교의 방식에 따라 행해져 왔다. 우리가 오늘날 이해하고 있는 형태의 선이 실제로 부각되기 시작한 것은 혜능 이후 2·3세대가 지난 후의 일이다. 그로부터 선은 급속히 발전하여 다른 불교종파를 누르고 당당하게 주류로 군림하게 된다.

현재 중국에는 모든 사찰이 선종(禪宗)에 속해 있고, 또 그 가운데 대부분은 임제종(臨濟宗)의 사찰이다.134) 선(禪)이 이렇게 흥성한 데는 다른 이유도 많겠지만 무엇보다 깨달음에 이르는 방법으로서의 공안의 참구와 좌선의 실천에 가장 큰 원인이 있다고 믿는다.

공안은 글자 그대로는 '공문서(公文書)' 혹은 '권위 있는 법령'을 말한다. ─이 말은 당대(唐代) 말기에 널리 유행하기 시작했다. 그 후 공안은 의미가 좀 바뀌어 옛 선사들의 일화나 제자와 스승 사이의 대화 혹은 선사들이 한 말이나 질문 등을 의미하게 되었다. 이들은 모두 선의 진리에로 눈을 열어가게 하는 수

---

134) 그러나 요즘 중국 불교는 禪과 念佛의 혼합 형태이다. 아미타경과 금강경을 똑같이 지송한다. (原註)

단으로 쓰이던 것이다.

물론 처음에는 우리가 지금 이해하고 있는 형태의 공안이라는 것이 없었다. 공안은 사려 깊은 후대 선사들에 의해 인위적으로 고안된 것이다. 선사들은 천부적인 재질이 부족한 제자들의 선의식(禪意識)을 강하게 일깨우기 위해 공안을 이용했다.

저절로 놔두어도 마음은 성장하여 바라는 목표에 도달할 수 있을지 모르지만 인간은 그것을 앉아서 기다리지 않고 언제나 마음이 성장하는 그 과정에 간섭한다. 바람직하게 되든 그 반대가 되든 어쨌든 손을 대고서야 직성이 풀리는 것이다. 손을 댈 기회가 있으면 언제든지 그렇게 한다. 그 간섭이 때로는 도움이 될 때도 있고 어떤 때는 전혀 그렇지 않다.

우리는 잃는 것보다 얻는 것이 많은 경우 '인간적인 간섭'을 환영하여, 그것을 개량 혹은 진보라 부른다. 그 반대의 경우는 퇴보라고 말한다. 문명이란 인간적이고 인위적인 것이다. 어떤 사람은 인간적이고 인위적인 것을 좋아하지 않아서 자연으로 돌아가자고 주장하기도 하지만, 어떻든 소위 근대적 진보가 앞뒤를 따져보지 않고 축복임을 의미하는 것은 결코 아니다. 그렇더라도 전체적으로 물질적인 면에서의 풍요는 과거 어느 때보다 많이 누리고 있음을 인정해야 하겠다. 이 점에서 앞으로 더 나은 진보를 기대하고 있다. 이런 까닭에 대부분의 사람들이 문명을 그렇게 격렬하게 불평하지는 않는 것이리라 생각한다.

같은 논법으로 순수하고 자연적이며 천성 그대로인 선(禪)에 공안(公案)의 체계를 도입한 것은 타락인 동시에 진보이다. 어떻든 이 체계가 일단 성립되자 쉽사리 폐기해 버릴 순 없는 것이 되었다. 그렇지만 천부적 재질을 덜 타고난 제자들, 어쩌면 선의 진수와는 영영 만나지 못할지도 모르는 제자들을 마음 아파한 것은 선장(禪匠)들로서는 아주 인간적인 마음 씀씀이다. 그들은 가능하다면 선의 깊이에 도달하여서 얻은 미묘한 깨달음, 그 축복을 제자들과 함께 나누고 싶어했다. 제자들이 아직 가보지 않아서 모르는 깨달음의 아름다운 풍경에 이르게 하기 위해 무슨 방법을 써서든, 필요하다면 억지로라도 그리로 이끌려는 것이 어린아이를 돌보는 어머니 같은 선사들의 심정이었다.

만약 제자들을 가만히 내버려두었을 경우 몇몇 예외적인 행운을 타고난 사람 외에는 길을 잘못 들어 깨달음과는 거리가 먼 엉뚱한 곳으로 가게 되기가 십상일 것은 보지 않아도 뻔한 일이다. 선장(禪匠)들은 공안(公案)이라는 장치가 인위적인 것이고 군더더기라는 것을 알고 있었다.

왜냐하면 인간 내부의 살아 있는 움직임에서 피어나지 않은 선(禪)은 그 본래 면목으로서의 진정한 순수성과 창조적인 생명력을 가질 수 없기 때문이다.

그러나 진짜가 구하기 어렵고 또 만날 기회가 적다면 그 비슷한 것이라도 고맙고 반가운 법이다. 더구나 그냥 두면 인간 경험의 전승(傳承)에서 자취를 감춰 버릴 그런 것일 때야 말할 나위도 없다.

이렇게 생각하면 진짜가 아닌 비슷한 것이라 하더라도 임시변통으로만 쓰이는 것이 아닌, 그 가운데 진실된 어떤 것을 갖고 있고 창조적 가능성으로 가득 차 있는 것이라고 할 수 있다. 실제로 공안과 좌선(坐禪)의 체계는 적절히 이용할 때 선의 진리에로 마음을 열게 해 주었다. 정말 그렇다면 어째서 우리가 공안을 받아들여 충분히 그 기능을 다하도록 하지 않겠는가?

초기의 선사(禪師)들은 혼자 공부하고 수행한 사람들이다. 정규교육을 받지도 못했고 대학에서 일정한 교과과정을 이수한 것도 없이 다만 그의 영혼을 뒤흔드는 내적 요구에 따라 편력하고 순례하면서 필요한 지식을 손닿는 대로 끌어 모았다. 순전히 저 혼자 힘으로.

물론 스승이 있었겠지만 요즈음의 선생이 학생을 도와주는 식

으로는 결코 도움을 받지 못했다. 요즘 선생들은 정말이지 제자
들이 필요로 하는 이상으로, 학생들에게 진정으로 도움이 되는
이상으로 과잉 보호를 하고 있다. 옛날의 선사들은 바로 이러한
꼼꼼한 보살핌을 받지 못했기 때문에 오히려 더 강하고 웅혼한
사내다운 기상을 가질 수 있었다.

선(禪)의 초기, 즉 당대(唐代)에 선이 그렇게 활기에 차 있고,
기지가 번뜩이며, 치열하게 불탔던 이유는 바로 여기에 있다. 송
대(宋代)에 이르러 공안(公案)에 의한 훈련이 일반화되면서 선의
전성기는 이럭저럭 지나가고 점차 쇠퇴의 징후를 드러내게 된다.

이쯤에서 후세 학인들에게 주어졌던 최초의 공안 하나를 들어
보려 한다.

　　명상좌(明上座)로부터 선이 무엇이냐는 질문을 받았을 때 육조
　　(六祖)는 이렇게 답했다.
　　" 그대 마음이 선(善)이니 악(惡)이니 하는 이원론에 물들어 있
　　지 않은, 그대가 태어나기 전의 원초적 모습[本來面目]은 무엇인
　　가?"135)

" 이 본래의 면목을 보였을 때 당신에게 선의 비밀이 열릴 것
이다. 아브라함이 태어나기 전의 당신은 누구인가? 당신이' 이
사람' 과 몸소 만나고 있을 때 당신이 정말 무엇인가를, 또 신
(神)이 누구인가를 알게 될 것이다. 육조는 여기서 이 본래의 사
람과 손잡는 일, 형이상학적으로 말하면 그의 내면적 자아와 만
나는 일을 가르치려 하고 있다."

이 물음이 명상좌에게 주어졌을 때 그의 마음은 이미 선의 진

---

135) 原文: 不思善, 不思惡. 正當與麼時, 還是明上座父母未生時. 本來面目.
　　《法寶壇經》
　　不思善, 不思惡. 正與麼箇時, 那箇是明上座本來面目.
　　《無門關 第33則 不思善惡》

리를 꿰뚫어 볼 수 있도록 무르익어 있었다. 표면적으로는 물음의 형태를 띠고 있지만, 실제로 그것은 상대방의 마음을 열기 위한 일대긍정(一大肯定)이다.

육조(六祖)는 명상좌가 선의 진리를 여는 그 극점에 와 있었음을 알고 있었다. 명상좌는 오랫동안 어둠 속에서 진지하게 길을 더듬어 왔던 것이다. 그의 마음은 익을 대로 익어 조금만 흔들어도 가지를 떠나 땅에 떨어질 잘 익은 과일과 같았다. 다만 스승의 마지막 손길이 필요한 상태에 있었다.' 본래 면목의 요청'이 필요한 최후의 마무리였고 명상좌의 마음은 곧바로 열려서 선의 진리를 붙잡게 되었다.

그러나' 본래 면목'에 대한 물음이 명상좌처럼 예비적 훈련이 되어 있지 않은 초심자(初心者)에게 던져졌을 경우, 효과는 좀 다르게 나타난다. 초심자는 이 질문에 의해 그때까지 당연하게 받아들였던 상식이나 논리적으로 불가능하다고 생각했던 것이 그렇지 않을 수도 있다는 사실을 알게 된다. 그리고 사물을 보는 일상적 시각이 언제나 옳은 것은 아닐 뿐만 아니라 정신적 안심입명(安心立命)에도 도움이 될 수 없다는 사실도 깨닫게 된다. 이것을 우선 이해한 다음 학인(學人)은 주어진 명제 자체에 온 정신을 기울여 그 의미와 진리에 이르도록 노력할 것이다.

학인에게 이러한 탐구적인 태도를 가지도록 격려하는 것이 공안(公案)이 노리는 목표이다. 학인은 이 의문의 덩어리를 안고 정신의 벼랑, 그 끝까지 간다. 다른 해결책은 없고 다만 뛰어 넘는 길 밖에 없는 그런 낭떠러지에까지 이르는 것이다. 벼랑 끝에서 한 발을 내디딜 때, 다시 말하면 **삶에 있어 마지막까지 붙들고 있던 끈을 놓아버릴 때** 육조가 말한' 그대 본래의 얼굴'과 만나게 된다.

이상의 설명으로 공안은 처음 그것이 생겼을 무렵과는 좀 다르게 취급되고 있음을 알 수 있을 것이다. 처음에 공안은 명상좌가 정신의 극점에 있을 때 제시되어졌다. 그의 방황은 육조에 의해 제시된 공안의 마지막 손길로 끝날 수 있었다. 그런데 지금은 공안이 초심자들을 위해 이용된다. 그것은 선 수행이라는 기나긴 여정의 것 출발점이다. 확실히 출발이 좀 기계적이라는 느낌이 들겠지만 여기서 시작하는 것이 선을 성숙시키는 데 필요한 제반요건을 보다 잘 갖출 수 있다.

공안(公案)은 메주를 띄우는 누룩, 이를테면 효모로 작용한다. 효모에 의해 제반 여건이 충분히 익으면 학인의 마음은 깨달음에로 활짝 피어나는 것이다. 선의 비밀에로 마음을 열기 위해 공안이라는 인공적 장치를 사용하는 것이 근대 선의 특색이라 할 수 있다.

백은(白隱)은 자주 한 손만을 내밀고는 손바닥의 소리를 들어보라고 요구하곤 했다. 보통 소리는 두 손바닥이 마주쳤을 때 난다. 이런 의미에서 한 손바닥에서 나는 소리를 듣는다는 것은 그야말로 어불성설이다. 그러나 백은은 소위 과학적·논리적 기초에 세워진 일상적 경험의 뿌리를 뒤흔들어 놓으려 한 것이다. 이 근본적 뒤엎음은 선의 체험에 입각한 새로운 기반을 세워놓기 위해서는 필요한 일이다. 명백히 부자연스럽고 상식에 어긋나는 백은의 요구가 이래서 제시된 것이다.

먼젓번 육조의 공안은 '얼굴'에 관한 것으로 시각에 관계하고 이번 백은의 공안은 '소리'에 관련된 것으로 청각에 호소하는 것이다. 그렇지만 둘의 궁극적 의도는 같다. 둘 다 무진장한 보물을 감추고 있는 마음의 비밀스런 문을 열려는 점에서 결국 같은 것이다.

더구나 시각이나 청각이라는 감각기관의 작용은 공안의 본질적인 의미와는 하등의 관련도 없다. 선자(禪者)들이 애기하듯, 공안(公案)은 강을 건너기 위한 뗏목이나 달을 가리키는 손가락에 불과하다. 공안은 다만 의식작용의 이원론을 '종합' 혹은 '초월'ㅡ어떤 표현을 선택하든 간에ㅡ하려는 데 초점이 놓여진다. 소리란 두 손바닥이 마주칠 때 나는 것이라는 인식으로부터 마음이 자유롭지 않는 한 정신은 제한되고 그 자신의 본래적 뜻에 반(反)하여 분열을 겪게 된다. **창조의 비밀에 이르는 열쇠를 손에 쥐는 대신 마음은 사물의 상대성에 매몰되고** 당연한 결과로 사물의 피상적 모습을 벗어나 존재를 비에 씻긴 신선한 모습으로 보지 못하게 된다. 마음이 모든 제약과 질곡으로부터 자유로울 때, 그때라야 우리는 깊은 충족감으로 **존재를 그 전체에서** 바라보게 된다.' **본래 면목**'은 지금쯤 시간이 다하는 순간까지 창조의 전 영역을 바라보고 있겠고 한 손바닥의 소리는 지옥의 끝에서 천상의 끝까지 울려 퍼지고 있을 것이다.** 육조(六祖)와 백은(白隱)은 서로 손을 맞잡고 같은 자리에 서 있다.

다른 예를 들어 보자.

누군가가 조주에게' 달마가 서역에서 온 뜻(祖師西來意: 이 말은 잘 알려진 대로 불교의 근본원리가 무엇이냐는 물음과 같음)' 을 물었다.
" 뜰 앞 잣나무(庭前栢樹子)."
이것이 조주의 대답이었다. 그 중은
" 스님은 지금 일정한 대상을 이야기하고 있습니다."
하고 마뜩찮은 어조로 말했다.
" 아니야, 나는 지금 어떤 대상을 지적하고 있는 것이 아닐세."
" 그렇다면?"
하고 그 중은 다시 물었다.
" 불교의 근본원리가 무엇입니까?"
" 뜰 앞 잣나무."
똑같은 대답이었다.136)

이 공안(公案)도 초심자에게 주어지던 것 가운데 하나이다.

추상적으로 말하면 이 공안들은 상식적인 관점에서 보더라도 무의미한 것만은 아니다. 원한다면 그것의 내적 논리를 추출해서 합리적 해명도 할 수 있다. 예를 들면 백은의 '한 손바닥'을 어떤 이는 우주 혹은 무제약자(절대자)를 상징하는 것으로 보고, 조주의 '잣나무'는 최고 원리의 구체적 현현으로 해석하여 이로부터 불교의 범신론적 경향을 알 수 있다고도 한다.

하지만 공안을 이렇게 지적으로 이해하는 것은 선(禪)이 아니다. 더구나 선에 형이상학이나 상징 같은 것은 전혀 없다. 어떤 경우에도 선이 '철학'과 혼동되어서는 안 된다. 선은 자체로서 독립하여 존재하는 이유를 가지고 있다. 이 사실을 간과해선 안 된다. 그렇지 않으면 선의 전 구조가 무너져 내린다. '잣나무'는 언제나 '잣나무'일 뿐, 범신론과는 관련이 없다. 범신론뿐만 아니라 어떤 '—주의(−ism)'와도 관련이 없다.

의미를 가장 넓게 잡더라도 또 어느 면으로 보나 조주는 철학자가 아니다. 그는 철두철미하게 선장(禪匠)이다. 그의 입으로부터 터져 나오는 것은 정신의 경험, 그 깊이에서 곧바로 흘러나온 사자후이다. 그러므로 실제로는 선에 주체(主體)와 객체(客體), 사유와 사물 등의 이원론이 없다손 치더라도 이 **주체적** 경험의 '주관주의(Subjectism)'가 고려되지 않는다면 '잣나무'는 그 정확한 의미를 완전히 놓치고 만다. '잣나무'가 만일 지적·개념적 진술이라면 우리는 그 문장에 포함된 의미를 추론이라는 관념의 고리를 통해서 이해하려고 노력할 것이고 이윽고 제기된 어려운 문제를 해결했다고 만족해할 것이다.

그러나 선장(禪匠)들은 그런 당신을 안타까워할 것이다. 당신

---

136) 原文: 時有僧問, 如何是祖師西來意. 師云, 庭前栢樹子. 學云, 和尙, 莫將境示人. 師云, 我不將境示人. 云, 如何是祖師西來意. 師云, 庭前栢樹子.《趙州錄 卷上 3項》

은 아직 선(禪)으로부터 너무나도 아득히 떨어져 있다. 조주(趙州)는 아마 결국은 붙들고 말았다고 생각한 당신을 장막 뒤에서 비웃고 있을 것이다. 공안은 논리적 분석이 결코 이를 수 없는 정신의 깊은 곳에서 키워지고 익어간다. 마음이 조주의 그것과 비슷한 구조가 되도록 충분히 익었을 때 '잣나무'의 의미는 스스로를 열어 보이며, 이때 당신은 자신이 '모든 것을 남김없이 알고 있다'는 것을 의심 없이 확신하게 된다.

조주가 죽은 후 그 제자인 각철취(覺鐵觜)에게 누군가가 물었다.
"불교의 근본원리가 무엇이냐는 어느 중의 물음에 조주가 정말 '잣나무'라고 대답했습니까?"
각철취는 망설이지 않고
"스승은 그런 말을 한 적이 없다."
라고 단언했다.

철취의 말은 사실과 분명히 어긋난다. 조주가 '잣나무'라고 대답한 사실은 그때 있었던 사람들 모두가 들어 알고 있었기 때문이다. 철취에게 질문한 당사자도 그 사실을 확실히 알고 있었다. 그가 질문을 던진 것은 조주의 제자 철취가 잣나무 이야기를 어떻게 이해하고 있는가를 떠보기 위해서였다. 그래서 그 사람은 계속해서 물었다.

"스승께서 그와 같은 말을 했다는 것은 모두가 알고 있는 사실인데 어떻게 그 사실을 부인하려 드십니까?"
이 거듭되는 공격에 철취는 단호하게 맞섰다.
"결단코 스승은 그런 말을 한 적이 없다. 더 이상 스승을 헐뜯는 말은 삼가 달라."

얼마나 대담한 발언인가? 그러나 선(禪)을 아는 사람이라면 철취의 단호한 부정이 스승 조주(趙州)의 정신을 가장 잘 그리고 완전하게 이해하고 있다는 결정적인 증거임을 알고 있다. 그의 선은 **물음을 넘어서 있다.** 그러나 상식적인 관점으로는 이 단호한 부정을 설명할 수 없다. 철취가 확신한 거역할 수 없는 사실 역시 지적조작으로 또 그에 의한 풍부한 자료와 근거로 두들겨 맞추어낼 수 있는 것이 아니다.' 잣나무'의 이야기가 대승의 범신론적 냄새를 풍기는 표현이라는 비평가들에게 선이 가차없는 태도를 취하는 것은 바로 이 때문이다.

이제까지 보았듯이 공안(公案)은 우리가 일상적으로 행해왔던 사유와 추론(推論)의 길을 모두 막아 버린다. 선장(禪匠)과 만나서137) 자신의 견해를 몇 개 주워 섬기고 나면 당신은 무기를 다 써버리고 빈손으로 당황하는 형국이 된다. 바로 이 궁지,' 막다른 골목(Cul-de-sac)에 몰림'이 선 공부의 시작이다. 이 경험 없이 누구도 선의 영역에 들어설 수 없다. 여기에 다다르게 되면 공안의 임무가 반은 성취된 셈이다.

쉽게 말하자면 – 선(禪)을 이렇게 설명하는 것이 일반 독자에게는 훨씬 더 용이하게 이해되리라고 나는 생각하는데 – 인간의 마음에는 상대적 구조를 갖는 의식의 영역 너머에 미지의 심층(深層) 세계가 존재한다. 이 영역을' 잠재의식(Subconsciousness)' 혹은' 초의식(Supra-conciousness)'이라 부르는 것은 적절하지 않다.' 그 너머(beyond)'란 용어는 **선이 존재하는 자리**를 비교적 잘 나타낸다고 생각하여 쓴 말에 불과하다.

그러나 실제로는 의식(意識)에 어떤' 넘어선 것'이라거나' 그 아래 혹은 그 위에 있는 것'은 없다. 마음은 나누어질 수 없는 전체이므로 쪼개서 조각조각 흩어놓을 수 있는 것이 아니다. 이른바 미지의 영역(Terra-incognita)도 통상적 용법에게 선이 한

---

137) 선가(禪家)의 용어로는 참선(參禪)이라고 하나, 참선은 좌선과 같은 뜻으로도 쓰인다는 것을 덧붙여 둔다. (譯註)

발쯤 양보한 표현이다. 왜냐하면 우리가 의식의 영역이라 부르고 있는 곳에는 개념의 잡동사니로 가득 차 있으므로 이들을 쓸어 없애기 위해ー이 작업은 선(禪)의 성숙을 위해 절대적으로 필요하다. ー선(禪)의 심리학자들은 가끔 우리 마음속에 접근하기 힘든 미지의 영역이 있음을 시사하여 주는 것이 필요하다고 생각하기 때문이다.

실제로는 평소의 의식활동을 떠나 있는 미지의 영역은 존재하지 않는다. 그렇더라도 미지의 영역이라고 표현하는 것이 이해를 훨씬 쉽게 해 주기 때문에 임시로 쓰는 것이다. 공안에 의해 모든 장애물을 타파하고 궁극의 진리를 얻었을 때 우리는 마음에 아무런' 숨겨진 깊은 곳'이 없었음을 깨달을 것이다. **도무지 신비적으로만 보이던 선의 진리 같은 것도 결국은 없었음을 투철히 알게 될 것이다.**

공안(公案)은 수수께끼도 아니고 재치문답도 아니다. 공안은 뚜렷한 목적을 가지고 있다. 그것은 커다란 철벽 같은 의문[大疑團]을 일으켜 그것을 극한까지 밀고 나가게 하는 것이다. 논리에 입각한 진술은 이성(理性)적 사고로 접근하는 것이 가능하다. 그 진술에 포함된 의혹이나 어려움은 관념의 자연스런 추론과정에 의해 결국에는 풀리게 되어 있다. 모든 강이 바다로 흘러들게 되어있는 것처럼ー.

그러나 공안은 다르다. 공안은 길 한가운데를 막아선 철벽과 같다. 그 철벽은' 지성'에 의해 그것을 뛰어 넘으려는 우리의 모든 시도와 노력을 비웃고 있다. 조주(趙州)가' 잣나무'라고 했을 때, 그리고 백은(白隱)이 한 손을 들어 보였을 때, 이미 그곳에 접근하는 논리적인 길은 모두 막혀버렸다.

당신은 사고의 진행이 일순 벽에 부딪쳤음을 느낀다. 당신은 넘어설 수 없는 이 막막한 벽을 어떻게 깨뜨리고 나갈까를 고민한다. 주저와 의혹으로 이리저리 생각을 굴리다가 이윽고는 혼동되고 갈피를 못 잡게 된다.

이것이 극한에 이르면 당신의 전 인격, 전 의지 그리고 안쪽 깊이 잠자던 숨은 힘까지 모두 동원하여 이 문제 하나의 해결에 집중하게 된다. 자아(自我)니 비자아(非自我)니, 이것이니 저것이니 하는 생각의 흐트러짐 없이, 아무런 망설임 없이 곧바로 공안의 철벽을 향하여 전 존재를 던져 넣게 된다. 공안을 향한 전 존재의 투신, 이것이 예기치 않게도 당신이 이제까지 몰랐던 마음의 영역을 열어 보이는 결과를 낳는다. 지적으로 말하면 이것은 논리적 이원론이라는 한계의 초월이지만 이것은 동시에 새롭게 태어남을 의미한다. 사물의 움직임을 있는 그대로 바라볼 수 있게 하는 내적 감각의 눈뜸이라 해도 좋다.

이때 처음으로 얼음이란 물이 차게 언 것임을 아는 것처럼 투명하게, 공안의 의미가 분명해진다. 물론 여전히 눈은 보고 귀는 듣겠지만 그 행위는 깨달음이 갖고 있는 전체로서의 마음 작용이라는 점을 잊어서는 안 된다. 지각(知覺) 작용이지만 가장 높은 차원의 지각이라는 말이다. 선(禪) 수행의 가치가 여기에 있다. 그것은 단순한 지성을 넘어서는 어떤 것이 존재한다는 것을 확신시킨다.

공안의 벽이 한 번 뚫리고 나면, 그리고 모든 지적인 방해물을 쓸어버리고 나면 당신은 일상적, 상대적 의식으로 다시 돌아온다. 손바닥은 마주치기 전에는 소리가 나지 않게 될 것이고 잣나무는 창 앞에 조용히 서 있게 될 것이다.' 모든 사람의 코는 오똑 솟아 있고, 눈은 가로로 나란히 있게 될 것이다(眼橫鼻直).' 그때 선은 세상에서 가장 일상적이고 평범한 것이 된다.

정말 멀리에 떨어져 있다고 생각했던 곳이 우리가 밤낮으로 밟고 다니던 땅이었음을 알게 된다. 깨달음의 세계에서 한 발 걸어나와 보면, 다양한 사물의 세계뿐만 아니라 논리성을 갖춘 관념들의 친근한 세계와 다시 만나게 된다. 그리고 당신은 그 모든 것에 대해 좋다(good)고 조용히 말할 것이다.

아직 공안(公案)의 체계가 없었을 때에는 선(禪)은 아마 보다 자연스럽고 좀더 순수했을 것이다. 그러나 그 무렵 선의 정신에 깊이 들어갈 수 있었던 사람은 몇몇 선택받은 소수에 불과했다. 만약 당신이 그 당시의 사람이었다고 생각해 보라. 그런데 선사가 갑자기 당신의 어깨를 거칠게 흔들었다면? 혹은 당신을 '똥막대기[乾屎橛]'라고 불렀다면 당신은 그러한 사태를 어떻게 받아들이고 대처했을 것인가? 아니면 곁에 있던 방석을 달래서 일껏 갖다 주었더니 도리어 그 방석으로 그대를 두들겨 팼다면 도대체 어떻게 하겠는가 말이다.

당신이 선(禪)의 깊이를 탐구하겠다는 강철같은 결심으로 선의 '타당성'에 대한 굳건한 신념을 가지고 몇 년을 참구하면 선을 체득하게 될지도 모르겠지만 그런 성공사례는 오늘날 그리 흔한 일이 아니다.

수많은 일에 시달리고 있는 우리가 미로(迷路)같은 선에의 길을 혼자 힘으로 헤쳐 나가기는 실로 불가능한 일임에 틀림없다. 당대(唐代) 초기만 해도 사람들의 마음은 훨씬 소박, 단순했고 신심(信心: 선의 정당성에 대한 믿음)이 깊었으므로 그들의 마음은 지적 취향에 그리 심각하게 쏠리고 있지는 않은 편이었다.

그러나 대개 그렇듯이 이런 상태는 오래 지속되지 못했다. 선(禪)의 생명력과 활기를 유지하기 위해 선은 좀더 접근하기 쉽고 어느 정도 일반화된 장치를 찾아내야 하게 되었다. 그리하여 다음 세대, 그리고 앞으로 올 세대를 위하여 공안의 체계가 수립된 것이다.

선이 진종(眞宗)[138]이나 그리스도교가 널리 민중 속에 침투하고 있다는 의미에서 일반화된 물론 종교라고는 할 수 없다. 그렇

---

138) 친란(親鸞)의 《교행신증(敎行信證)》을 기본성전으로 하는 日本淨土宗의 일파. (譯註)

더라도 선이 그토록 오랜 세월에 걸쳐 소멸되지 않고 자신의 전통을 지켜 온 것은 순전히 공안 때문이었다고 나는 생각한다.

선(禪)의 발생지인 중국에서는 지금 선이 그 순수한 형태를 유지하고 있지 않다. 정토교적(淨土敎的) 염불신앙과 섞여 겨우 명맥을 유지하고 있는 형편으로 사실상 선의 법통은 끊겼다. 선이 아직도 그 웅혼한 기상과 정통적 인물을 배출하고 있는 곳은 일본뿐이다. 그리고 그것은 좌선에 의한 수행과 고안에 의한 참구가 훌륭한 체계를 형성하고 있는 데 연유한다. 이렇게 믿는 이유가 충분히 있다. 이러한 체계가 두드러지게 인위적이고 심상치 않은 위험을 감추고 있는 것이 사실이지만 적절하게 이용될 경우 선(禪)의 생명은 오히려 이를 통하여 맥맥히 굽이치게 된다. 참으로 유능한 스승의 지도 아래 현명하게 선 경험을 추구해 나간다면 머지 않아 선의 직접 체험을 실현할 것이고 깨달음은 반드시 스스로를 열어 보일 것임을 나는 믿어 의심치 않는다.

이제까지 보아 왔듯이 선 경험은 일정한 수련을 겪고서야 실현된다. 즉 공안(公案)에 의한 훈련은 깨달음이라는 분명한 목적을 염두에 두고 수립된 체계이다. 선이 다른 신비주의의 여러 형태와 구별해야 하는 점이 바로 이 점이다. 보통 신비주의에서 신비경험은 우연적 행운에 의한 것으로, 학인(學人)의 주체적 노력이 본질적인 것으로 요구되지는 않는다. 이런 형편이므로 공안에 의한 조직적 훈련체계야말로 선의 고유한 특징이라고 감히 말하는 것이다. 이것이 무아경의 도취나 단순한 명상에 빠져드는 것을 막고 정적(靜的) 관조로부터 선을 구제해 주었다.

선(禪)은 삶을 살아있는 활동 가운데서 포착하려 한다. 삶의 흐름을 멈추게 하거나 그것을 관조하는 것은 선적인 태도가 아니다. 그러므로 정신의 지평에 공안을 부단히 현전(現前)시키는 것, 마음을 항상 '깨어 있게' 하는 것, 즉 완전한 활동 상태에 있게 하는 것이 긴요하다. 깨달음은 정신의 가장 활발한 각성상태, 깨어 있음의 한가운데서 성취된다. 이것이 자칫 오해되기 쉬운 데 깨달음은 어떤 사람이 멋대로 상상하는 것처럼 정신의 부자연스런 '억압'을 통해서 얻어질 수 있는 것이 아니다. 선(禪)이 명상과 얼마나 다른가 하는 것이 공안에 대하여 이제까지 서술한 바임으로 더욱 명백해졌으리라 생각한다.

선(禪)이 이렇게 조직화된 것은 당말 오대(唐末五代), 즉 10세기 무렵이지만 완성은 덕천(德川) 시대의 승려, 백은(1683~1768)의 천재에 크게 힘입었다. 공안의 폐해도 적지 않게 나타났지만 어쨌든 선이 완전히 없어지지 않고 살아남은 것은 공안 덕분이다.

중국 선이 어떻게 되어 가고 있나를 생각해 보면 알 수 있는 일이다.

아무리 좋게 생각해도 중국 선은 명목상으로만 남아 있을 뿐이다. 그리고 현재 일본의 조동종(曹洞宗)에서 행해지고 있는 선수행의 일반적 경향을 생각해 보라.

조동종에도 주의 깊게 연구해 보면 많은 장점이 발견될 것이 틀림없다. 그러나 확실히 '살아 있는 선'이라는 관점에서는 공안의 체계를 채택하고 있는 임제종(臨濟宗)이 더 뛰어난 생명력을 갖고 있는 것 같다.

어떤 이는 이런 의문을 품을 것이다. 선이 당신의 주장대로 지적 이해의 한계를 넘어서는 것이라면 조직이나 체계 같은 것을 가질 수 있느냐? 조직이나 체계란 개념이 벌써 지적인 것인데 선에 조직이나 체계가 들어설 여지가 있느냐? 당신의 주장이 일관성을 유지하려면 '과정'이나 '체계', '훈련' 같은 말로 사람들을 홀려서는 안 된다. 선은 단순하고 그래서 절대적인 경험이라고 하지 않았더냐? 그래 놓고 이제 와서 무슨 '과정'이니 '체계'니 '훈련'이니 하는 시시껄렁한 소리를 늘어놓고 있느냐 말이다. 이렇게 보면 공안(公案)이라는 것도 괜한 혹이며 군더더기이고 선과 정면으로 모순되는 것이 아니냐?

이론적으로는, 아니 그보다 **절대적 관점**에서는 당신의 주장이 옳다. 그렇기 때문에 선이 '직하(直下)에' 표현될 때는 공안을 인정하지 않으며 길을 돌아가는 우월한 설법(說法)도 발붙일 자리가 없는 것이다.

다만 지팡이 하나 혹은 부채, 말 한 마디가 전부이다. 당신이 '이건 지팡이다' 거나 '무슨 소리가 들린다' 혹은 '들어 올려진 주먹이 보인다' 라고 입을 벙긋했을 때조차도 선은 이미 십만 팔천 리 너머로 가버렸다. 선은 번갯불이 번쩍이는 것과 같다. 거기엔 한 오라기의 생각도 끼어들 공간적· 시간적 틈서리가 없다. 따라서 우리가 공안이나 조직을 입에 담을 때는 선의 진면목에서 한 발 물러나 '유용성' 의 측면에서 그 실제면 그리고 관습적인 면을 말하고 있는 것이다. 선(禪)의 진면목을 생각하면 이 책을 쓴다는 사실이 벌써 양보이자 변명이고, 타협이다. 하물며 선의 전면적 조직화를 논하고 있는 지금이야 더 말할 나위도 없다.

내가 지금 열심히 선(禪)의 '체계화' 에 대해서 말하는 것을 듣고는 아마 고개를 갸웃거릴 사람이 있을 것이다. 문외한에게는 이 '체계화' 가 도무지 '체계화' 같아 보이지 않는다.

공안은 모순투성이고 심지어 선장들의 말도 서로 일치하기는커녕 우리를 당혹케 하기에 충분할 정도로 중구난방이다. 한 선사가 이렇다고 주장하면 다른 선사의 즉각적인 반발이 튀어나오고 그 말에 또 다른 선사의 빈정거림이 따라 온다. 끝날 것 같지 않게 진행되는 이 얼키고 설킨 어지러움을 보고 초심자는 깊은 절망감을 느낄 것이다.

그러나 중요한 것은 선을 외곽에서 피상적으로 바라보아서는 안 된다는 사실이다. 체계니 합리성, 일관성, 모순, 상위(相違) 같은 것은 선의 껍데기에 불과하다.

선(禪)을 이해하기 위해서는 둘러싼 껍데기를 벗기고 알몸을 보아야 한다. 안쪽에서부터 살펴야 하는 것이다. 그래야 살갗이

검은지 흰지, 탄탄한지 쭈그렁이인지를 알 수 있다. 선에서는 이
렇게 벗겨서 뒤집어 보는 것이 절대적으로 필요하다.

공안이 선사들에게 얼마나 다른 방식으로 취급되고 있는가를
알기 위해 다른 예를 하나 들어 보려 한다.

당대(唐代)의 뛰어난 선승이었던 분양(汾陽)이 이렇게 말했다.
" 이 지팡이가 무엇인지를 안다면 그 사람은 이미 선 수행을 마
쳤다고 할 수 있다."

아주 간단한 공안이다. 선장(禪匠)들은 보통 지팡이를 갖고 다
닌다. 지금은 종교적 권위를 나타내는 상징물로 쓰이고 있지만
옛날에는 단순히 길을 걸을 때 쓰이던 여행용이었다. 선사들에게
지팡이는 산을 오를 때나 내를 건널 때 특히 유용하게 쓰이던
친근하고 익숙한 친구였다. 선장(禪匠)들은 모인 대중에게 이 지
팡이를 들어 올리며 설법을 대신할 때가 많았으므로 승려들 사
이에서는 자주 논란거리가 되는 물건이기도 했다.

늑담(泐潭)의 징(澄)이라는 선사가 분양의 견해에 정면으로 맞
섰다.
" 지팡이가 무엇인지 아는 사람이 있다면, 그는 쏘아 놓은 화살
보다 빠르게 지옥에 떨어질 것이다."

지팡이를 알게 되면 공부를 마치는 것이라 해놓고 이제 와선
그런 사람은 지옥에 떨어질 것이라고 엎어치다니, 정말 이런 판
국이라면 선을 배우려 들 사람은 없을 것이다. 그럼, 도대체 징
(澄)의 참뜻은 어디에 있을까? 또 다른 선장, 파암(破庵)이 이 지
팡이에 대해서 조금 덜 과격하게 온건한 평을 던졌다. 그는 매우
합리적이고 무던한 사람이었다.

" 지팡이가 무엇인지 아는 사람이 있거든 지팡이를 들고 저 쪽
벽에 기대어 놓게 하라."

는 말을 보면 알 수 있다.

이들 선사(禪師)는 모두 같은 사실을 주장하고 있는가? 같은
진리를 가리키고 있는가? 아니면 그들의 말이 서로 다른 것처럼
실제로도 서로 충돌·모순되고 있는가? 다른 선사들이 이'지팡
이'에 대해 언급한 것을 조금 더 살펴보도록 하자.

어느 날 수룡(睡龍)은 단상에 올라 지팡이를 꺼내 보이면서 이
렇게 말했다.
" 내가 이곳에서 30년간 지낼 수 있었던 것은 바로 이 지팡이
덕분이다."
그러자 한 스님이 나서서 물었다.
" 지팡이한테서 어떤 덕을 입었습니까?"
" 이 지팡이에 의지해서 물을 건너고 산을 넘었다. 이게 없었더
라면 어쩔 뻔했겠느냐?"
후에 초경(招慶)이라는 선사가 이 말을 전해 듣고
" 나라면 그렇게는 말하지 않았을 것이다."
하면서 아쉬워했다. 한 중이 지체 없이 물었다.
" 그럼, 어떻게 말했겠습니까?"
초경은 말없이 지팡이를 쥐더니 땅에 내려서서 횅하니 가버렸다.

그런데 이 두 선사, 수룡과 초경에 대하여 파암(破庵)은 이렇
게 평했다.

" 수룡의 지팡이가 괜찮은 것이긴 한데, 아깝다! 용머리에다 뱀
꼬리를 갖다 붙인 격이니. 초경이 그를 따라 붙었지만 결과는 마
찬가지―. 기껏 그려 논 호랑이에다 물감을 엎지른 격이다. 스님

이 무슨 덕을 입었느냐고 물었을 때 어째서 지팡이를 집어 스님의 면전에 던져버리지 않았을까? 그랬더라면 살아 있는 호랑이, 꿈틀거리는 용이 구름을 부르고 비를 몰아 천지에 흩뿌렸을 터인데."

　이런 의문을 품을지도 모른다. 이들은 모두 아무것도 아닌 일을 가지고 괜히 야단법석을 떨고 있는 것은 아닐까? 근대 선(禪)이 체계라면 도대체 어떤 체계란 말인가? 사실 선사(禪師)들의 말이 서로 갈등 모순되고 있는 것을 보고 선은 무언가 혼란스럽고 갈피 잡을 수 없는 것이란 생각도 들 것이다. 그러나 선의 관점에서 보면 이 모든 혼란을 관류하고 있는 하나의 정신이 있다.
　그리고 선사들은 가장 '인상적인' 방법으로 서로서로를 붙들어 세워 주고 있는 것이다. 겉으로는 모순되고 갈등하고 있는 것처럼 보여도 그들은 안쪽 깊은 곳에서 서로 손을 굳게 맞잡고 있다. 뱉아놓은 말에서 보면, 다시 말해 논리적 측면에서 보면 그들은 결코 서로를 보충하고 지지해 주고 있지 않다. 그렇지만 그들은 선의 특징적인 독특한 방식으로 서로를 채워주고 붙들어 주고 있다.
　공안의 생명과 진리는 여기서 발견된다. 그러나 죽은 진술, 앵무새 같은 반복으로는 결코 이렇게 풍부한 결과를 산출할 수 없다. 백은(白隱)의 '한 손바닥', 조주(趙州)의 '잣나무', 육조(六祖)의 '본래 면목'은[139] 나름의 개성으로 펄펄 살아 있다. 그 뛰노는 가슴에 손을 대기만 해도 전 우주는 회칠한 무덤에서 일어선다. 우리가 논리와 분석이라는 삽으로 묻어버렸던 그 우주가 다시 숨통을 열고 신선한 공기를 마음껏 호흡하게 될 것이다.
　선(禪)의 수행자에게 부여되는 공안에 대하여 좀더 알고 싶은 독자들을 위하여 몇 가지 예를 더 들어 본다.

---

139) 이들은 대개 참선의 초기에 주어지는 공안이다. (原註)

앙산(仰山)이 위산(潙山)에게서 거울을 받은 적이 있었다. 앙산
은 그 거울을 여러 스님들에게 들어 보이며 말했다.

" 위산이 거울이라면서 이걸 내게 보냈다. 그럼 이 거울은 위산
의 것이라고 해야 하나, 내 것이라고 해야 하나? 이것이 나의 것
이라고 한다면 '어떻게 위산에게서' 올 수 있었겠는가? 만일 위
산의 물건이라면 어찌하여 지금 내 손에 있는가? 한 마디를 제대
로 하는 사람이 있으면 거울이 무사하겠지만 그렇지 않을 경우
거울을 산산이 부숴 버릴 작정이다."

앙산은 이 말을 세 차례나 되풀이했지만 나서서 제대로 말을
하는 사람이 없었다. 그리하여 거울은 산산이 부서지고 말았
다.140)

동산(洞山)이 운문(雲門)에게 와서 가르침을 구했다.
" 어디서 오는 길인가?"
" 사도(渣查)라는 곳에서 왔습니다."
" 이번 여름은 어디서 보냈나?"
" 호남(湖南)의 보자(報慈)에 있었습니다."
" 언제 거길 떠났지?"
" 8월 25일입니다."
운문은 갑자기 언성을 높여 동산을 꾸짖었다.
" 서른 대를 두들겨 팰 걸 참는 것이니 물러가게."
저녁 무렵 동산은 운문을 찾아서 서른 대를 맞아야 할 정도로
큰 잘못이 도대체 무엇인가를 물어보았다. 운문이 버럭 소리를
질렀다.
" 그따위 식으로 강서(江西)와 호남을 누비고 다녔더냐? 밥통
같은 놈!(飯袋子)"
이 말에 동산은 잠을 깼다.141)

---

140) 原文: 仰山住東平時, 潙山付書并鏡一面至. 師接得 捧起示衆云, 且道是潙
山鏡 仰山鏡. 若道是潙山底, 又在仰山手裏. 若道是仰山底, 又是潙山寄
來. 道得則留取, 道不得則撲破. 衆無語. 遂撲下. 《禪門拈頌 第573則》
141) 原文: 雲門因洞山參次. 門問曰, 近離甚處. 山云, 查渡. 門曰 夏在甚處.

위산이 설핏 낮잠이 들었을 때 앙산이 방으로 들어섰다. 위산은 앙산의 발소리를 듣고 벽 쪽으로 돌아누워 버렸다. 앙산이 말했다.

" 저는 스승님의 제자입니다. 어째서 낯선 사람 대하듯 격식을 차리십니까?"

잠이 그제서야 깬 것처럼 위산은 몸을 뒤척였다. 앙산이 방을 나가려고 하자 위산이 불러 세웠다.

" 막 꿈을 꾸고 있던 참이네. 무슨 꿈인지 들어 볼텐가?"

앙산은 자세히 듣겠다는 듯 몸을 앞으로 기울였다. 위산이 말했다.

" 자네가 한 번 알아 맞혀 보지 않겠나?"

그러자 앙산은 밖으로 나가더니 세숫대야에 물을 가득 채워 수건과 함께 들고 들어왔다. 그것으로 세수를 마친 위산이 자리를 챙겨서 앉을 참인데 이번에는 향엄(香嚴)이 들어왔다. 위산이 말했다.

" 우린 지금 기적을 연출하고 있는 중이었지. 이만저만한 기적이 아니야."

향엄이 스승의 말을 받았다.

" 제가 비록 저 아래에 있었지만 두 사람 사이에 일어났던 일 정도는 다 알고 있습니다."

" 어디 한번 들어 보세."

하고 위산은 자리를 고쳐 앉았다. 그러자 향엄은 나가서 차를 한잔 받쳐들고 들어왔다. 위산은 흡족해하면서 말했다.

" 모두가 잘 이해하고 있구나. 너희들의 지혜와 신통(神通)은 사리불(舍利佛: Sariputa) 이나 목련(目連: Maudgalyayana)[142]을 넘

山云, 湖南報慈. 門曰, 幾時離彼. 山云, 八月二十五. 門曰, 放汝三頓棒.
山至明日却上問訊, 昨日蒙和尙放三頓棒, 不知過在甚麼處. 門曰, 飯袋子,
江西湖南便恁麼去. 山於此大悟.
《無門關 第15則 洞山三頓》

142) 붓다의 제자 가운데 특히 뛰어났던 사람들. (譯註)

어섰다."143)

석상(石霜)이 죽었을 때 제자들은 수좌(首座)로 있던 스님이 당연히 뒤를 이어야 한다고 생각했다. 그런데 석상의 시자(侍者)였던 구봉(九峰)이 이의를 제기했다.

"잠깐만. 수좌에게 하나 물어 보겠습니다. 스승의 진정한 후계자라면 이 질문에 올바르게 답할 수 있어야 합니다. 스승은 언제나 이렇게 말씀하셨습니다.'모든 욕망을 끊고, 불꺼진 재, 마른 나무처럼 되라. 거미줄이 진을 치도록 입을 굳게 다물고 티끌 한 점 없는 거울, 얼룩 하나 없는 하얀 비단처럼 청정무구(淸淨無垢)한 상태에 있으라. 황폐한 옛 사당에 버려진 먼지 덮인 향로처럼 차고 냉정함을 유지하라'고 말입니다. 이것을 어떻게 이해하고 계십니까?"

"그것은."

수좌가 말했다.

"완전한 멸진(滅盡), 다시 말해 절대적인 비어 있음의 상태를 가리키고 있다."

구봉은 안타까운 표정으로 말했다.

"당신은 스승의 뜻을 완전히 놓치고 계십니다."

"내가 스승의 말을 이해하지 못하고 있단 말이지. 그럼, 좋아. 향에 불을 붙여 주게. 내가 스승의 참뜻을 이해하고 있지 못하다면 향이 다 타들어갈 동안에도 무아경에 들어가지 못할 걸세."

하더니 수좌는 무의식144)의 깊은 잠에 빠져들어서는 다시 깨어날

---

143) 原文: 潙山一日方丈內臥. 仰山入來. 師轉身向裏臥. 仰云, 某甲是和尚弟子, 不用形迹. 師作起勢. 仰便出去. 師名云寂子. 仰乃回. 師云, 聽老僧說个夢. 仰作聽勢. 師云爲我原看. 仰乃取一盆水一條手巾來. 師洗面了. 香嚴入來. 師云, 我適與寂子作一上神通不同小小. 嚴云, 某甲在下面, 了了得知. 師云, 汝試道看. 嚴乃點一盞茶來. 師乃嘆云, 二子神通 過於鶖子·目連.《禪門拈頌 第382則》

144) 정신분석학적의 무의식이 아니라 **의식의 작용이 끊어진 망아**(忘我)**의 상태**를 이르는 말이다. (譯註)

줄을 몰랐다. 구봉이 멀리 떠나버린 가련한 사나이의 등을 어루
만지면서 말했다.

" 무아경에 빠져드는 데는 정말 훌륭한 모범을 보여 주었지만
스승을 이해하는 데는 역시 완전히 실패하고 말았습니다."145)

이 예는 선(禪)이 무(無)에 빠져드는 것과 혼동되어서는 결코
안 된다는 사실을 잘 보여주고 있다.

지금까지의 공안(公案)은 보통 1,700개 정도로 추산되고 있지
만 어림짐작으로 헤아린 것에 지나지 않는다. 한 사람의 학인(學
人)에게 실재로 쓰이고 있는 공안은 기껏 10개 안팎 혹은 다섯
개쯤, 어떤 경우는 단 하나인데 이것만으로도 한 학인을 선의 궁
극적 진리에로 이끄는 데 충분하다.

그렇지만 철저한 깨달음은, 선이 가장 높고 궁극적인 진리라는
흔들리지 않는 신념으로 자신의 몸과 마음을 모두 여기에 바칠
때 성취된다. 완전한 깨달음은 임제종에서 가끔 그러고 있는 것
처럼 공안을 하나하나 단계적으로 정복해 간다고 얻어지는 않는
것이다. 공안의 수와 깨달음과는 아무런 관계가 없다. 참으로 필
요한 것은 흔들리지 않는 신념과 학인(學人)의 주체적 노력이다.

이것 없이 선은 물거품일 뿐이다. 누차 강조했듯이 선(禪)을
사변으로 이해하려는 사람이나 추상성으로 받아들이는 사람은
선의 깊이에 이를 수 없다. 선의 깊이는 가장 높고 밀도 있는 정
신적 **의지의 힘**에 의해 열린다.

공안이 수백이든 수천이든, 설사 바닷가의 모래알처럼 무수하

---

145) 原文: 擧. 九峰在石霜作侍者. 霜遷化後, 衆欲請堂中首座, 接續住持. 峰不
肯乃云, 待某甲問過. 若曾先師意. 如先師侍奉, 遂聞先師道. 休去歇去, 一
念萬年去, 寒灰枯木去, 一條白練去. 且道明甚麽邊事. 座云, 明一色邊事.
峰云, 恁麽則未曾先師意在. 座云, 儞不肯我, 那裝香來. 座乃焚香云, 我若
不曾先師意, 香煙起處脫去不得. 言訖便坐脫. 峰乃撫其背云, 坐脫立亡則
不無, 先師意未夢見在.《從容錄 第96則》

다 하더라도 대수로운 것은 아니다. 문제는 오직 깨달음, 다시 말
해서 사물의 살아 있는 움직임을 통투(通透)하는 전체적인 조망,
그리고 충분한 통찰력을 얻는 데 있을 뿐이다. 공안은 이것과의
연관 아래서만 존재 의의를 갖는다. 깨달음이 획득되었을 때는
공안이야 아무래도 좋은 것이다.

공안체계의 위험이 숨어 있는 곳이 바로 여기이다. 학인(學人)
은 인간의 내적 생명의 발굴이라는 선의 본래 목적을 잊고 공안
공부가 전부인양 착각하기 쉽다. 많은 사람들이 이 함정에 빠졌
다. 당연한 결과로 선의 부패와 쇠퇴가 뒤따랐다. 대혜(大慧)가
이 위험을 깨닫고, 스승 원오(圓悟)가 편찬한 백칙(百則)의 공안
을 불살라 버렸다. 이 백칙의 공안은 설두(雪竇)가 여러 선(禪)
문헌 가운데서 발췌하여 그 하나하나에 송고(頌古)를 붙인 것이
다. 대혜는 진정한 선사였다.

그는 설두가 발췌한 공안(公案)에 스승 원오가 수시(垂示), 평
어(評語), 착어(著語)를 붙인 의도를 너무도 잘 알고 있었지만 후
에 이 저작이 도리어 선의 목을 조를 것을 더 심각하게 예기했
기 때문에 스승이 피땀 흘려 이룩해 놓은 것을 눈물을 머금고
불에 집어넣은 것이다.

그러나 이 책은 타는 불꽃 속에서도 살아 남아 선문제일의 서
[禪門第一之書]로 우리의 수중에 있다. 이 책은 선 연구에 있어
생기는 의문점을 해결할 때 의지하는 최고의 권위이며 표준이다.
이 책이 《벽암록(碧巖錄)》이다.

그렇지만 문외한은 쉽게 가까이 갈 수 없는 책이다. 뛰어나게
힘찬 문체로 퍼덕이고 있지만 《벽암록》의 한문은 고전적 스타일
로 씌어진 것이 아니라 지금은 선 문헌에만 남아 있는 당· 송
시대의 속어로 가득 차 있기 때문이다. 《벽암록》에 실린 사상과
표현도 돌발적이고 예상할 수 없는 그런 것이다. 일반적인 불교
용어, 적어도 읽기에 길들여진 고전적 어법을 기대하던 사람들은

한숨을 쉬고 물러서게 된다. 이러한 '형식' 상의 어려움 밖에도 당연한 일이지만 《벽암록》은 선, 그것으로 넘쳐 나 있다. 이럭저럭 읽기가 만만치 않겠지만 공안 다루는 법을 알고 싶은 독자는 이 책을 꼭 한번 읽어보라고 권하고 싶다.

공안은 모은 책이 여럿 있지만 거의가 《벽암록》의 체제를 본뜬 것이다. 예를 들면 《종용록(從容錄)》, 《무문관(無門關)》, 《괴안국어(槐安國語)》 등이 있다. 실제로는 선사들의 전기나 어록(語錄)이라 불리는 선 문헌이 거의 모두가 어떠한 형태로는 독특한 방식으로 공안을 다루고 있다.

유명한 선사들은 너나없이 어록을 남겼는데 이것이 방대한 선 문헌의 골격을 형성하고 있다. 불교의 철학적 연구가 수많은 주소(注疏)와 석의(釋義) 그리고 과문(科文)이라는 세밀하고도 복잡한 논의로 채워져 있는 데 비해 선 문헌은 촌철살인(寸鐵殺人)의 간결한 표현, 경구(警句)적 암시, 그리고 신랄한 평언(評言)으로 이루어져 있어 뚜렷한 대조를 이룬다.

시(詩)에로 기우는 것도 선 문헌의 또 하나의 특징이다. 공안의 음미와 비평은 시라는 형식을 통해서 이루어졌다. 《벽암록》과 《종용록》이 그 좋은 예이다. 《벽암록》은 이야기했다시피 설두(雪竇)의 송고(頌古)에 의한 것이고, 《종용록》은 굉지(宏智)가 공안을 모아서 일일이 붙인 송(頌)에 기초해 있다.

선(禪)의 표현이 철학보다 시(詩) 쪽으로 기운 것은 자연스럽고 적절한 일이다. 선은 지성보다는 감성에 더 깊은 친화를 느끼고 있는 까닭에서 시(詩)에로의 편애는 어찌할 수 없는 귀결이다.

제9장 선방(禪房)과 선승들의 생활[146]

선방은 선사들을 교육시키는 곳이다. 이곳이 어떻게 조직되고 운영되는가를 보면 선(禪)의 실제적인 면을 알게 되고 선 수행의 특징을 엿볼 수 있게 된다. 선방은 선종(禪宗)에만 있는 독특한 것으로 일본의 선종사원 대부분이 이것을 갖추고 있다. 선방에서의 승려들의 생활을 보고 있노라면 인도 승려들의 집단인 상가(Sangha)가 머릿속에 떠오른다.

이 선방조직은 천 년도 더 전에 중국 선의 거장인 백장(百丈)에 의해 마련되었다. 그는 그의 삶의 지표로 내세운 유명한 말을 후세에 남겼는데 '일하지 않은 날은 먹지 않는 날이다(一日不作 一日不食)'가 그것이다. 이 말은 일을 하지 않고 놀고 먹으려는 생각을 하지[147] 말라는 뜻이다.

들일을 하기에는 스승 백장의 나이가 너무 많이 들었다고 느낀 제자들이 그만두시라고 몇 번을 만류해도 듣지 않자 스승이 밭일에 쓰던 연장을 감춰버린 적이 있었다. 그러자 백장은 음식을 물리쳤다. 이 고집불통 영감에게 제자들은 연장을 다시 갖다줄 수

---

146) 이 장이 다루는 주제는 최근에 출판한《The Training of the Zen Buddhist Monk》에 상세하다. 이 책 속에는 겸창(鎌倉)의 좌등선충(佐藤禪忠)이 그린 삽화가 풍부하게 들어 있다. 이 책과 함께《Zen Eassys I》, p. 299~ 도 참고. (原註)

147) 시편 128편' 네가 네 손이 수고한 대로 먹을 것이라. 네가 복되고 형통하리로다.' (原註)

밖에 없었다.148)

' 일하지 않고는 먹지 말라.' 선방에서는 노동이 특히 아랫것들
이나 하는 일이라고 여기는 천한 일들이 선사들의 삶에 귀중한
활력소가 된다. 쓸고, 닦고, 밥짓고, 빨래하고, 장작을 나르고 밭
가는 일 등이 여기에 포함된다. 아랫마을에 내려가거나 때로는
먼 지방을 돌아다니면서 걸식하는 일도 빼 놓을 수 없다.

그렇지만 그런 일들이 선사(禪師)들의 위엄을 손상시킨다고는
결코 생각하지 않는다. 오히려 그런 일들을 통해 선사들 사이에
는 깊은 유대와 친밀감이 흐르게 된다. 그들은 제 손으로 하는
노동의 신성함을 믿는다. 아무리 힘들고 천한 일이라도 싫어하는
기색을 보이지 않고 맡은 일을 힘닿는 데까지 해낸다. 그들은 인
도에서 볼 수 있는 일부 승려나 탁발승처럼 게으르고 무기력한
사람들이 아닌 것이다.

' 심리학적'으로도 이건 놀라운 일이다. 왜냐하면 근육을 움직
이는 것은 명상의 습관에서 생기기 쉬운 정신의 침체와 둔감을
치료하는 가장 좋은 처방이기 때문이다. 사실 선에는 정신의 침
체라는 원치 않는 결과가 종종 생기는 수가 많다. 종교적 은둔자
에게 있기 쉬운 가장 곤란한 골칫거리는 정신과 육신이 조화를
이루기 힘들다는 데 있다. 그들의 육신은 언제나 정신과 분리되
어 있고, 정신 역시 육신과 한 몸이 되어 있지 못하다. 그들은 마
음과 몸이 각각이고 분리되어 있다고 생각한다. 마음과 몸의 분
리는 다만 개념적·관념적이고 따라서 인위적 구분에 불과하다
는 사실을 까마득하게 잊고 말이다.

선(禪) 수련의 목표는 깊게 박힌 이 근원적인 분별을 뿌리뽑는

---

148) 原文: 師凡作務執勞, 必先於衆. 衆皆不忍. 盗收作具而請息之. 師云, 吾無
德, 爭合勞於人. 師旣徧求作具不獲. 而亦忘食. 故有一日不作一日不食之
言流播實宇矣.《百丈懷海禪師廣錄, 續藏經 卷119》

것이기 때문에 어느 한 면에 치우치는 수행법은 될 수 있으면 피하려고 끊임없이 주의한다. 깨달음은 바로 인간의 분별지(分別 知), 즉 대상을 구분하는 의식이 사라진 경지에 이르려는 것이 아니던가? 그러나 이것은 결코 막막한 무(無)의 공간은 아닐 터 이다.

정적주의적 명상으로부터 자주 생기는 정신의 침체와 둔감은 깨달음의 성숙에 도움이 되는 것은 고사하고 오히려 해가 될 수 있다는 사실이 분명해졌으리라. 그러므로 선에 이르는 길을 걷고 자 하는 사람은 이 점에 충분히 유의하여 '정신 활동의 유동적 움직임'이 멈춰버리지 않도록 언제나 신경을 써야 한다. 선사들 이 단순한 Dhyana의 수행에 반대하는 이유 가운데 적어도 하나 는 여기에 있다. 육신의 활동이 왕성하면 정신도 그에 따라 활발 하게 움직여 신선하고 건전하며 기민(機敏)하게 될 것이다.

도덕의 측면에서 말하면 육체적인 힘을 아낌없이 쓴다는 것은 무엇보다도 그의 사유활동이 건전함을 증명하는 지표가 된다. 특 히 선에 있어서 이 말은 진실이다. 실제 생활에 영향을 끼칠 수 없는 무력한 추상적 관념은 쓸모없는 것, 가치 없는 것으로 간주 된다. 흔들리지 않는 확신은 **산 경험에 의해** 얻어지는 것이지 추상이나 상징작용으로 얻어지는 것이 아니다. 도덕적 주장은 어 떤 경우에도, 설사 그 주장이 잘못되었더라도 지적 판단보다는 우월한 지위를 갖는다.

다시 말해서 진리는 개인의 살아있는 경험을 기반으로 해야 한다는 말이다. '게으른 몽상은 우리의 일이 아니다'라고 선은 주장한다. 물론 선자들은 고요히 앉아 좌선할 수도 있다. 그렇지 만 그 경우에도 그들은 게으른 명상을 즐기고 있는 것이 아니라 그들의 일상적인 노동과 활동의 한가운데서 얻은 교훈을 완전히 자신의 것으로 만들기 위해 그러고 있는 것이다.

그렇다고 해서 온 종일 그 주제(모종의 교훈)를 곱씹고 되새기기에 열중하지는 않는다. 그들은 정좌시(靜坐時)에 얻은 성찰을 곧바로 행동으로 옮긴다. 그리하여 활동의 살아 있는 장(場)에서 그 성찰의 타당성 여부를 검증하고 실증해 보는 것이다.

이건 내가 굳게 믿고 있는 사실인데, 선종(禪宗)의 사원이 만일 노동을 중시하지 않고, 또 그를 통해 선사들의 혈액순환을 활발하고 신선하게 하지 않았더라면 학인(學人)들의 선 참구는 아마 졸린 듯한 의식 상태 혹은 무아경에로 이끄는 결과를 초래하여 중국과 일본의 선장들이 이때까지 쌓아 올린 귀중한 유산들은 별 가치 없는 썩은 짚더미처럼 버려졌을 것임에 틀림없다.

선방(禪房)-일본에서는 선당(禪堂)으로 불림-은 길쭉한 장방형의 건물인데 그 크기는 수용할 인원에 따라 조금씩 다르다. 일례로 겸창(鎌倉)에 있는 원각사(圓覺寺)는 가로 35피트, 세로 65피트(약 10m×20m 정도)로 30명에서 40명을 수용한다. 한 사람에게 허용된 공간은 방석 하나 정도의 크기인데, 선사는 여기서 좌선하며 명상도 하고 잠도 잔다. 침구는 길다란 솜 누비이불 하나 뿐이다. 여름 겨울 할 것 없이 이것 하나로 견딘다. 베개는 따로 있는 것이 아니라 소지품을 챙겨 둔 보따리를 베개 대신 쓴다. 소지품이래야 가사(袈裟)와 옷 한 두어 벌, 책 몇 권, 삭도(削刀: 머리 깎는 데 쓰는 칼) 그리고 바리때(鉢盂: 그릇) 한 벌이 고작이다. 이것을 '가사문고(袈裟文庫)'라 부르는 8cm×25cm ×9cm 가량 되는 종이함 속에 넣어 다닌다. 여행할 때는 이 보따리를 너비가 넓은 끈으로 묶어 목에다 건다. 이래서 '가진 것 모두'가 주인과 함께 이동하는 것이다. 인도에서 불승(佛僧)의 생활은 '옷 한 벌, 그릇 하나, 나무 밑, 바위 위(一衣一鉢 樹下石上)'라고 묘사되고 있는데, 그에 비하면 지금의 선승들은 꽤 많은 물품을 소지하고 있는 셈이다. 선승들의 소지품은 훨씬 더 축소되어 최소한으로 줄어야 한다.

　진정한 선승의 생활을 본받고 따르려 한다면 가장 소박하고 검소한 생활을 추구해야 한다.‘가지려는 욕망’을 불교는 유한자(有限者) 인간이 집착하기 쉬운 가장 열악한 바람으로 본다. 실제로 이 땅에 수많은 비극의 씨를 뿌리고 다니는 것이 바로 너 나없이 모든 사람에게 있는‘가지려는 충동’, 즉 소유욕이다. 권력을 바라기 때문에 강한 자는 약한 자를 잡아먹게 되고 부(富)를 열망하기 때문에 가진 자와 못 가진 자 사이에는 싸움과 갈등으로 편할 날이 없다. 갖고 뺏으려는 이 충동이 뿌리뽑히지 않는 한 나라 사이의 전쟁은 더욱 격렬해지고 사회적 불안은 더욱 증대해 갈 것이다.

　역사가 시작된 이래 계속되어 온 이 지긋지긋한 불행으로부터 벗어나기 위해 좀 다른, 아니 소유욕과는 완전히 다른 기초 위에 사회를 새롭게 조직하고 구성할 수는 없는 것일까? 우리는 개인적 부와 국가적 권력의 확장에만 골몰하는 한 통속이기를 그만둘 수는 없는 것일까?

　인간이 영위하는 모든 일이 온통 비이성(非理性)으로 일관하는 것에 깊이 실망하여 불교도들은 반대의 극단으로 기울었다. 합리적이고 전혀 해가 되지 않는 정당한 삶의 즐거움마저 잘라 내버린 것이다. 어찌됐건 가진 것이 모두 조그만 바랑 하나에 들어갈 수 있도록 철저히 청빈(淸貧)을 지키는 것은 지금 사회의 돌아가는 모습에 대한 무언의 항변이다. 비록 커다란 자극을 주리라고는 기대하지 않지만.

　인도의 비구(比丘: 수행승)는 오후에는 음식을 입에 대지 않는다. 하루 한 끼만 먹게 되어 있다. 점심 때 먹는 한 끼라야 미국이나 유럽에서처럼 푸짐한 식사가 아니다. 선승들도 저녁은 먹지 않는 것으로 되어 있다. 그렇지만 기후나 또 다른 여건 때문에 조금씩 먹는 것이 보통이다. 이런 식사 계율이 좀 마음 쓰여서인지 그들은 규정된 식사 이외의 음식을 '약석(藥石)' 이라 부른다. 별로 먹고 싶지는 않지만 약이 되니 먹는다는 뜻이겠다.

어둠이 가시지 않은 이른 시각에 먹는 아침 식사는 멀건 죽과 절인 야채뿐이다. 주된 식사는 아침 열 시쯤에 하는데, 그것도 밥(때로는 보리를 섞음), 푸성귀국, 그리고 절인 채소가 고작이다. 오후 네 시쯤에 저녁에 해당하는 식사를 한다. 그렇다고 특별히 따로 준비하는 것은 없고 오전에 먹다 남긴 것을 먹는다. 외부로부터 초대를 받거나 친절한 신도에게서 때아닌 대접을 받지 않는 한 식사라야 내내 이제까지 말한 대로이다. 청빈과 소박한 생활이 그들의 규범이다.

한 가지 유의해야 할 점은 금욕주의가 선(禪) 생활의 목표라고 섣불리 단정하는 일이다. 선은 궁극적인 의미에서 금욕적인 것도 아니고 무슨 윤리적인 체계가 있는 것도 아니다. 선이 자기 억제를 강조하고 집착으로부터의 물러섬을 가르치고 있는 듯이 보이겠지만 그것은 표면적으로 그러할 따름이다. 금욕적이라는 인상은 선이 본래 불교에서 발전한 것이고 불교는 잘 아는 것처럼 힌두교적 금욕과 고행의 냄새를 어느 정도 풍기지 않을 수 없었다는 데서 오는 것이다.

물론 선승(禪僧)의 생활의 근본이념은 주어진 것을 낭비하지 않고 최대한 활용하는 데 있다. 이것은 불교 일반의 정신이다. 사실 육신을 포함한 외계의 모든 사물과 내적 정신의 능력은 인간이 갖추고 있는 '가장 고귀한 힘' 을 계발하고 드높이도록 부여되어 있는 것이다. 그 능력은 단순히 개인적 자의(恣意)나 욕망－반드시 다른 사람이 주장하는 이익이나 권리와 충돌하고 그것을 침해하게 되어 있는－의 만족에만 기여하는 것이 아닌 것이다. 선승들의 생활의 청빈과 소박함에는 바로 이런 생각이 바닥에 깔려 있다.

식사시간에는 그것을 알리는 종이 울린다. 그러면 선승들은 각기 자기 그릇을 들고 선방에서 나와 열을 지어 식당으로 간다. 식당에 도착하면 인도자가 지시할 때까지 자리에 앉지 않고 기다린다. 각기 갖고 다니는 그릇[鉢盂]은 나무 혹은 종이로 만들어 옻칠을 한 것이다. 보통 서너 개씩 한 조를 이루고 있는데 서로 맞물리게 되어 있다. 다음에 반야심경을 외고,「오관(五觀: 식사 때 일으켜야 할 다섯 생각)」을 읽은 다음 음식 나누어주는 일을 맡은 사람이 국과 밥을 나누어준다.

이제 젓가락을 집을 때라고 생각하겠지만,‘푸짐한’ 식사를 하기 전에 죽은 사람을 포함해 한때 생명을 갖고 있다가 지금은 떠나고 없는 삼계(三界)의 일체중생을 위해 명복을 빌며 밥그릇에서 일곱 낱의 밥알을 떼어 그들에게 바친다(공양한다). 먹을 동안에는 숨소리 하나 울리지 않는 완전한 정적이 감돈다. 그릇은 소리 없이 움직이며, 대화는 물론 말 한 마디 건네는 법이 없다. 부탁할 것이 있으면 손으로 한다.

그들에게 식사는 엄숙한 의식이다. 밥을 좀더 먹고 싶으면 두 손을 합장하여 가슴에 놓는다. 그러면 아까 그 당번이 밥통을 들고 와서 조용히 그 사람 앞에 앉는다. 기다리던 사람은 밥그릇을 들고 밑바닥을 가볍게 훔쳐서 건넨다. 식사 도중 묻었을지도 모를 국물이나 밥물이 당번의 손을 더럽히지나 않을까 염려해서이다. 밥을 담고 있을 동안은 합장을 하고 있다가 이윽고 손바닥을 조용히 문지른다. 그만하면 충분하다는 의사표시이다.‘ 남아 있는 찌꺼기나 부스러기마저도 버리지 않고 모은다.’ 이것이 그들의‘ 종교’이므로 선승들은 자기 앞에 놓인 음식은 모두 먹어치워야 한다.

식사가 끝나면 인도자가 죽비를 두어 번 두드린다. 당번은 뜨거운 물을 날라 온다. 선승들은 각기 제일 큰 그릇에다 물을 붓는다. 작은 그릇들은 그 안에서 깨끗이 씻은 다음 가지고 있던 마른 수건으로 닦는다. 이 일이 대충 끝나면 당번이 큰 통을 갖고 한 바퀴 돌면서 설거지하고 난 물을 모은다.

선승들은 각기 그릇을 챙겨서 바랑에 넣어 싼다. 식탁에는 삼계(三界)의 떠도는 혼들에게 공양했던 밥알 외에는 처음에 그랬던 대로 말끔하다. 죽비가 한 번 더 울리고 선승들은 들어올 때처럼 조용히 열을 지어 식당을 나선다.

선승(禪僧)들의 부지런함은 소문이 나 있다. 선방 안의 공부가 없는 날이면 아침을 마친 후 5시 반경부터, 겨울이면 6시 반경부터 절 경내 혹은 선방에 부속되어 있는 농원이나 밭을 경작한다. 다음에 몇몇은 인근 마을에 탁발(托鉢)을 나선다. 절은 안팎으로 깨끗하게 정돈되어 있다.'이건 꼭 선방같아'라고 말할 때 우리는 청결하고 정돈된 곳을 가리키고 있는 것이다.[149] 절마다 딸린 신도들이 있어서 선승들은 가끔 방문하여 쌀이나 일용품들을 희사받는다. 탁발을 떠날 때는 아주 멀리까지 가기도 한다.

선승들이 호박이나 감자를 실은 달구지를 끌고 가는 모습을 심심지 않게 볼 수 있다. 또 장작이나 불쏘시개를 모으려 산을 오르기도 한다. 그들은 농사에 도가 튼 사람들이다. 생활에 필요한 것은 자급자족해야 하기 때문에 때로는 농부, 때로는 숙련공, 때로는 막일도 사양할 수 없는 형편이다. 선방뿐만 아니라 절의 다른 건물들도 전문가의 지도 아래 직접 그들의 손으로 짓는 수가 많았다. 일이라고 한다만 그럭저럭 흉내만 내려니 생각하는 것은 큰 오산이다. 그들도 보통 일군들처럼 일한다. 아니 더 힘들여서 한다. 그렇게 일하는 것이 그들의'종교'이므로.

선승들은 하나의 자치 조직을 이루고 있다. 식사를 맡은 사람도 있고, 감독, 관리인, 그리고 의식(儀式)을 관장하는 사람들 등

---

149) 우리의 언어감각으로는 청결 정돈된 곳에 비유되기 보다 오히려 조용함이나 적막함에 가깝다는 것을 덧붙인다. (譯註)

이 각기 제 맡은 일을 흐트러짐 없이 해 내고 있다. 노사(老師) 혹은 방장(方丈)이 집단의 중심인물이지만 직접 선방의 행정이나 관리에는 관여하지 않는다. 그 일은 여러 해 수행을 거쳐 사람이 좀 완성됐다고 생각되는 승려에게 맡겨진다.

선의 원리를 강론하는 것을 보고, 어떤 이는 그 깊고 미묘한' 형이상학'에 경탄할 것이다. 그리고는 선승이라는 사람들이 아마도 창백한 얼굴을 하고 꽤 무게 있게 처신하는 사람들이며, 고개를 내리깔고 세간사(世間事)는 아예 잊어버린 사람들이라고 상상할 것이다. 그러나 실제 선승들의 생활을 보면 여느 사람들과 다를 바가 없다. 그들은 쾌활하고 때로 농담도 해대며 다른 사람을 도우려 마음먹기도 한다.

그들은 소위 문화인이라는 사람들이 낮고 비천하다고 여기는 일을 싫어하거나 꺼리는 기색 없이 해치운다. 여기에 백장(百丈) 의 정신이 살아 있다. 선승의 능력은 이러한 생활을 통하여 개발되고 무르익어 간다. 그들은 책이나 추상적 가르침에 의한 것이 대부분인 형식적인 혹은 문자(文字)적인 교육을 받지 않는다. 선방 생활의 기본은' 행위와 실천으로 배운다'에 있으므로 그들이 받는 교육은 실제적이고 효과적이다. 선승들은' 달콤한' 교육을 싫어한다. 그런 것은 병약한 사람에게나 주어지는 반쯤 소화된 음식물 같아서 제 발로 뛰어다닐 수 있는 튼튼한 사람에겐 적합하지 않다고 생각한다.

잘 알려진 이야기인데, 사자가 새끼를 낳아 삼일이 지나면 어미 사자는 그 핏덩어리를 절벽에서 떨어뜨려 버린다고 한다. 새끼사자가 어미를 찾아 그 낭떠러지를 다시 기어올라올 수 있는가를 시험해 보는 것이다. 이 시련을 견뎌내지 못하면 새끼 사자는 어미의 따뜻한 품에서 자라날 수 없다. 이 이야기가 사실인지 아닌지는 모르겠지만 그 비슷한 일이 선승들에게 일어난다. 스승은 가혹하다 싶게 제자들을 다룬다. 제자는 추위를 막을 만한 푸근한 옷도, 주린 배를 채울 만한 충분한 음식도, 넉넉한 수면도 취하지 못한다. 이 정도는 약과이다. 그들에게는 한 치의 여유도 없이 고된 육체적 작무(作務)와 정신적 훈련이 부과되어 있다.

이렇게 외부로부터 주어진 강제와 제자의 안쪽 깊이에서 타고 있는 구도에의 정열이 상승(相乘) 작용을 하여 한 사람의 훌륭한 인격이 형성되기에 이른다. 깃털이 완전히 자라 이젠 날 수 있게 된 뛰어난 선장(禪匠)이 탄생하는 것이다.

임제종(臨濟宗)에서 아직도 시행되고 있는 이 독특한 교육법은 절 밖의 사람들 사이엔 잘 알려져 있지 않다. 요즈음 와서야 선방생활에 관심을 갖고 자세히 알아보려는 사람도 더러 있기는 있는 모양이다.

그러나 근대 상업주의와 공업화의 바람이 동양(東洋)의 구석구석까지 거세게 불어닥쳐 조용히 침잠할 수 있는 곳이라고는 남아 있지 않은 이 마당에 선이라고 무사할 리가 없다. 조만간 선이라는 외로운 섬도 천박한 물질주의의 파도에 휩쓸려 흔적 없이 자취를 감춰 버릴지도 모른다.

누구보다 여기에 맞서 선(禪)의 전통을 지켜야 할 선승까지 초기 선사들의 정신을 오해하고 있어 우려를 자아내고 있다. 선방교육에 불합리한 점, 개선해야 할 면이 있는 것은 틀림없지만 선이 미래의 세월까지 살아 남으려면, 삶과 노동에 대한 뛰어난 종교적 자세와 경건한 정신만은 보존해야 한다.

이론적으로 말하면 선은 전 우주를 안아 **분별, 차별의 상(相)에 얽히지 않는 자유로운 것**이다. 그러나 주의하라. 여기는 아주 매끄럽고 그래서 미끄러지기 쉬운 얼음판이다. 이곳을 똑바로 걸어가지 못하고 나자빠진 사람이 많이 있었다. 한 번 엎어지면 그 결과는 수습할 수 없이 비참한 것이었다. 중세의 어떤 신비가들이 그랬던 것처럼 선의 학인(學人)들도 때로 허랑방탕에 흘러

자기규제를 잃어버리는 수가 있었다. 선의 역사를 뒤져보면 이런
사례가 적지 않았는데, 이러한 타락의 과정은 심리학적으로도 쉽
게 설명될 수 있는 일이다.

" 이상(理想)은 비로자나(Vairocana: 화엄의 주불 「主佛」로 최고
의 신격을 의미함)의 꼭대기에, 생활은 어린 동자(童子)에게 고개
숙일 정도로 겸허하게."

이렇게 어느 선장(禪匠)이 말했다. 선방에서의 생활은 세밀하
게 규제된다. 학인들은 자잘한 일 하나하나에도 이 정신에 따라
힘쓰도록 하고 있다. 이것이 일부 중세 신비가들이 빠졌던 방일
과 무규제(無規制)로부터 선을 건져 올린 힘이다. 선의 교육에
있어 선방이 그렇게 중요한 이유도 여기에 있다.

당대(唐代)의 선승 단하(丹霞)가 수도인 장안(長安)의 혜림사
(慧林寺)에 이르렀을 때의 일이다. 날이 무척 추웠다. 단하는 불
당에 안치되어 있던 불상을 꺼내 장작 대신 쪼개 불을 지폈다.
목불(木佛)은 아주 잘 타올랐다. 그 불에 몸을 녹이고 있는 참에
혜림사의 주지가 놀라 휘둥그래진 눈으로 달려 왔다.
" 부처님을 쪼개 불을 때다니, 부처님을……"
주지는 말문이 막혀 말이 제대로 나오지 않았다. 단하는 천연
스레 재를 뒤적이면서 엉뚱한 소리를 했다.
" 사리(舍利)150)가 얼마나 나오는지 보고 있는 중입니다."
주지는 더욱 기가 막혔다.
" 목불에서 무슨 사리가 나온단 말인가?"
" 사리가 없다면 부처가 아니지. 추운데 나머지 두 개도 마저

---

150) 사리(Sarira)는 '신체', '몸' 을 가리키는 산스크리트어이지만 불교에서
는 사람을 화장(火葬)시킨 후에 남는 무기물의 결정(結晶)을 의미한다.
불교도에 의하면 이 사리는 생전의 수행과 덕에 비례한다고 한다. (原
註)

때 버립시다.」
　단하의 서릿발같은 일침이었다.151)

　주지는 그 후 명백히 불경스러운 단하의 행위에 이의를 제기
했다는 이유로 양쪽 눈썹이 몽땅 빠져 버렸다152)고 전해지지만
부처님의 노여움이 단하에게 떨어졌다는 소문은 없다.
　역사적 사실성에는 나도 의혹을 품고 있지만 이것은 유명한
이야기로 선장들은 불경(不敬)과 독신(瀆神)을 행한 단하의' 깨
달음' 을 너나없이 인정하고 있다.

　　어떤 제자가 스승에게 단하가 왜 목불을 태웠을까를 물어보았
　다.
　" 추우면 우리도 화로 가까이 모여 앉지 않느냐."
　　스승의 대답이었다.
　" 그럼 단하에겐 잘못이 없단 말씀입니까?"
　" 더울 때는 시냇가 대[竹] 숲 그늘을 찾으면서, 뭘."153)

　순수한 선(禪)의 관점에서 보면 단하의 행동이 모종의 가치를
갖고 있겠지만 이러한 행위는 신성모독이므로 경건한 불교도들
이 취할 태도는 아니라고 생각한다. 이것을 용인한다면 선에 대
한 완전한 이해와 깨달음이 없는 사람이 도에 지나친 행위를 끝
간데 없이 하게 되어 범죄까지 저지를 가능성도 있다. 그것도 선
의 이름으로 말이다. 이런 형편이므로 우리 마음 깊이에 드리워

---

151) 原文: 丹霞因過慧林寺, 値凝寒遂於殿中見木佛. 乃取燒火. 院主偶見呵責
　　曰, 何得燒我木佛. 師以杖子撥灰云, 吾燒取舍利. 主曰木佛何有舍利. 師
　　云, 旣無舍利, 更請兩尊再取燒之. 主自後眉鬚墮落.《禪門拈頌 第321則》
152) 불가(佛家)에선 입을 잘못 놀리면 눈썹이 빠지는 벌을 받게 된다고 한
　　다. (譯註)
153) 原文: ……後有僧問天笠和尙, 丹霞燒木佛意旨如何. 笠云, 寒卽圍爐向煖
　　火, 熱卽竹林溪畔坐.《禪門拈頌 第321則 評에서》

져 있는 '아집'과 '독선'의 그림자를 거두어들이기 위해서라도 선방의 규율은 엄격해야 한다. 그와 함께 겸허의 잔(盞) 역시 마지막 한 방울까지 마셔야 하리라.

명(明)대의 주굉(袾宏)이 승려의 십선행(十善行)에 관한 책을 쓰고 있을 때 건방진 스님 하나가 들어와서 물었다.
"선에는 높일 일도 없고 깎아내릴[貶] 일도 없다고 했는데 그 따위 책은 써서 어디에 쓰시렵니까?"
주굉은 이렇게 반문했다.
"오온(五蘊)은 끊임없이 갈마들고, 사대(四大)는 어지럽게 날뛰는 데 어째 악(惡)이 없다고 말하는가?"
그 스님도 지지 않았다.
"사대(四大)는 필경(畢竟) 공(空)이고, 오온(五蘊)에도 자성(自性)은 없습니다."
그러자 주굉은 중의 귀쌈을 올려 부치면서 말했다.
"알음알이(상대적 지식)만 머리에 그득한 놈 같으니ー. 진짜가 되려면 아직 멀었다. 아니라면 어디 한마디 더 해 보아라."
그 스님은 대답을 못하고 성난 얼굴로 섰다가 휑하니 나가려고 했다.
"잠깐 기다리게."
하고 노승은 미소를 띠며 말했다.
"얼굴에 묻은 때는 닦아내고 가야지."

선(禪)의 참구(參究)에는 일체(一切)를 꿰뚫어 보는 통찰력과 함께 깊은 겸양과 부드러운 마음이 손을 맞잡고 나가야 하는 것이다.

선방(禪房)에는 선승들의 정신 수련을 위해 특별히 설정해 둔 기간이 있는데, 이 기간 동안은 꼭 필요한 경우 이외에는 모든 직무를 쉰다. 이 기간을 안거(安居)라 한다. 여름의 하안거(夏安居)와 겨울의 동안거(冬安居)가 있는데 보통 일주일씩 하여 두세 차례에 걸쳐 행해진다. 하안거는 4월에 시작해서 8월에 끝나고, 동안거는 10월부터 다음 해 2월까지이다. 이 안거를 일본에서는 접심(接心)이라고 하는데 그 뜻은 '모은다', '마음을 집중한다' 이다.

이 접심 기간에는 선승들의 바깥 출입은 금지되며, 아침 일찍 일어나고 저녁 늦게 잠자리에 든다. 또 매일 '강좌(講座)'가 있다. 강좌에 사용되는 교재로는 《벽암록(碧巖錄)》, 《임제록(臨濟錄)》, 《무문관(無門關)》, 《허당록(虛堂錄)》, 《괴안국어(槐安國語)》 등이다. 《벽암록》은 앞에서도 언급했다시피 공안 백칙(百則)을 모아 각기 수시(垂示), 평창(評唱), 착어(著語)를 붙인 것이다. 《임제록》은 임제종의 개창조(開創祖)인 임제의 설법과 제자들의 대화를 모은 것이다.

또 《벽암록》처럼 공안을 모은 것이 《무문관》인데, 이 《무문관》은 공안 48칙에 선의 독특한 평어(評語)가 붙어 있는, 《벽암록》보다는 간결한 책이다. 《허당록》은 송대의 명승, 허당의 어록, 설시(說示), 게송(偈頌) 등으로 이루어져 있다. 허당은 대응국사(大應國師)의 스승으로 일본에서는 아직도 그의 계보다 이어져 내려와 번성하고 있다. 《괴안국어》는 백은이 대등국사(大燈國師)의 어록에 저어(著語)와 평창(評唱)을 붙인 것이다.

일반 독자들은 이들 책이 '애매한 것을 더욱 애매한 것에 의해 설명하고 있다(obscrurum per obscurius)'는 인상을 받을 것이다. 선의 진리를 보는 새로운 눈이 열려 있지 않는 한 강좌를 듣기 전이나 그 이후나 학인(學人)은 여전히 막막한 안개 속에 있음을 느낀다. 그러나 그 '난해함'은 이들 책이 '불가해한' 것이기 때문이 아니다. 다만 듣는 귀와 이해하는 마음이 상대적 의식의 두껍고 딱딱한 껍질에 싸여 있기 때문이다.

접심 기간에는 '강좌' 외에도 '참선(參禪)'이 행해진다.154) 참선이라는 것은 스승을 뵌 다음 자기가 참구한 공안에 대한 이해를 피력하고 스승의 점검을 는 것을 가리킨다. 참선은 보통 하루에 두세 번 하게 되지만 특별한 '정신집중'의 경우에는—이것을 대접심(大接心)이라고 함—하루에 너댓 차례 스승을 찾아뵌다. 참선은 다른 사람이 보아서는 안 된다.

학인(學人)은 개별적으로 스승의 거처를 찾아가는데 학인과 스승의 만남은 우선 형식적인 절차에 따라 엄숙하게 치러진다. 제자는 스승이 거처하고 있는 방의 문지방을 넘기 전에 큰절을 세 번 올린다. 그런 다음 두 손을 합장하여 가슴에 모아서 조용히 방을 들어선다. 스승이 있는 곳까지 다가가서 무릎을 꿇고 다시 한 번 절을 올린다. 이 예식이 끝나면 세간에서 통용되는 인정 따위는 찾아볼 수 없다. 서로 인정사정 두지 않는다. 선의 입장에서 필요하다면 주먹다짐까지 오간다. 선의 진리를 온 마음을 다해 드러내고 그것을 온 몸으로 밀고 나가는 것, 오직 이것만이 유일한 관심거리이다.

다른 것은 부차적 문제에 속한다. '가진 것'을 모두 보여 주고 난 다음 학인은 들어올 때와 마찬가지로 예법에 따라 조용히 방을 나선다. 스승의 편에서도 이 일은 무시무시한 긴장과 주의력을 요하는 뼈를 깎는 작업이다. 적어도 30명의 학인을 접견해야 하는데 그동안 조금도 흐트러짐 없이 팽팽한 긴박감을 유지하고 있어야 하기 때문이다.

선(禪)의 이해에 관한 한, 학인은 스승을 절대적으로 신뢰하지 않으면 안 된다. 그러나 스승의 능력을 의심할 만한 충분한 이유가 있으면 참선의 때에 스승과 직접 담판을 지을 수 있다. 그러므로 '견해'의 제시—이해력의 크기를 시험하는 것—는 스승의

154) 우리나라에서는 친견(親見)이라고도 한다. (譯註)

편에서나 학인의 편에서나 결코 한가한 신선놀음이 아니다. 이건 정말 진지하고 엄숙한 일이다. 선 수행이 커다란 도덕적 가치를 갖게 되는 이유도 바로 이 점에 있다. 이것을 예증하기 위해 근대 일본 임제종의 창시자인 백은이 겪었던 경험 하나를 들어 보려 한다.

어느 여름날 저녁 무렵 백은이 스승인 반산(飯山)의 정수혜단 (正受慧端)을 찾았을 때 정수노인은 툇마루에서 시원한 바람에 땀을 들이고 있던 참이었다. 백은이 자기의 견해를 모두 드러내 보이자 정수 노인은
" 시덥지 않은 소리!"
하고 거칠게 내뱉었다. 백은도 지지 않고
" 얼토당토 않은 소리!"
하고 맞섰다. 정수노인은 백은의 멱살을 잡고 몇 번 쥐어박은 다음 툇마루 아래로 힘껏 밀어 버렸다. 때마침 내리는 비로 진흙탕이 되어 있는 마당을 백은은 물에 젖은 생쥐처럼 초라한 몰골로 나뒹굴었다. 이 비참한 상황에서도 이번에는 정수노인에게 깍듯이 절을 올렸다. 그렇지만 여전히 스승 정수노인은 차가웠다.
" 캄캄한 동굴에서 살고 있는 불쌍한 놈!"
그 일이 있은 후, 어느 날 백은은 정수노인이 선에 대한 자신의 깊은 이해를 몰라주고 있다고 생각하고 어떻든 이번에는 결판을 내고야 말리라고 마음을 굳게 먹었다. 이윽고 스승을 찾아가서 지니고 있는 재간과 힘을 모두 끌어내어 정수노인과 맞섰다. 이번만큼은 한 치도 물러서지 않으리라 다짐하면서-. 그러나 스승은 거센 바람 같았다. 결국 백은을 붙잡아 서너 차례의 귀쌈과 함께 돌계단 아래로 처박아 버렸던 것이다. 꽤 높은 데서 떨어지는 바람에 백은은 잠시 밀려 왔다. 그 통에 정신이 든 백은이 스승에게 다시 이르렀을 때는 온 몸이 땀으로 흥건히 젖어 있었다. 그러나 스승 정수노인은 이번에도 그를 놓아주지 않고 예의 그 질타를 퍼부어댔다.

" 캄캄한 동굴에서 서식하는 불쌍한 놈!"
이라고.

　백은은 깊은 절망감에 빠져 스승의 곁을 떠날까도 생각했다. 그러던 어느 날 마을에 내려가 탁발을 하고 있었는데 정말 우연한 사건 하나로 백은의 안쪽 깊이 잠자던 선의 눈이 떠지게 되었다. 그의 기쁨은 끝 간 데를 몰랐다. 기뻐 춤을 추면서 스승의 처소로 돌아왔다. 대문에 들어서기도 전에 스승은 백은에게' 무슨 일' 이 일어났음을 알았다.

" 오늘은 무슨 좋은 일이 있나 보구나. 어서 이리 들어오너라."
　백은은 그 날 일어났던 일을 모두 이야기했다. 스승 정수노인은 부드럽게 그의 등을 어루만지면서 말했다.

" 너도 이제 큰 일을 마쳤구나. 결국 이루고야 말았어."
　그 이후 다시는 백은을 앞에서처럼 불명예스러운 이름으로 부르지 않았다.

　이것이 근대 일본 선의 창시자가 겪어야 했던 수련이다. 백은을 돌계단 아래로 밀어뜨릴 때 정수노인은 얼마나 가혹했던가. 그러나 제자가 그토록 혹독한 대접을 받으면서도 굴하지 않고' 생사(生死)의 큰 일' 을 마친 다음에는 얼마나 부드럽고 따뜻했던가.

　선(禪)에는 미적지근한 것은 없다. 물에 물 탄 듯한 것은 선이 아니다. 선은 한 인간이 진리의 밑바닥까지 꿰뚫어 볼 수 있도록 하는 것이다. 지성을 포함한 모든 장식과 군더더기를 벗겨 내고 타고난' 알몸 그대로의 자신' 에게로 돌아갈 때 비로소 그 진리가 전신에 메아리쳐 온다. 정수노인이 올려 부친 손바닥에 백은의 환상과 불성실함이 하나하나 떨어져 나갔다. 사실 우리 모두는 자신이 갖고 있는 진정한 자아와는 전혀 관계없는 여러 가지 환상과 위선에 붙들려서 살고 있다. 진정한 자아에 이르기 위해, 그리하여 선의 참된 견해를 갖도록 하기 위해 스승은 비인간적으로 여겨지는 방법에, 그렇지는 않다 하더라도 최소한 온후함과는 거리가 먼 그런 방법에 호소하는 수가 많다.

　현대의 교육제도와는 달리 선방에선 일정한 수업연한이란 것이 없다. 때로는 20년 넘게 선방에서 살아도 졸업하지 못하는 사람도 있다. 상당한 인내력과 끈기로 수행을 게을리하지 않는다면 그리 둔한 사람이 아닌 한 10년 안에 선의 가르침을 미세한 곳까지 깨달을 수 있다. 그렇지만 선의 정신을 삶의 매 순간마다 구현하는 것, 선의 정신에 완전히 ' 젖어드는 것' 은 또 다른 문제이다. 그것은 한 평생으로도 모자랄지 모른다. 오죽하면 ' 석가도 미륵도 수행 중(修行中)에 있다' 고 말했겠는가?

　완전한 자질을 갖춘 선장(禪匠)이 되려면 선의 진리에 관한 이해만 가지고는 충분하지 않다. 반드시 ' 성스러운 태의 성숙(長養聖胎)' 을 위한 긴 기간을 거쳐야 한다. 이 말은 본시 도가(道家)에서 나왔지만 지금 선에서는 ' 선의 이해에 따라 생활하는 것' 을 의미한다.

　누구라도 유능한 스승 밑에서 수련하면 결국에야 선의 비밀에 대한 철저한 이해를 갖게 되겠지만 이때 그 이해라는 것은 아무래도 지적인 것임에 틀림없다. 아무리 고차적 의미에서 말해지더라도 일단 지적인 이해인 것만은 숨길 수 없는 사실이다. 그의 안팎의 삶, 즉 사유와 행동이 지적 이해(깨달음)와 하나가 되도록 충분히 익히는 것이 필요하다.

　이를 위해 자기 훈련을 더욱 강화해 나가야 한다. 선방에서 얻은 것(지적 깨달음)은 앞으로 어디로 나아가야 하는가를 가리켜 주는 손가락에 불과하기 때문이다. 이때에는 꼭 선방에만 머물러 있을 필요가 없다. 오히려 그의 깨달음을 세간(世間)과의 현실적 접촉을 통해서 시험하고 단련시켜야 한다. 이 ' 익힘' 에는 일정한 틀이 없다. 부딪치는 대로 흘러가는 대로 각기 인연을 따라 스스로의 판단에 의해 행동하면 된다. 산 속 깊이 숨어 고독한 은자

(隱者)로도 살 수 있고, 시장바닥에서 나서서 세속의 일에 적극적으로 참여할 수도 있다.

혜능은 오조(五祖) 홍인을 떠나 온 뒤 15년을 산중에서 지냈는데 처음으로 산을 내려와 인종법사(印宗法師)가 경(經)을 강의하는 곳에 모습을 나타냈을 때도 그를 알아보는 사람이 없었다.

충국사(忠國師)는 남양(南陽)에서 사십 년을 살면서 한번도 도성출입을 하지 않았다. 그렇지만 그의 이름이 인근에 널리 알려지고 황제의 간절한 부름이 있게 되자 뿌리치지 못하고 마침내 초암(草庵)을 나섰던 것이다. 위산(潙山)은 버려진 땅에서 도토리, 밤을 먹으며 사슴과 원숭이를 벗해 몇 년을 숨어살았지만 세상이 그를 알아보았다.

그리하여 초암 옆에다 큰 도량(道場)을 짓고 위산을 천 오백 선승들의 스승으로 모셨다.

일본 경도(京都)에 있는 묘심사(妙心寺)의 개산조(開山祖)인 관산선사(關山禪師)는 처음 미농(美農)에 은거하여 마을 사람들과 함께 막일꾼 노릇을 하고 있었다. 어느 날 우연찮은 일로 정체가 밝혀져 황실로부터 수도에 도량을 창건하고 개산조가 되라는 칙명을 받을 때까지는 그가 누구인지 아무도 몰랐다.

백은도 처음에는 준하(駿河)에 있던 버려진 절의 주지였다. 재산이라고는 보잘것없는 절간밖에는 없었다. 다음의 글을 읽어보면 얼마나 황폐한 집이었나를 알 수 있다.

지붕은 구멍이 숭숭 뚫려 밤이면 별빛이 내려 비치고 변변한 마룻바닥도 없다. 불당에 나섰을 때 비라도 내리면 우산을 받치고 높은 나막신을 신어야 할 정도이다. 절간에 딸린 모든 것은 다른 사람 손에 넘어 갔고, 승려들에게 필요한 물품도 대개 저당 잡혀 있다……

선(禪)의 역사에는 일정 기간을 은둔했다가 세상에 나온 사람 가운데 위대한 선장들이 많다. 은둔생활을 거치는 것은 선장들이 금욕주의를 고집해서가 아니라, 도덕적 품성을 충분히 '익히기 [長養]' —어떻든 적절한 표현이라고 생각하는데— 위해서이다. 비유하면 문 밖에 독사와 지네가 우글거리고 있는 형국(形局)과 같다. 철저하게 죽이지 않으면 그놈들은 다시 머리를 들고일어날 것이다. 그렇게 되면 마음속에 그리던 도덕의 전 체계가 하루아침에 무너지는 셈이 된다. 도덕폐기론(道德廢棄論)은 선자에겐 또 하나의 함정이다. 끊임없이 경계가 필요하다.

선방(禪房)에서 행해지는 선승의 교육방법 가운데는 시대에 뒤떨어진 면이 있음도 인정해야겠다. 그러나 그 기본 원리인 생활의 단순화, 과도한 욕망의 억제, 시간을 헛되이 흘려보내지 않으려는 태도, 자립 의지 그리고 소위 '음덕(陰德)'이라 불리는 것은 어느 때, 어느 곳에서나 통용될 만한 덕이다. 특히 음덕의 정신이 그러한데, 이것은 선 수행에서 빼놓을 수는 없는 특징이다. 음덕은 주어진 자원이나 물품을 낭비하지 않은 것을 의미한다. 그것은 당신에게 다가온 모든 것—경제적 의미에서든 도의적 의미에서든—을 최대한 활용하는 것, 당신 자신과 우주를 최대의 감사와 보은의 마음가짐으로 대하는 것을 뜻한다.
특히 다른 사람으로부터의 인정이나 보상을 바라지 않고 선(善)을 베푸는 것을 뜻한다. 아이가 물에 빠졌다. 나는 물에 뛰어들어 아이를 건졌고, 아이는 무사하다. 이것이 전부이다. 해야 할 일을 한 것뿐이다. 그리고선 뒤돌아보지 않고 가던 길을 간다. 더 이상 그 일을 염두에 두지 않는다.
'구름에 달 가듯이' 또는 '흰 구름이 지나간 자리에 하늘은 여전히 푸르듯이—.' 선은 이것을 '무공용행(無功用行: Anābho-gacarya)'이라 부른다. 때로 '눈[雪]을 퍼다가 우물을 메우는'

일에 비유되기도 한다.

예수는' 너는 구제(救濟)할 때에 오른손의 하는 일을 왼손이 모르게 하여 네 구제함이 은밀하게 하라' 155)고 말했다. 이것은 불교에서의 음덕에 해당한다. 그러나' 은밀한 중에 보시는 너의 아버지가 갚으시리라' 156)로 이어질 때는 불교와 기독교 사이의 메울 길 없는 균열을 보게 된다. 신이든 악마든 우리들이 하는 일을 내려다보면서 일정한 보상을 구상하고 있는 존재에 대한 생각을 아직도 떨쳐버리지 못하고 있다면, 그는 자유의 축복으로 가득한 선의 제전(祭典)에 참여하지 못하고 안타깝게도 문밖에서 서성대고 있는 사람이랄 수밖에 없다. 보상이나 평판을 기대한 데서 취해진 행동은' 흔적' 이나' 발자취' 혹은' 그림자' 를 남긴다.

만일 당신의 행동을 지켜보고 있는 영적 존재가 있다면 조만간 당신을 붙들고 당신이 저지르는 행동을 하나하나 설명하라고 다그칠 것이다. 선에는 그런 것이 없다. 아무리 뒤져봐도 바늘자국이 없는 온전히 한 장인 하늘처럼 그야말로 천의무봉(天衣無縫)일 따름이다. 어디서 바느질이 시작되는지, 어떻게 짜여 있는지 아무도 모른다.

그러므로 선(禪)에서는 선(善)한 행위를 했을지라도 자랑이나 뿌듯한 감정의 흔적은 찾아 볼 수 없다. 더구나 보상 같은 것이야 말할 나위도 없다. 설사 그것이 신(神)으로부터 주어지는 것이라 하더라도 마찬가지이다.

중국 고대 철학자인 열자(列子)는 이 심경(心境)을 다음과 같이 생생한 필치로 그려내고 있다.

　마음은 저 생각나는 대로 흐르게 두고, 말도 저 가는 곳을 따

---

155) 신약성서, 마태복음 6장 3절. (原註)
156) 신약성서, 마태복음 6장 4절. (原註)

라 가게 한다. 시비(是非)와 이해(利害)가 내 것인가, 아니면 남의
것인가는 잊어버린 지 오래고 노상사(老商師)가 내 스승인지도,
백상(伯商)이 내 친구인지도 알 수 없게 되었다. 나의 안팎, 내
마음과 세계가 한꺼번에 뒤집혔다. 이젠 눈이 귀 같고, 귀가 코
같다가 코는 입으로 변해서 구별할 수 없게 되었다. 형체는 풀어
지고 육신은 탈각되면서 정신은 더욱 더 깨어 있는 상태로 옮아
갔다. 몸이 어디에 기대고 있는지를 느끼지 못하겠고, 발이 어디
를 밟고 있는가를 모르게 되었다. 바람부는 대로 이리저리 흩날
리는 한 잎의 낙엽처럼-. 그럼 묻노니, 바람이 나를 타고 흐르는
가 내가 바람을 타고 흐르는가?157)

　　독일의 신비주의는 이러한 경지를' 가난' 이라 불렀다. 타울러
(Tauler: 14세기의 독일 신비가)는 이것을 " 죽음에의 마지막 여
행을 떠날 때 모든 것이 잊혀지듯 어떤 이에게 은혜를 베풀었다
는 생각도 떠오르지 않고, 다른 사람에게 빚지고 있다는 생각도
떠나 보냈을 때「절대가난(Absolute Poverty)」158)이 너의 것이
된다"고 표현했다.
　　기독교는 우리가 신(神) 안에서 살고, 신 안에서 움직이며, 그
속에 우리가 있다고 하면서도 지나치게 신을 의식하고 있다. 선
(禪)은 마지막까지 붙어다니는 신에 대한 의식마저 흔적 없이 지
워버리려 한다. 이것이 바로' 부처가 있는 곳에 머무르지 말고,
그가 없는 곳도 얼른 지나가라' 고 충고하는 이유이다.
　　선방에서의 선승들의 수련은 이론과 실천 모두에 걸쳐 이' 무

---

157) 原文: (九年之後) 橫心之所念, 橫口之所言. 亦不知我之是非利害歟, 亦不
　　知彼之是非利害歟. 亦不知夫子之爲我師, 若人之爲我友. 內外進矣. 而後
　　眼如耳, 耳如鼻, 鼻如口, 無不同也. 心凝形釋, 骨肉都融, 不覺形之所倚,
　　足之所履. 隨風東西, 猶木葉幹殼. 竟不知風乘我邪, 我乘風乎.《列子 第2
　　黃帝篇》
158) 原文: 竹影掃堦塵不動 月穿潭底水無痕
　　《冶父道川의 金剛經頌에서》

공용행(無功用行)'의 원리에 입각해 있다. 시(詩)로 표현해 보면,

> 대[竹] 그림자 뜰을 쓸어도
> 먼지 하나 일지 않고,
> 달빛이 우물바닥을 뚫었는데
> 물에는 흔적조차 없네.

선(禪)이란 결국 개인적 경험에 관계되는 문제이다. '뿌리로부터의(radical) 경험'이라 불릴 수 있는 것이 있다면 선이야말로 그것이다. 많은 책을 읽고, 심오한 교리에 통달하고, 깊은 명상에 잠긴다 한들 그로부터는 선장(禪匠)이 태어날 수 없다. 삶은 그 흐름 속에서 산 것[生] 그대로 붙잡아야 한다. 그 흐름을 정지시켜 따져보고 분석하는 것은 살아 있는 것을 죽여 그 차디찬 시체를 껴안는 것과 같은 일이다.

그러므로 선방에 있어 수행 방법의 자세한 세목을 포함한 모든 배려는 이 근본이념에 따라 조정되어야 한다. 결론 삼아 말하면 동아시아 불교사에서 선종(禪宗)이 중국이나 일본의 다른 불교종파 사이에서 독특한 위치를 차지하고 있는 것은 의심할 여지없이 선방제도에 힘입은 것이다.

역자 후기

선(禪)이라는 난해한 번역을 마무리하고 저자를 소개하는 과정에서 나의 머릿속에 떠오르는 것이 영국 불교협회 초대 회장인 크리스마스 험프리즈(Christmas Humphreys) 씨가 1966년 7월 13일자 『타임즈』(The Times)라는 잡지에 실은 아래와 같은 스즈키 박사에 대한 추도사이다.

" 아흔 다섯의 나이로 일본에서 세상을 떠난 스즈키(1870~1966) 박사는 동양 철학계의 거성(巨星)이었다. 그는 국제적으로 이름 있는 학자로서 스스로 깨달음을 얻고 또 가르쳐 온 정신적 스승이요, 동시에 선불교(禪佛敎)의 본질과 목적을 서구인들에게 소개하는 20여 권의 책을 쓴 저술가였다.

학자로서 그는 산스크리트어와 한문으로 기록된 경전해석의 대가일 뿐만 아니라, 서구어로 쓰여진 서양사상에도 해박하고 새로운 지식을 두루 갖춘 분이었다. 그의 불교철학에 관한 연구는 넓고 깊었다. 특히 중국과 일본에서의 선불교에 관한 역사 연구에는 누구도 추종할 수 없는 독보적 업적을 이룩해 놓았다.

1870년 일본의 북부지방에서 태어난, 1890년 도쿄대학에 입학했으나, 이미 뜻은 선불교에 있었다. 유명한 이마기다 고센 선사 밑에서 공부했고, 그 후계자 샤쿠 쇼엔 밑에서도 사사했다. 결국 그가 공부하던 가마쿠라의 엔가쿠사(圓覺寺)에서 스즈키 박사 자신도 거주하였다. 학구시절에 「오픈 코트」 출판사를 새로 설립하고 불교관계 서적을 내던 폴 캐루스 박사의 초청으로 시카고에 갔다. 선수행(禪修行)도 배전의 노력을 기울인 끝에 소엔 샤쿠 밑에서 드디어 같은 해 깨달음을 얻었다.

1897년 미국으로 건너 간 스즈키 박사는 11년간 미국에 머물면서 가끔 유럽을 여행하였다. 1900년 그의 첫 번째 큰 책인 마명(馬鳴)의 《대승기신론》 영역본이 출판되었고, 1907년에는 《대승불교개론》(Out lines of Mahayana Buddhism)을 펴냈다. 그 뒤로 50여 년간 그는 대승불교(大乘佛敎) 특히 선불교(禪佛敎)에 관한 저작들을 계속해서 출판했는데 그 가운데 산스크리트와 한자로 된 경전들을 처음으로 발굴 번역한 것들도 포함되었다. 《능가경》 번역과 그 연구서로 교토의 오타니대학은 그에게 명예문학박사 학위를 수여하였다. 1949년 일본한림원 학사가 됨과 동시에 천황으로부터 문화훈장을 받았다. 1921년에 『더 이스턴 부디스트』(The Eastern Buddhist)란 영문잡지를 창간 편집하였다.

미국인 부인 베아트리스 레인 스즈키 여사와 1911년 결혼하여 1939년에 사별했다. 부인 역시 진언종(眞言宗)을 연구하였던 학자였다.

스즈키 박사의 이름은 영어로 쓴 선불교에 관한 여러 책들로 인하여 불멸할 터이지만, 그 중에도 그의 《선불교 입문》(Introduction to Zen Buddhism－여기에 번역한 책이 바로 이것임)과 3권의 연작 선불교에 관한 논문집(『Essays in Zen Buddhism』)들이 제일 많이 알려져 있다. 아직 마지막 손길을 기다리는 미완성 저작으로 동양의 일곱 나라말로 된 불교용어사전, 화엄철학, 진종불교, 그의 초기작품을 새롭게 편집한 것은 곧 후계자들에 의해 세상에 빛을 보게 되리라. 그러나 학자요 성인(聖人)이며, 사랑받는 스승으로서의 스즈키 박사가 노력한 덕분에 현재 서구라파에는 선불교에 대한 관심이 고조되었고, 이 운동은 앞으로도 영원히 그의 이름과 더불어 계속될 것이다.

이제부터 덧보태는 것은 순전히 나 개인의 사적인 것이어서 쉽게 붓끝에 기억을 옮길 수 없다. 우리 협회 회원 가운데 가장 오래된 R. J. 잭슨 씨는 제1차 세계대전이 발발하기 전에 스즈키 박사가 런던에서 강연한 것으로 기억하고 계시지만, 내가 그분을 뵌 것은, 1936년 7월 세계신앙인대회(World Congress of Faiths)

가 열리던 날 밤, 퀸즈 홀에서 강연하시던, 그러니까 스즈키 박사의 두 번째 런던 방문 때 그분을 처음 뵈었다. 내 기억이 옳다면 그 날의 주제는 최상의 정신적 이상이란 제목이었는데, 연사들마다 열띤 어조로 기가 막히게 훌륭한 강연을 하셨다고 생각한다. 그런데 스즈키 박사는 잠에서 덜 깬 듯한 모습으로 자기 차례가 되자 자리에서 일어나 잔잔한 목소리로 자기의 일본 집과 선적(禪的)인 생활을 묘사하셨다. 잠깐 동안의 말씀이셨지만 그분의 글보다도 그 짤막한 이야기가 우리에게 선(禪)에 관해 보다 더 많은 것을 가르쳐주신 줄로 안다. 그 분 말씀대로 그 다음 우리 협회에 오셔서 재차 강조하신 대로 선은 곧 삶의 예술이다. 아무도 따를 수 없는 삶의 예술가로서 스즈키 박사는 그 뒤로 30년의 삶을 조각하다 떠나셨다.

1946년 나는 국제전범재판 때문에 일본을 다녀왔다. 참 어려운 때였다. 그때 옛 친구를 만나는 것은 거의 금기였을 정도로 누구나 눈살을 찌푸렸다. 가마쿠라에 있는 엔가쿠사(圓覺寺)의 그의 작은 초당(草堂)인 쇼덴 안을 찾아갔을 때, 우리는 아무 말 없이 대좌만 했다. 벌써 일흔 여섯의 노선사는 복받쳐 오르는 감정을 감추기나 하려는 듯 소매를 얼굴 높이로 치켜올리는 몸짓을 보여주신 것이 아직도 나의 뇌리에 생생하다. 그 뒤로 6개월 일본 체재 중, 주말은 스즈키 박사와 함께 보낼 수 있었다. 처음엔 쇼덴 안에서 그 다음은 바로 맞은편 언덕에 새로 지은 집이었는데, 곧 도게이지 위편이며 지금 그 분의 유해가 잠들어 있는 곳이다.

주말을 함께 보내며 의논한 일은 런던의 라이더(Rider) 출판사로 하여금 그분의 전집을 간행케 하는 것이었다. 나중에 《선(禪)의 무심론》(Zen Doctrine of No-Mind)이란 이름으로 출판된 원고를 가져왔다. 몇 시간이고 나는 그분과 무릎을 맞대고 베란다에 앉아서 그분이 천황에게 강의한 불교의 본질이란 강연을 영어로 받아 썼고, 이 두 편의 강연 원고는 우리 협회에서 《불교의 본질》(The Essence of Buddhism)이란 책으로 간행했다. 또 전쟁 동안 그분이 일본어로 쓴 선불교(禪佛敎)에 관한 원고를 런던으로 가져왔는데 아직까지도 영어로 번역하지 못하고 있다.

런던에 돌아온 나는 그분의 저작을 구라파에서 출판하는 대행인 노릇을 했다. 여섯 나라말로 된 그분의 열두 권도 넘는 저작을 유럽시장에 내놓으려면 그분과 끊임없이 편지를 주고받지 않을 수 없었다.

1953년 스즈키 박사는 오카무라 미호코 양과 영국을 방문하셨다. 오카무라 양은 그분의 비서요, 뗄 수 없는 친구로 그분의 여생 내내 그분 곁에서 떠나지 않았다. 오카무라 양을 통해서 그분은 우리들한테 논문과 책을 보내셨고 전 세계에 걸친 서신왕래를 계속하셨는데, 아무래도 오카무라 양의 젊음이 그분을 그토록 오래 사시게 한 원인이었음에 틀림없다고 확신한다. 스즈키 박사는 우리 협회의 연례정기총회에 꼭 맞추어 도착하셨다. 사업은 물론 강연과 선사(禪師)와의 개인적 면담을 우리는 그분의 방문을 최대한 이용했다. 그분은 뉴햄대학의 여름 계절학교에도 출강했다. 그 강의 원고가 미들웨이 28권에 실려 있다. 1954년에 잠시 다시 방문하셨을 적에 그분은 약속대로 88세의 나이로 대서양을 건너오신 그 날도 밤새도록 우리와 함께 선(禪) 공부를 같이하셨다. 쉽사리 잊지 못할 기억이다." 어떻게 현실을 꿰뚫어 볼 수 있습니까?" 나는 꼭 이 물음에 대한 대답을 듣고자 했다. 그분은 짐짓 정신을 집중하시는 듯했다. 즉석에서 긴 대답을 하신 적도 많고 흔히 그런 대답은 우리의 미들웨이에 실리곤 했다. 그러나 그 날 밤만은 달랐다. 잠시 허리를 펴신 다음 아무렇지도 않게 저녁식사를 해야겠다고 대답하셨다.

그분이 가장 오래 머문 것은 1958년이었다. 그분의 마지막 영국방문이기도 했다. 우리의 불탄일 행사에 때를 맞추어 강연해주시기 위해 오신 것이다. 관광과 강연, 개인면담과 출판업자와의

상담 중간중간에 (에딘버러궁전과 더블린을 관광하셨다) 우리는
그분을 선방(禪房)에 모시고 " 전달할 수 없는 것을 전달하는 마
음"을 보고자 했다. 이때 우리는 그분 마음의 진정한 내부를 헤
아릴 수 있었다. 남의 말을 끝까지 들어주는 인내심과 활력에 넘
치고 즉각적인 반응이 예전 선사(禪師)를 쏙 빼어 박은 것 같았
다. 지난 50여 년 동안 나는 불교계에서 적어도 다섯 분의 정신
적 지도자와 위대한 학자를 겸비한 인물을 친견하는 특전을 누
렸다. 그 중에 스승으로부터 ' 大拙(크게 겸양하는 사람)' 이란 법
명을 받은 분은 스즈키 박사 한 분뿐이란 사실은 진실을 그대로
말해준다고 하겠다. 그분과 가까이 일하면서 간혹 편지봉투 뒷면
에 끄적여 주시는 설명을 경청하며 나는 그 순간 ' 깨달았다' 고
생각하는 수가 많았다. 그러나 아, 이처럼 시간이 멈춘 순간은 곧
알음알이로 변질되곤 했다. 다시 그 순간은 그 다음 깨달음의 씨
앗이 되리라. 그렇게 마음을 태우면서 우리는 비행장에서 작별인
사를 나누었고, 그 뒤로 계속 애정에 넘친 편지로 선에 관한 서
신을 나누었다. 그동안 스즈키 박사는 그분의 인세 절반을 영국
불교협회에 기증하셨다. 이제는 그분이 떠나가신 터여서 우리는
그분의 미출판 저작을 보살핌으로써 그분에 관한 사적(私的)인
기억도 즐거움 속에 꽃피어나도록 해야겠다.

그분의 가슴 깊이 숨겨진 성격을 어떻게 이야기하랴. 아무도
그분의 심오한 불교학식을 의심할 사람은 없다. 특히 선불교에
관한 한 스즈키 박사의 학식은 타의 추종을 불허한다. 그분은 일
생을 바쳐 선불교의 역사와 본질을, 그리고 선승(禪僧)의 수행과
정을 서양에 알려주셨다. 이 모두가 직접으로 간접으로 그분의
붓끝에서 흘러나온 것이다. 서양인들의 선불교에 대한 갈구를 분
명히 인식하고, 그 수요를 충족시킨 그분은 서구의 선불교 장래
를 내다보신 선구자였음에 틀림없다.

이제 스즈키 박사의 평생사업은 다른 사람들 손에, 특히 우리

들 손에 맡겨졌다. 20권이 넘는 영어로 쓴 그분의 저술이 우리에게 크나큰 도움이 되리라. 그리고 수는 많지 않으나 우리들 가운데 서넛은 소박하고 겸손하며, 깨달음이 깊이 모두에게 사랑 받을 노인 스즈키의 모습을 결코 잊지 못할 것이다. 우리가 그분께 배운 직접적 교화와 체험을 가치 있게 쓸 수 있기를 빌면서 스즈키 박사의 명복을 함께 빈다.

이와 함께 스즈키 박사의 유년시대(幼年時代)의 행적을 더듬어 보고자 하는 분들은 『미들웨이』(middleway)의 40주년 기념호를 참고하시기 바란다. 1960년 교토에서 스즈키 박사의 90회 생일을 기념하는 논문집에 실렸던 글이다.

스즈키 박사의 어른으로서의 행적은 너무나 잘 알려져 있다. 그분 입으로 직접 어린 시절 이야기를 들어보자. 그러니까 1964년 임종하기 전 아흔 넷의 나이로 그의 후반생을 돌보던 오카무라 미호코 양에게 구술한 내용이다.

나의 집안은 가나자와 현에서 누대를 두고 의사였다. 나의 아버지, 할아버지, 그리고 증조부까지도 의사이셨는데, 이상하게도 이분들은 모두 요절하셨다. 물론 당시엔 요절이 별로 이상한 일이 아니었긴 하지만 옛 봉건제도하에서의 의사의 경우에는 이중으로 불행한 일이었다. 왜냐하면 자신의 영주로부터 받던 급료가 끊어졌기 때문이다. 그래서 우리 가문은 무사계급이었음에도 불구하고 나의 아버지 대에 와서 이미 곤궁하게 되었고, 내가 여섯 살 되던 해 아버지가 돌아가셨을 때는 봉건제도의 몰락과 함께 무사계급에 닥친 경제적 곤란 때문에 더욱 더 가난해졌다.

그 시대에는 교육이나 그 후 지위를 얻는 등, 인생의 여러 중요한 단계에 있어서 한 가족의 가장으로서 아버지에게 의존하는 바가 컸으므로, 아버지를 여읜다는 것은 오늘날에 있어서보다 훨씬 더 큰 손실을 의미했다. 이 모두를 잃는 불행은 내가 17, 8세가 되어 업(業)에 대해 생각하는 계기가 되었다. 왜 나는 인생의 출발에서부터 이러한 불행을 겪어야만 하는 것일까?

그리하여 나는 철학과 종교에 관심을 갖게 되었는데 우리 가족은 임제종(臨濟宗)에 속해 있었으므로 내 문제에 대한 해답을 선(禪)에서 찾았던 것은 당연한 일이었다. 우리 가족이 등록되어 있던 가나자와에서 가장 작은 임제종 계통의 절에 가서 스님께 선에 대해 묻던 일이 떠오른다. 그 당시 시골에 있는 절의 많은 선승들과 마찬가지로 그는 별로 아는 게 없었다. 심지어 그는 《벽암록(碧巖錄)》도 읽어 본 적이 없을 정도였으므로 우리의 대화는 오래 지속되지 못했다.

나는 가끔 내 또래의 다른 학생들과 철학, 종교 등에 대해 토론하곤 했는데, 내게 항상 의문이었던 것은, 무엇이 비를 내리게 하나, 왜 비는 떨어져야만 하는가 등과 같은 것이었다. 지금 돌이켜 보면 그 당시 내 마음속에는 의인(義人)과 악인(惡人) 모두에게 비가 내린다고 하는 기독교의 가르침과 유사한 어떤 것이 들어 있었던 것 같다. 이럴 즈음 우연히 기독교 선교사와 몇 번 접촉할 기회가 있었다. 내가 15세 정도였을 때 가나자와에는 그리스정교 선교사가 살고 있었는데, 그가 내게 일본식으로 묶은 창세기 일본어판을 한 권 주면서 집에 가져가서 읽어보라고 하였던 일이 기억난다. 나는 그것을 읽었지만, 도무지 말이 되지 않는 듯이 생각되었다. 태초에 하나님이 있었다는데, 왜 그는 세계를 창조했을까?

같은 해, 친구 중 하나가 신교로 개종했다. 내가 기독교인이 됐으면 하고 내게 세례를 받으라고 권했지만, 기독교의 진실을 믿게 될 때까지 세례를 받지 않겠노라고 대답하였다. 그때까지도 나는 왜 신(神)이 세계를 창조했는가 하는 의문을 지니고 있었던 것이다. 나는 지금 생각하면 개신교로 여겨지는 다른 선교사에게

가서 같은 질문을 했다. 그는 모든 것이 존재하기 위해서는 창조
주가 있어야만 하고 세계도 또한 창조주가 있어야 하는 것이라
고 설명했다. 그렇다면 신은 누가 창조한 것이냐는 나의 질문에
그는 신은 스스로를 창조했으며 피조물이 아니라고 대답했다. 그
것은 전혀 내게 만족한 대답이 못되었으며, 항상 이 같은 의문이
내가 기독교인이 되는 데 장애가 되었다.

　나는 그 선교사가 항상 커다란 열쇠꾸러미를 지니고 다니던
것을 기억하는데, 그것이 내게는 기이하게 보였다. 그 당시 일본
에서 무언가를 잠그는 사람은 없었기에, 그처럼 많은 열쇠를 지
닌 그를 보았을 때 나는 왜 그가 그토록 많은 것을 잠가야 하는
지 의아했던 것이다.

　그 즈음에 우리 학교에 새로운 선생님이 부임하였다. 그는 수
학선생님이었는데 수학을 매우 잘 가르쳤으므로 나는 그 과목에
흥미를 갖게 되었다. 또한 그는 선(禪)에도 심취해 있었는데 당
시 가장 훌륭한 선승의 하나이던 고센 노사(老師: 洪川 宗溫)의
문도였다. 그는 학생들이 선에 관심을 갖도록 열성을 가지고 권
했으며 하쿠인 선사(白隱禪師)가 지은 《오라데가마》의 사본을 나
누어주었다. 나는 그것을 잘 이해할 수는 없었으나 왠지 흥미가
있었으므로 자세히 알기 위해 에추(越中)의 다카오카 근처에 있
는 고쿠다이사(國泰寺)로 선승인 세쓰몬 노사(老師)를 찾아가기
로 결심했다. 나는 그 절이 다카오카 근처에 있다는 것 외에는
어떻게 가야되는 것인지도 모르면서 집을 나섰다. 겨우 대여섯
명이나 탈 수 있는 낡은 마차를 타고 산 속으로 나 있는 구리가
라 길을 따라 여행한 일이 생각난다. 길과 마차 모두 지독한 것
이어서 계속 머리를 천장에 찧으면서 갔다. 나는 다카오카에서
절에 이르는 나머지 길은 걸어야겠다고 마음먹었다.

　나는 아무런 소개도 없이 도착했지만 스님들은 기꺼이 들어오
라고 했다. 그들은 노사께서는 출타 중이지만 원한다면 절방에서

참선을 해도 좋다고 했다. 그들은 내게 앉는 법과 숨쉬는 법을 가르쳐 주고는 그같이 계속하라고 하면서 작은 방에 혼자 남겨 두었다. 하루 이틀이 지난 후 노사께서 돌아오셨고 나는 그에게 인도되었다. 그 당시 나는 실제로 선에 대해 아무것도 몰랐으며 참선의 올바른 예법도 알지 못했다. 들어와 노사(老師)를 뵈라는 말을 듣고서, 나는 《오라데가마》 사본을 들고 갔다. 《오라데가마》의 대부분은 쉬운 말로 씌어졌으나 그 중에는 이해할 수 없는 선(禪)의 어려운 용어들이 실려 있었으므로 나는 노사께 그 말들의 의미를 물었다. 그는 내게 화를 내며 " 왜 내게 그 따위 쓸데없는 것을 묻는 거냐?"고 꾸짖었다. 나는 아무런 지도도 못 받고 내 방으로 물러나왔고 단지 계속 다리를 틀고 앉아 있으라는 말만 들었을 뿐이었다.

나는 완전히 홀로 남겨졌으며, 아무도 내게 말을 걸지 않았다. 심지어 밥을 날라다 주는 스님마저 내게 말을 안 했다. 내가 집을 떠나 본 것은 그때가 처음이었는데, 나는 곧 외로워지고 향수를 느껴서 어머니가 몹시 그리웠다. 그래서 4, 5일 후 절을 나와 집으로 돌아오고 말았다. 노사(老師)와 어떻게 작별했는지는 모르겠는데 내가 다시 집으로 돌아간다는 것을 몹시 기뻐했던 기억이 있다. 참으로 한심한 귀향이었다.

그 후 나는 일본해로 돌출한 노도 반도에 있는 다코지마라는 작은 마을에서 영어를 가르치게 되었다. 거기에는 신사(神社)가 있었는데 그곳의 박식한 신관(神官)은 나에게 유식학파의 교본인 《백법문답(百法問答)》을 보여 주었다. 나는 몹시 배우고 싶었지만 상당히 난해하고 동떨어진 것이어서 쉽사리 이해할 수가 없었다.

그 다음에 나는 우리 집이 있는 가나자와에서 5리 가량 떨어진 미카와에서 교직을 얻게 되었다. 다시금 어머니가 몹시 그리워졌으므로 매 주말이면 내내 걸어서 어머니를 보러 갔다. 다섯 시간이나 걸렸으므로 학교에 시간을 맞추어 출근하기 위해서는 월요일 새벽 1시에 집을 나서야만 했다. 그러나 나는 어머니를 될 수 있는 대로 오래 보기 위해서 시간이 촉박해서야 집을 떠나곤 했던 것이다.

한 가지 더 얘기할 것은 그 당시 내가 가르치던 영어는 아주 기묘한 것이어서 처음 미국으로 갔을 때 아무도 내가 말하는 것을 알아듣지 못했다. 우리들은 모든 것을 완전히 문자 그대로 직역했는데 영어로 " 개는 네 발을 가졌다(have)", " 고양이는 꼬리를 가졌다"고 말하는 것에 몹시 혼동되었던 기억이 난다. 일본어에서는 ' 가졌다' 라는 동사는 이렇게 쓰이지 않는다." 나는 두 개의 손을 가졌다"고 당신이 말한다면 내게는 당신이 자기 손으로 또 다른 두 손을 쥐고 있는 것처럼 들린다. 얼마 뒤에 나는 서구적 사고 방식에서 소유를 강조하는 것은 동양적 사고에는 없는, 권력이라든가 양분법, 경쟁심 등에 대해서 강조하는 것이라는 생각을 갖게끔 되었다.

미카와에서 보낸 6개월 동안 나의 선 공부는 중단되었다. 그리고는 나는 형이 변호사로 일하고 있는 고베로 옮겼다. 그 다음 얼마 되지 않아 형은 나를 도쿄로 공부하러 보냈는데 한 달에 6엔씩 송금해 주기로 했다. 그 당시 학생의 학비와 생활비를 합치면 한 달에 약 3엔 50전 정도가 들었다. 내가 공부하기로 한 곳은 와세다 대학이었는데, 도쿄에 도착하자마자 나는 맨 먼저 고센 노사 밑에서 선(禪)을 배우려고 가마쿠라로 걸어갔다. 그때 고센 노사는 엔가쿠사(圓覺寺)의 주지였다. 나는 도쿄에서 가마쿠라까지 계속 걸어갔으며 도쿄에서 저녁에 출발하여 다음날 아침 일찍 가마쿠라에 도착했다.

접객승은 노스님을 처음 뵐 때는 향 값 10전을 종이에 싸서 쟁반 위에 담아 드려야 한다고 말하였다. 그 접객승은 매우 인상 깊게 생긴 사람이었다. 그는 내가 전에 본 적이 있는 달마 화상

과 아주 비슷하게 생겼는데 선적인 분위기를 강하게 풍겼다. 내
가 노사를 처음 뵈올 때 그는 76세였다. 그는 모습으로나 인물로
나 큰 사람이었는데 최근의 중풍으로 거동이 불편했다. 그는 내
게 어디 출신이냐고 물어 봤으며 내가 가나자와에서 태어났다고
하자 반색을 하면서 선 수행(禪修行)을 계속해 나가라고 격려해
주었다. 아마도 가나자와 부근의 호쿠리쿠 지역 사람들은 특히
참을성이 있고 차분하다고 여겼기 때문이었으리라.

두 번째로 내가 그를 특별히 대면했을 때 그는 내게 '척수' 공
안(隻手公案: '외 손바닥이 내는 손뼉소리를 들었느냐'는 내용)
을 주었다. 그 시절 나는 공안을 받을 준비가 전혀 되어 있지 않
았다. 사실상 선에 관한 한 내 마음은 마치 백지와 같았다. 어떤
것이라도 그 위에 씌어질 수 있었다. 참선하러 갈 때마다 그는
말없이 내게로 왼손을 내밀어서 나를 당황하게 만들었다. '척
수' 공안에 대한 그럴듯한 해답을 찾기 위해 나는 노력했지만
고센은 이 모두를 거부했는데 참선을 몇 번인가 하고 난 후 나
는 마치 캄캄한 골목에 들어선 것 같았다.

특별히 인상적인 만남이 있었다. 그는 연못이 바라다 보이는
마루에서 아침 식사를 들고 있었는데 허름한 작은 의자에 앉아
서 항아리에서 죽을 퍼서 그릇에 덜어 먹고 있었다. 내가 삼배
(三拜)를 드리고 나자 그는 맞은편 의자에 앉으라고 말했다. 그
때 말한 내용이 무엇이었는지는 생각나지 않으나, 의자에 와서
앉으라고 하던 몸짓, 쌀죽을 퍼서 드시던 모습 등, 그의 모든 몸
놀림이 내게 강한 충격을 주었다. 그렇다. 그것이 바로 선승들의
행동방식이라고 생각했다. 그에 있어서 모든 것은 솔직하고 간결
하며 진지했고 그 위에 형언할 수 없는 무엇인가가 있었다.

노사의 제창 법문(提唱法門)에 처음 참석했던 일도 잊을 수 없
다. 그 엄숙한 행사에서 먼저 스님들은 반야심경과 "내게 세 제
자가 있었는데……"로 시작되는 무소국사(無相國師)의 종계를 독

송하였고 그동안 노사(老師)는 불상에 절한 다음 청중 대신 부처님께 설법하려는 듯 법단을 마주한 의자에 앉았다. 시자(侍者)가 서안을 가져다 놓고 독송이 끝나자 설법이 시작되었다.

법문은 《벽암록》 42장에 대한 것이었는데, 한 번은 방거사(龐居士)가 약산(藥山)을 찾아갔다. 대담이 끝난 뒤 약산은 승려 열 명에게 방거사를 산문에까지 배웅하라고 했다. 내려가는 길에 문득 방거사가 하늘에서 내리는 눈을 가리키며 말했다. "송이송이 눈은 잘도 내리는데 딴 곳에 내리는 건 아니로군(好雪片片 不落別處)."

그 이야기는 선승이 문제로 삼기에 걸맞지 않은 듯이 느껴졌는데 노사는 그 책의 글귀에 열중해, 빠져든 것처럼 한 마디 설명도 없이 읽어내려 갔다. 나는 한 마디도 알아듣지 못했지만 노사가 의자에 앉아 "송이송이 눈은 잘도 내리는데······" 하고 읽는 모습에 깊은 감동을 느꼈다.

이 모든 일이 일어난 것은 1891년이었고 그때 노사(老師)는 76세, 내 나이는 21세였다.

나는 그 해 동지제에 갔던 일도 생각이 난다. 스님들은 쌀을 찧어 떡을 빚었고 밤새도록 잔치를 벌였다. 이렇게 만든 떡은 먼저 부처님께 바치고 다음에는 노사께 드렸다. 노사는 무즙에 담근 떡을 아주 좋아했는데 한 그릇을 먹은 다음에 더 달라고 청했다. 시자가 너무 많이 드시면 좋지 않다고 만류하자 "소화제를 먹으면 문제없지" 하고 노사께서 대답했다.

다음해인 1892년 1월 16일 노사께서 갑자기 돌아가셨는데, 나는 우연히 그의 임종에 접하게 되었다. 그때 나는 시자스님과 함께 장지문을 격한 앞방에 있었는데 우리는 노사의 방에서 무거운 것이 쓰러지는 소리를 들었다. 시자가 달려가 보니 노사는 의식을 잃고 마루에 쓰러져 있었다. 목욕실에서 나오다 발작을 일으켜 쓰러지면서 옷장에 머리를 부딪친 것 같았다. 의사가 곧 불려왔는데 그는 도착해서 맥을 보고는 너무 늦었다고 말했다. 노사는 이미 운명했던 것이다.

고센 노사의 후계자로 엔가쿠사(寺) 주지로 부임한 사람은 샤쿠 쇼엔(釋宗寅 혹은 洪嶽 宗寅이라고 함)이었다. 고센 노사가 죽었을 때 그는 상좌불교(上座佛敎)를 공부하기 위해 실론에 갔다 막 돌아온 참이었는데 진작부터 유력한 인물이었다. 그는 빛나는 지성의 소유자였으며 또한 노사가 될 때 요구되는 인가증명(印可證明)을 젊은 나이에 이미 받았는데, 그같이 높은 지위에 오르기 위해 15년씩 걸리던 당시로서는 드문 일이었다. 인가를 받은 후 그는 게이오 대학으로 가서 서양학문을 배웠으며 그것 또한 선승으로서는 예외적인 일이었다. 고센 노사를 비롯한 많은 사람들은 서구학문은 그에게 전혀 소용없는 것이라며 진학을 비난했다. 샤쿠 쇼엔은 그러한 비난에 개의치 않고 자기의 길을 갔다. 그와 같이 그는 파격적인 기질을 지닌 괄목할 만한 인물이었다.

고센 노사의 장례에서 그는 상주로서 모든 의식을 집전했고 1892년 봄에 새 주지로 취임했는데 나는 그의 지도로 참선을 하게 되었다.

그는 내가 '척수' 공안(公案)으로 진전이 없자 공안을 '무(無)'로 바꿔주었는데 '무'를 가지면 보다 빨리 견성(見性)할 수 있으리라고 생각한 듯하다. 그는 공안에 대해 내게 아무 도움도 주지 않았으며 몇 번 참선한 후에는 더 이상 나눌 얘기가 없었다.

그 뒤 4년간은 고투─정신적· 육체적· 도덕적· 지적으로─의 나날이었다. 나는 '무'를 이해하는 것이 궁극적으로 아주 쉬울 것이라고는 느꼈는데, 그러나 이 쉬운 것을 어떻게 거머쥐어야 할까? 그것은 책 속에 있을 것 같았고 나는 손에 닥치는 대로 선에 관한 책을 읽었다. 당시 내가 살던 절인 부쓰니치는 호조 도키무네에게 기증된 암자가 부속되어 있었으며 그곳에는 사찰

내의 모든 책과 문서들이 보관되어 있는 방이 있었다. 나는 여름 내내 그 방안에서 지내면서 눈에 띄는 책은 모조리 읽어치웠다. 내 한문 실력이 짧아 많은 책들은 이해할 수 없었지만 '무'에 관해서 지적으로 찾을 수 있는 것은 모두 찾으려고 했다.

내게 특히 흥미 있던 책의 하나는 명나라 때의 선승인 등길(藤吉)이 편찬한 《선관책진(禪關策進)》이었다. 그 책은 선 수행에 대한 문헌들과 공안(公案)을 어떻게 다루어야 하는가에 대한 여러 대가들의 의견을 모은 것이다. 그 책에서 나는 내가 따라야 할 것 같은 예를 발견했는데 그것은 다음과 같다. " 그대의 신심(信心)이 충만하면 그대는 의문을 품게 된다. 의문이 충만하다면 그대는 깨닫게 될 것이다. 선(禪)을 수행하기 이전에 그대는 자신이 이룩한 모든 지식과 경험 그리고 명구와 자신감 이 모두를 버려야 한다. 그대의 정신력을 공안을 푸는 데에 모두 쏟아라. 주야를 가리지 않고 꼿꼿이 앉아 마음을 공안에 집중하라. 얼마 동안 그러고 있노라면 그대는 죽은 사람같이 시간도 없고 공간도 없는 곳에 처해 있는 자신을 발견하게 될 것이다. 그 경지에 도달하면 그대 내부에서 무엇인가 시작되고 갑자기 머리가 산산조각 나는 것 같을 것이다. 그대가 경험한 것은 외부에서 온 게 아니라 그대 내부에서 나온 것이다."

그리고 정신적인 노력의 일환으로 여러 밤을 부처님의 치아가 봉안된 사리전(舍利展) 뒤의 동굴에서 보냈다. 그러나 의지력이 부족했기 때문에 밤새 앉아 있지 못하고 모기 따위의 구실을 들어 동굴에서 자리를 뜨는 적이 많았다.

이 4년 동안 나는 카루스 박사가 쓴 《붓다의 가르침》을 일본어로 번역하는 등 여러 가지를 저술하느라고 바빴지만, 항상 공안을 마음속에 지니고 다녔다. 그것은 명백히 나의 주된 관심사였으며 내가 마당의 볏단에 기대어 서서 '무'를 이해하지 못한다면 인생은 나에게 무의미하다고 생각하던 일이 떠오른다. 내

자신은 기억이 없는데 내 친구인 철학자 니시다 기타로(西田幾太
郎)는 자기 일기에서 당시에 내가 자살에 대해 자주 말했다고 쓰
고 있다. 나는 '무(無)'에 대해 더 이상 말할 게 없다고 생각하
고 정진기간의 필수적인 참선을 제외하고는 샤쿠 쇼엔에게 참선
하러 가지 않았다. 그런데 노사는 나를 볼 때마다 때렸다.

어떤 사람이 공안(公案)을 푸는 데 온 힘을 쏟으려면 일종의
위기가 필요한 것 같다. 이러한 것은 선 수행에서의 여러 뜨끔한
체험을 모아서 하쿠인 선사의 한 제자가 편집한 《게이교쿠 소덴
(荊叢毎蘗)》이라는 책의 다음과 같은 이야기에서 잘 나타나고 있
다.

하쿠인 선사에게는 대범하고 굳센 마음을 지닌 수이오라는 상
좌 제자가 있었는데 오키나와에서 한 승려가 수이오에게 참선을
배우려고 왔다. 이 수이오는 하쿠인에게 그림 그리는 법을 가르
쳐준 바로 그 수이오이다. 그 승려는 '척수' 공안을 가지고 참구
하면서 삼 년을 머물렀다. 어느덧 다시 돌아가야 할 날은 가까워
오는데 공안은 풀지 못했고, 그는 비탄에 빠져 울면서 수이오에
게로 갔다. 수이오는 그를 위로하였다. "걱정하지 말게, 출발을
일주일 연기하고 진심으로 앉아 있어 보게." 7일이 지났지만 공
안은 여전히 전혀 안 풀렸다. 승려가 다시 수이오에게 찾아가자
그는 다시금 출발을 일주일 연기하도록 권했다. 그 주일도 다 지
나도록 승려가 풀지 못하자, 수이오는 "닷새만 더 해보자"고 말
했다. 또 닷새가 지났으나 공안을 푸는 데에는 진전이 없었고 마
침내 수이오는 말했다. "이제 사흘 동안 해보고 만약 사흘 뒤에
도 공안을 풀지 못한다면 당신은 죽어야 해." 그래서 처음으로
그 승려는 자기에게 남은 삶의 모두를 바쳐 공안을 풀기로 작정
했다. 그리고 사흘 뒤 그는 공안을 풀었다.

이 이야기에 내포된 교훈은 사람은 그가 가진 모든 것을 바쳐
서 해보겠다고 결심해야 한다는 점이다. "인간의 곤경은 신의 선

물이다." 비탄의 심연에 빠져 목숨을 끊으려 할 때, 바로 거기에서 깨달음이 이루어지는 일은 비일비재하다. 나는 생각해 본다. 깨달음은 많은 사람들에게 너무 늦었을 때 온다고, 그때는 이미 그들은 죽음의 길을 가고 있는 것이다.

보통, 사람들이 취할 수 있는 선택은 여러 가지이고 스스로에 대한 변명도 많다. 공안을 풀기 위해서는 선택의 여지가 없는 극한에 처해야 한다. 그러한 상황에서 할 수 있는 일은 오직 한 가지뿐인 것이다.

나에게 있어서 이 위기 또는 극한은 카루스 박사의《도덕경》번역을 돕기 위해 미국으로 가기로 결심했을 때 나타났다. 나는 그 해 납월팔일정진(臘月八日精進: 成道節에 하는 용맹정진)이 정진에 참여할 수 있는 마지막 기회라 여겼고 만약 그때 나의 공안을 풀지 못하면 다시 풀 수 없으리라고 느꼈다. 나는 모든 영적인 힘을 그 정진(精進)에 쏟았다.

그때까지 나는'무(無)'가 내 마음속에 있음을 의식하고 있었다. 그렇지만'무'를 의식한다는 것은 내가'무'와 어느 정도 분리되어 있음을 의미하는 것이며 그것은 진정한 삼매(三昧)가 아니다. 그러나 그 정진이 끝나가면서, 대략 5일째쯤 되어서, 나는'무'를 의식하지 않게 되었다. 나는'무'와 하나가 되고 동질화되어'무'를 의식한다는 말이 뜻하는 바와 같은 분리는 더 이상 존재하지 않게 되었다. 그 상태야말로 진정한 삼매였다.

그러나 삼매 자체만으로는 충분치 않다. 당신은 그 상태에서 벗어나서 일깨워져야 한다. 그 각성이 반야(般若: 지혜)이다. 삼매에서 벗어나서 그것이 무엇을 의미하는가를 보게 되는 계기가 바로 깨달음[覺]이다. 그 정진 중에 나는 삼매의 상태에서 벗어나면서 외쳤다" 알았다. 바로 이거로군."

내가 얼마나 오래 삼매의 상태에 있었는지는 모르겠는데 여하튼 나는 종소리에 의해 일깨워졌다. 나는 노사에게 참선하러 갔고, 그는 내게 '무'에 관해 몇 가지 검증하는 질문을 던졌다. 나는 모두 대답했으나 한 가지는 머뭇거려 넘겨버렸더니 즉시 노사(老師)는 나를 내보냈다. 다음날 새벽에 나는 다시 참선하러 갔고 그때 대답을 할 수 있었다. 선원(禪院)에서 나와 기게닌 절에 있는 내 방으로 돌아오던 그 밤, 달빛 속에 서 있는 나무를 보던 생각이 난다. 그것은 투명하게 보였고 나 또한 투명했다.

여기서 나는 자기가 경험한 것이 무엇인가를 의식하게 되는 것의 중요성을 강조하고 싶다. 견성(見性) 이후에도 나는 내 경험에 대해 완전히 의식하지 못하고 있었다. 나는 아직도 일종의 꿈속에 있었다. 후에 미국에 있을 때 "팔꿈치는 밖으로 굽지 않는다"는 선(禪)의 어구가 갑자기 내게 명백해졌고 이때 보다 깊은 실감이 이루어졌다. "팔꿈치는 밖으로 굽지 않는다"는 일종의 필연성을 나타내는 말일 터인데, 갑자기 나는 이런 제약이야말로 바로 자유, 그것도 진정한 자유로 보였으며 자유의지에 관한 모든 의문이 풀렸음을 느꼈다.

그 후 나는 공안을 꿰뚫는 데 전혀 어려움이 없었다. 물론 다른 여러 공안(公案)들은 견성(見性)을 보다 확실하게 하는 데 필요하지만, 첫 번째 경험, 가장 중요한 것은 바로 첫 번째 경험이다. 다른 것들은 그 경험을 보다 완벽하게 해주고 그것을 보다 깊고 명확히 이해하도록 도와주는 것일 뿐이다.

여기에 이르러서 우리는 스즈키 박사의 삶의 행적과 유년시대 선(禪)에 대한 체험을 대략이나마 파악했을 것이다. 그러면 해설에 곁들여 선의 역사를 개괄하는 한편, 한국의 전통적 선(禪)의 맥락과 특질에 대해서도 간단하게나마 살펴보는 작업 또한 무의미하지는 않겠다.

천 사백 만 신도를 가진 한국 불교 조계종이 전통적 한국 불교, 특히 선불교를 대표한다는 점은 상식에 속하는 학설이라 하

겠다. 이제 전통적 한국 선의 맥락과 특질을 가려내는 일은 한국
불교의 역사적 뿌리를 캐고 그 특정을 가늠하는 일인 것이다.

　역자는 한국의 불교를 통시적(通時的)으로 개괄할 여유도 없었
을뿐더러, 특히 종교연구의 필수 불가결한 체험(그 교단에 몸담
아 닦는 종교적 수련)조차 갖추지 못한 처지이므로, 해설에 제약
이 따름은 필연적이다. 우선 보조선(普照禪)을 중심으로 해서 한
국 선을 고려 중엽 보조국사(普照國師) 지눌(知訥: 1158~1210)
스님의 체계로 저울질해보려 한다. 이런 시도에 여러모로 정당성
을 부여하려고 노력할 테지만 사실(史實)을 모조리 훑어보지 못
한, 폭이 좁은 역자 나름의 얼개를 한국 선으로 일반화하는 잘못
을 저지를지도 모르겠다. 또 한 가지 분명히 해 둘 점은 선불교
연구방법에 있어서 역사적 이해의 근본적 피상성을 들어야 한다.
이 글은 때와 곳에 얽매임 없이 자유로이 단도직입적으로 보여
주는 선사의 행위, 즉 선행(禪行)을 글자로 나타낸 선학의 한국
적 전개와 특징을 다루어 보고자 한 것이다.

　역자의 경험에 따르는 제약과 선(禪)에 관한 모든 역사적 글들
이 갖는 본질적 제약을 염두에 두고서, 이 글의 전개를 조심스럽
게 시도해 본다. 첫째, 선불교가 중국에서 처음엔 어떻게 시작되
었고, 그 종지(宗旨)와 종단이 어떠한 성립과정을 거쳐서 확립되
었나를 살펴보는 일, 둘째, 그 중국의 선불교가 한국에 전파되었
을 당시 어떻게 받아들여졌는가 알아보는 일, 셋째 보조국사는
중국선의 한국화에 어떤 역할을 했던가 탐구해 보는 일 등이다.
넷째, 보조국사가 한국선의 흐름에 어떤 영향을 끼쳤기에 보조선
(普照禪)이란 부제를 달 수 있는가, 하는 네 가지 역사적 사실을
열거해 보려고 한다.

　먼저 선(禪)은 불교에 대한 중국인의 반응이라는 관점에서 중
국불교를 논의하여야겠다. 즉 B. C. 1세기를 전후하여 중국에 들
어온 인도의 불교는 장안을 중심으로 외국인들에게나 알려질 정

도였다. 4세기 초에 가서야 중국 고유의 도교전통과 어울려 불교의 보살도란 이상이 신비한 주술로 변질되어 이해되면서 중국대중 속에 뿌리를 내리게 되었다. 5세기 초 「구마라지바」의 역경사업에 힘입어 대승불교의 형이상학적 절대개념들인 공(空)이나 유식(唯識)은 겨우 7세기에 이르러서 중국의 일부 식자층에게 이해되었고 중국식 학문불교인 천태종(天台宗)이나 화엄종(華嚴宗)을 형성하게 되었다. 왕조의 경제적 비호 아래 물질적 풍요를 누리는 학승(學僧)들은 그간 국력을 기울여 번역해 놓은 산더미 같은 붓다의 말씀들을 세밀히 연구·분석하여 그 우열을 가리는 이른바 교상판석(敎相判釋)을 완성하고 있다. 경전에 대한 역사적 이해를 교판(敎判)은 종파의식에 따른 학문적 논쟁을 가열시켰을 뿐, 불교 본연의 해탈이란 이상과는 거리가 멀어지게 되었다. 오히려 불교를 산 이념으로 발전시킨 사람들은 정통 학문불교를 수호하고 대사원에서 호사를 누리던 학승들이 아니라, 이름 없이 지방에서 몇몇 스승과 제자들만의 단출한 모임을 통하여 보살도를 저들 특유의 방법을 통하여 구체적인 생활 속에 실현한 선종(禪宗)의 선구자들이었다.

그러나 선종(禪宗)의 역사에 있어서 선불교는 종파로서의 그 기원이 분명치 않다. 전통적으로 믿어오기로는 520년경에 「보디달마」란 인도승이 중국에 전했고, 그것도 석가모니 부처님의 밀지를 이어받은 수제자 「마하가섭」을 통하여 27대를 끊이지 않고 물려받아 내려온 불변의 진리를 전한 것이라고 한다. 그러나 사실은 선불교란 인도에서 그 원형을 찾을 수 없는, 애당초 순수한 중국 불교라는 것이 최근 학자들 사이의 공통된 학설이다. 27대의 인도 조사를 나열한 명단이 최종적으로 확정된 시기는 10세기쯤으로 보인다. 그러니까 보디달마를 역사적 인물로 보기보다 선종의 권위가 확립되었을 때 그것을 밑받침하기 위해서 만들어 낸 전설이라고 보는 편이 좋을 듯하다. 아마도 새로운 종교운동

을 이단으로서 몰아붙이는 천태· 화엄 등 왕권을 뒤에 업은 기
성종단에 대항하려면, 선종도 그 뿌리가 불교의 초기부터 있었다
고 주장할 필요가 있었을 것이다.

　조직된 운동으로서 선종이 역사상에 뚜렷이 나타난 때는 7세
기 무렵이었다. 혜능(慧能: 638~713)과 신수(神秀: 706 沒)를 중
심으로 선은 남종선과 북종선이란 두 집단으로 자기분열을 보일
정도의 세력이 생긴 것이다. 경전공부나 끊임없는 노력을 강조하
는 북종은 곧 시들고, 한꺼번에 깨치면 부처가 되는데 경전공부
가 무슨 소용이 되느냐는 남종은 시간이 흐를수록 중국인들의
호응을 받아, 요즈음 선이라고 부르는 독특한 수행법을 개발했던
것이다.

　특히 8세기에 마조도일(馬祖道一: 709~788)과 석두희천(石頭
希遷: 700~790) 두 선사에 의해서 선종엔 논리를 뛰어넘는 문답
(問答)과 공안(公案)이란 기상천외의 방법이 거의 완성됐다. 견성
(見性)을 유발하려면 벽력같은 고함소리나 몽둥이질, 심지어 코
를 잡아 비틀고 손가락을 잘라버리는 등 수단과 방법을 가리지
않는 종장들의 미묘한 풍격에 따라 선종엔 오가칠종(五家七宗)이
란 갈래까지 치게 되었다. 9세기 중엽 회창(會昌)의 법난(法亂)을
당하고 살아남은 불교 종파로는 백장청규(白丈淸規)로 규율이 짜
여졌던 선종뿐이었다. 한 스승을 중심으로 그에게 개별적 가르침
을 받아야 하는 극소수의 제자들은 지극히 소박한 생활로 심신
(心身)을 끊임없이 단련할 뿐, 굉장한 규모의 사원과 박학의 경
전 공부가 필요없었다. 경제적 이유로 대사원을 없애고 많은 승
려를 환속시킨 법난에 선종은 전혀 영향을 받지 않았다. 마침내
한국에도 마조(馬祖)의 손자뻘 되는 선사들이 선지(禪旨)를 받아
오게 되었다.

　선가의 종지(宗旨)는 너무나 간단하다. 절대적 진리와 해탈의
원천인 불성(佛性)이란 누구에게나 들어 있다. 불성을 실현하려

면 이미 깨친 스승의 가르침에 따라 좌선(坐禪), 내성(內省)하라.
단도직입적으로 사람의 마음을 가리켜「直指人心」본래의 불성
을 뚜렷이 인식함으로써 부처가 될 뿐「見性成佛」, 글로 표현된
경전에 구애받지 않는「不立文字」, 따라서 정통 교리와는 동떨어
진 전통「敎外別傳」을 수립한 것이 곧 선종(禪宗)이었다.

이와 같은 선종의 특질을 중국의 전통사상과 비교하여 검토해
보면, 저들이 논리(論理)나 전통에 거리낌없는 태도를 보였다고
는 하나, 이미 중국 고유의 도가(道家)나 대승불교에 그 싹은 숨
어 있는 것이다. 뜻을 깨달으면 그 뜻이 담긴 말이나 글은 버려
도 좋다는 노장사상과, 경전마다 서로 엇갈리는 주장을 합리화하
려는 대승불교의 방편(方便) 사상 즉 진리가 아니더라도 어느 모
로 쓸모만 있으면 된다는 생각과 합쳐서, 일체의 사변적 논리나
문자에 얽매인 공부를 배격하는 경향이 있었는데 그것이 극단으
로 치닫게 된 것이 바로 선종이었다.

그러나 대승불교가 경전을 내버린 적이 없는 데 반하여 선종
은《금강경》불사르기를 서슴지 않는다. 이런 점엔 역시 선종은
도가에 가깝다고 할 수 있겠다. 선이 불교에 대한 중국인의 반응
이라 규정하는 이유가 여기에 있다. 그러나 깨달음을 통한 해탈
의 길을 찾는다는 근본 목표에 변함이 없는 한, 선은 역시 불교
의 한 종파일 수밖에 없다. 중국 고유사상에는 해탈이 없기 때문
이다.

또 선종의 별명처럼 여겨지는 돈오(頓悟) 사상은 어떠한가? 이
미 5세기 도생(道生)에게서 그 선구적 모습이 보일 뿐만 아니라,
생사와 열반 사이에 아무런 차별을 인정할 수 없는 대승공관불
교(大乘空觀佛敎)로 보아도, 오랫동안 점진적으로 수행을 쌓아야
깨달음에 이른다는 점수(漸修)는 벌써 설 자리를 잃어 버렸다.
그렇다면 어째서 돈오가 선만의 특징인 양 여겨지는 것일까? 마
조(馬祖) 이후 개발된 그 방법의 특이성 때문이다. 제자가 불성

을 확인하는 극심한 훈련으로 몸과 마음이 지쳐 있을 때 스승의
말 한마디, 하찮은 몸짓, 또는 천둥 치듯한 고함소리 「喝」은 그
제자의 마지막 장애를 한꺼번에 날려버리는 충격요법으로 선종
이 아니면 개발할 수 없었기 때문이다.

그러면 중국 선종에 이어 한국불교에서 선(禪)의 위치는 어떠
한가를 더듬어 보기로 하자.

보조 이전의 한국선(韓國禪)의 특정을 검토해 본다면, 9세기
말 중국의 선종이 마조의 법맥을 따라 한국에 들어오면서 불립
문자(不立文字)· 교외별전(敎外別傳)의 종지에 충실하려는 한국
선사들의 특정적 모습은 9산(九山)의 개조들 가운데 특히 가지산
개창조인 도의선사(道義禪師), 성주산의 무염선사(無染禪師), 그
리고 사굴산의 범일선사(梵日禪師)에게서 두드러지게 드러난다.
(희양산 도헌선사(道憲禪師)의 법맥은 중국선의 제4조 도신에게
소급하는 수도 있다. 또 수미선의 이엄선서(利嚴禪師)는 석두(石
頭) 계통에 그 맥을 댄다). 당시 신라사회는 이미 열반· 계율·
법성· 화엄· 법상의 5종의 경전 중심 교학불교가 자리를 잡고
있었으며, 그들을 옹호· 후원하던 신라의 귀족사회는 후삼국 시
대의 혼란 속에서 점차 와해되고 권력이 지방의 호족들에게 분
산되는 도중이어서, 깊은 산 속에 자리잡았을망정, 선사들의 학문
불교에 대한 비판공격은 선지(禪旨)의 선양과 더불어 그 날카로
움을 더해 가게 되었다. 특히 화엄교학에 대한 비판이 한국의 제
1대 선사들의 주된 관심사였다.

도의(道義)는 화엄교의의 최고봉인 4법계(四法界)를 뜨거운 난
로에 눈 녹이듯 공(空) 하나로 바꾸어 놓고, 신해수증(信解修證)
의 각고 면려하는 점수를 아예 무념무수(無念無修)로 걷어차 버
린다. 화엄의 5교판(五敎判)은 결국 한 가지 심법(心法)의 여러
방법일 뿐이다.

무염선사의 경우, 중국 선사 앙산혜적(仰山慧寂, 807~883)이

여래선(如來禪)과 조사선(祖師禪)이라 하여 선 속에서의 두 태도를 구별짓던 방법을 확대해석하여 선종과 교종을 무설토(無舌土)와 유설토(有舌土)라 구분하고 후자는 방편일 뿐, 단도직입으로 진리를 전하는 참 방법은 무설토인 선(禪)뿐이라고 주장하였다.

도의(道義)건 무염(無染)이건 아무도 선(禪)이 교(敎)보다 낫다는 철학적 논거를 대지 못한 채, 범일선사는 석가여래까지 진귀조사(眞歸祖師)의 심인(心印)을 받고 나서야 성정등각(成正等覺)을 이루셨다는 맹랑한 설화를 꾸며대었던 것이다. 아마도 중국에서 선종이 그 권좌를 굳혀가는 것과 때를 같이하여, 신라에서도 선종이 뿌리를 내려감이 당연한 듯 생각될 터이지만, 한국의 제1대 선사로서 위와 같은 발언을 할 수 있었고, 또 그 이야기가 거듭 인용되고 기록에 남겨졌다는 사실은 무엇을 뜻할까? 교외별전을 지나치게 강조한 나머지 석가여래의 정각(正覺)마저 조사(祖師) 즉 선사(禪師)의 인정을 받는 것보다 못하다고 여겨서 석가모니 부처의 말씀을 기록한 경전공부가 직접 선사에게서 마음을 이어받는 것에 비견할 수 없다는 점을 강조하려는 것이겠다.

지방 호족의 하나였던 왕건이 고려(918~1392)란 새 왕국을 건설하고 선종에 호의를 베풀면서부터 선불교의 위치는 튼튼해진다. 10세기에는 광종이 고려 승려들을 중국의 법안종사(法眼宗師)에게 보내 심법을 받아오게까지 한다. 법안선(法眼禪)의 수입은 그러나 선종의 발전에 오히려 역효과를 가져왔다. 염불과 좌선을 같이하면 호랑이에 날개를 달듯 더욱 쉽게, 더욱 빨리 깨달음에 이르리라고 주장하는 법안선(法眼禪)이 결국 그 불투명한 이중성 때문에 중국에서 선(禪)이 그 세력을 잃게 되는 씨앗을 뿌렸듯, 한국에서도 선가에 귀의하는 사람의 수효가 줄어들 뿐만 아니라, 그 열화 같던 수행상의 기백도 하락해 갔다. 학문불교처럼 왕권의 비호를 받아가며 열정을 기울여야 할 경전공부도 할 것 없이, 멍청히 좌선만 하자니 맥빠지는 노릇이다. 여기에 염불을 합쳐 놓았으나, 천둥벽력 같던 수행의 열정은, 또 말과 뜻을 초월한 공안들은 화석으로 굳어져서 조사들의 어록 속에 문자화 되는 아이러니를 보게 되었으며, 그런 대로 《조당집(祖堂集)》의 편찬이 952년에 완성되었다.

11세기 대각국사 의천(大覺國師 義天: 1055~1101)의 출현은 가물가물 맥빠진 선종에 마지막 일격을 가한 셈이다. 의천은 왕자의 몸으로 출가하여, 강대한 왕권의 비호를 받아 천태종을 들여오고 화엄종에 활력을 불어넣었다. 선종(禪宗)에 몸을 담았던 승려들도 열 가운데 일곱 여덟 명이 천태종으로 넘어간다는 탄식이 나올 정도였다.

이런 한국적인 배경에서 12세기 지눌의 역할이 한국 선종사에 차지하는 비중을 검토해 보자. 불교가 국가적 종교로 전 국민의 귀의를 받고 있음에도 불구하고, 지눌이 보는 당시 불교 승려들의 작태는 한심했던 모양이었다. 글 뜻도 모르고 경전의 구절들만 읊어대는 문자법사가 있었는가 하면, 깨닫지도 못한 채 명견불성(明見佛性)하겠다고 앉아서 졸고 있는 암증선객(暗證禪客)들이 있었다. 후자는 처음 선이 중국에서 들어오면서 무염선사 같은 분의 과장된 화엄교리 비판에 맹종하여 무조건 경전공부를 배격하였다. 그와 정비례해서 교가들은 적정에 빠져 활기를 잃고 보살행마저 도외시하는 선가를 비난하고 있었다. 지눌은 물론 선종 출신 승려로 선이 수행의 근본임을 역설하면서도, 그 수행의 철학적 바탕은 화엄교리에서 찾아질 수 있다고 주장함으로써 선(禪)과 교(敎) 모두를 포용하는 태도를 보였다. 특히 여지껏 중국선의 법맥에만 의지해서 선가의 권위를 유지하려던 당시의 선객들에게, 스승에서 제자에게로 이어지는 마음의 주고받음보다 진리 자체를 귀중히 여기라고 권고한 점에 지눌의 이지적(理知的) 태도가 엿보인다. 일정한 스승이 없는 지눌이었다. 혜능(慧能)의 설법이 담긴 《육조단경(六祖壇經)》이 먼 스승이요, 대혜선사(大慧

禪師)의 박력 있는 편지가 실린 《대혜어록(大慧語錄)》이 지눌의
가까운 친구였다. 죄인이 등불을 들어 길을 밝혀줄 때 그 죄인을
탓하여 빛을 거절할 수 없다는 어느 경전의 일화를 들어, 법을
이야기하는 사람의 잘잘못을 탓하지 말고, 오직 그 법의 옳음을
좇으라는 지눌의 초심자에 대한 부탁은 지눌 당시의 어지러운
불교인의 작태를 반영함과 동시에 석가모니 부처께서 유언으로
남기신 말씀을 상기시킨다. "내가 죽거든 스승이 없다고 하지 마
라. 아난다여, 내가 너희들에게 일러 준 법(法)과 계율이 이제부
터 너희의 스승이니라."

사자전승 법맥의 순수만을 오직 진리의 기준인 양 으시대던
당시 선사들에 비해 지눌은 법 자체를 강조하고, 종교적 수행의
기반인 계율을 세워 한국 선에 백장청규에 비견할 수선사(修禪
社)의 규칙 「계초심학인문(誡初心學人文)」을 세워 실천한 분이라
는 점에서 한갓 종교인, 한갓 철학자를 너머 종교철학자라 불러
도 무방하다 하겠다.

지눌의 선철학을 한 마디로 요약해서 화엄선이라 할 수 있다.
지눌은 걸핏하면 원효와 의상을 끌어와 자기의 선지가 곧 화엄
의 사사무애법계(事事無碍法界)와 다를 바 없음을 논증한다. 그
러면서도 지눌과 반세기밖에 시간 격차가 없는 의천(義天)을 한
번도 언급치 않는 것은 무슨 이유일까? 의천의 학문적 역량을
가늠할 업적이 전혀 없었기 때문일까? 선종을 폄척한 그의 편견
을 못마땅히 여겨서일까? 아무튼 27년 동안 징관(澄觀)의 주석을
빌어 화엄대경에 온갖 심혈을 기울여 강의했다는 의천의 영향은
한국 불교가 선, 그 중에도 보조선 일색으로 물들면서 그 자취를
감춘다. 그 대신 이통현(李通玄) 장자(長者)의 《신화엄경론》은 지
눌로 하여금 선교일원을 주장할 철학적 근거를 마련해 주었다.
그 밖에도 지눌은 자기의 철학체계에 도움되는 모든 선배들과
격의 없이 시공(時空)을 뛰어 넘는 대화를 갖는다. 지해종사(知解

宗師)라고 중국선가들에게서는 오히려 따돌림을 받던 신회(神會)
를 일러 결택(決擇)이 요연하다면서 그의 지자(知字)가 진심(眞
心)의 묘용(妙用)을 가리키는 것으로 본 지눌이다. 돈오와 점수가
얼음과 불처럼 어울리지 못한 것처럼 여기던 중국 선의 전통에
서 돈오점수를 주장하고, 화엄과 선, 두 종파의 법맥을 모두 이어
받은 종밀(宗密)이 그리 달갑지 않게 여겨졌다. 그러나 지눌의
종밀에 대한 경도는 선의 수행에 돈오점수가 천성궤철(千聖軌轍)
이라 할 정도로 철저하다. 이통현(李通玄)은 중국 정통 화엄의
법맥에는 끼지도 못하는 산성(散聖)이다. 지눌은 그의 《신화엄경
론》을 3년 동안의 대장경 열람 끝에 발견하고 환희작약한다. 불
심과 불어의 계합처(契合處)가 있다고 믿었기에 선·교 일치를
주장하는 지눌에게 대혜의 화두선(話頭禪)은 어떤 위치를 차지할
까? 지눌 보조선문은 넓다. 온갖 사람들이 층층이 서로 다른 기
량을 갖고 보조선문을 두드릴 때 지눌은 그들의 힘에 알맞은 길
로 인도하고자 하는 포용력을 자랑한다. 근기(根機)에 따라 천만
방편을 사용하는 대승의 슬기가 구체적으로 생활화한 것을 선이
라고 보면 지눌의 포용성에 이해가 갈 것이다. 만법유식(萬法唯
識) 따위 글과 뜻을 통해 첫 관문을 들어온 초심자에게 글과 뜻
에 집착하기를 떠나라고 화두를 던져주고, 화두까지 말로 만들어
진 것이라, 말과 뜻조차 여읜 행동의 세계로 이끄는 지눌의 삼현
문(三玄門)은 한갓 포용성을 지나, 치밀한 계획으로 범부를 이끌
어 깨달음의 경지를 맛보게 하는 자상함을 보여 준다.

　지눌의 후계자 진각혜심(眞覺慧諶)은 스승의 자상하신 법문을
화엄교가를 위한 원돈관행문(圓頓觀行門) 선가·교가를 구분치
않고, 선 수행에는 누구나 밟아야 할 성적등지문(惺寂等知門), 교
외별전을 고집하며 한 번 뛰어 대번에 깨닫자는 옹고집 선가 상
상근기(上上根機)에게는 경절문(徑截門)등 삼문으로 나누어 설명
했다.

지눌과 거의 동시대를 살았다 할 대혜의 어록(語錄)을 읽고 마지막 심증을 굳힌 지눌에게 대혜의 간화선(看話禪)은 시들어가는 고려의 선불교에 활력을 불어넣는 청량제가 되리라 확신했음에 틀림없다.

그 뒤 백여 년이 지나서 태고·나옹·백운선사 등이 임제선을 직접 중국선사들에게 수입해 퍼뜨렸다고는 하지만, 이미 그 기호는 어록을 통하여 산 정신을 습득·체험한 지눌의 경절문이 수선사에 엄연히 한 방편으로 제시되었다는 점을 알아차리면 그 앞뒤가 분명해질 것이다.

그러면 이처럼 폭이 넓은 지눌(知訥)의 보조선문이 그 뒤 한국선, 아니 한국 불교에 끼친 영향은 어떠한가를 살펴볼 차례이다. 일정한 스승이 없이 온갖 스승을 스스로 만들어 찾아가며, 지눌이 다양한 사상의 갈래를 한 울타리에 집어넣고 재간 있게 예쁜 체계를 세운 때가 12세기이다.

지눌이 우려하던 대로 명성과 이득에 눈이 어두운 고려 불자들은 세속과 결탁하여 타락했고, 지눌과 더불어 현실비판에 동조하고 해탈의 이상을 실현하려는 도반들은 수선사(修禪社)로 몰려들었다. 그러나 수선사는 최씨 정권의 비호를 받았음에도 불구하고 사회적 영향력을 행사한 흔적은 없다. 새로이 일어날 수 있었던 수선사의 종교운동은 밖으로 뻗어나갈 힘을 갖추기도 전에 압도하는 몽고의 외세로 서남쪽 한 귀퉁이에 국한될 수밖에 없었다. 게다가 송광사가 배출한 16국사(國師)는 오직 난세를 당한 고려의 정신적 지주일 뿐, 부자 시주들에게 보조를 받아 절의 살림을 꾸려나가기는 예나 이제나 마찬가지로 그 대가로 시주들의 명복과 현세의 복을 빌어준 흔적을 남겼다. 왕권으로부터 경제적 보호를 받던 고려의 사원들이 새로이 일어나는 유학자 관료계층에게 처음에는 좁은 땅을 너무 많이 나누어 가졌다는 이유로 비난을 받다가 이성계(李成桂)의 역성혁명으로 새 왕조를 이룩하고

부터는 불교 교리 자체에 대한 비판까지 곁들이게 되었다. 전 왕
조의 지배체제와 밀접히 연관된 불교는 이조 5백년 동안 극심한
핍박을 받게 되는데 이상하게도 이런 핍박에 항거하는 스님이나
불교도는 찾아보기가 힘들다. 사회적 지위와 존경을 잃어버린 불
교는 산간 깊숙이 밀려나서 부녀자나 하층민들의 미신으로 전락
한다. 지나간 불교의 영화는 간 데 없이 사라지고, 거의 사회와는
발을 끊다시피하여 그 영향력은 없다 해도 과언이 아니게 된다.
결국 과거 왕권과 귀족의 보호 밑에 겉보기에는 호화찬란하게
번성하던 불교가 일반 대중의 가슴속 깊이 파고들지 못했다는
증거가 아닐까?

　호국불교의 운명은 이와 같은 것 같다. 절이 바로 대지주가 되
어 큰 건물을 짓고 농장을 늘리며 단지 왕족의 평안과 복을 빌
어 주었을 뿐이니, 그 특권이 빼앗긴다고 해서 이를 안타깝게 여
겨 손발을 걷어붙이고 옹호할 민중이 단 한 사람인들 나을 것인
가? 이조에 들어와 불교가 숨통을 돌린 것은 그나마 왕족의 어
느 누가 호의를 갖고 배불정책을 늦추었을 때뿐이었다. 명종(明
宗)의 모후 문정왕후(文定王后)가 보우(普雨: 1506~1565)를 총애
하여 선교 양종 승과를 부활했을 때, 이조 최고의 대덕 서산대사
(西山大師)가 발탁된다. 그나마 서산대사(1520~1604)는 불승으로
서라기보다 왜병에 항거하는 승병을 지휘했던 승려 의병장으로
서 그 이름이 높아진다. 서산 이후 이조가 불교에 대하는 태도는
한 마디로 무관심 그것이었다. 종단의 이름조차 희미해지고, 선에
서 생명처럼 여기는 법맥마저 혼선을 빚는다. 이런 판국에 한국
전통선의 흐름을 분명히 하고 그 특질을 밝히기란 여간 어려운
일이 아니다.

　1895년 서울에 탁발승의 발길이 허락될 때까지 한국 불교도는
양반의 가렴주구에 허덕이는 천민의 사정과 별반 다름이 없었다.
그런 궁핍한 환경에서도 우리는 지눌의 보조선이 맥맥히 이조

불교를 지배했다는 사실을 아래의 일곱 항목으로 나누어 설명함으로써 개화 이전 전통적 한국 선이 보조선의 전통으로 명맥이 유지되어 왔음을 밝혀보고자 한다.

첫째, 이태조가 홍천사를 창건했을 당시, 그 주지 상층이 임금에게 청하여 모든 선종사찰로 하여금 송광사·수선사의 제도와 계율에 따라 법식을 행하게 하기를 바란다고 상소하여, 그 청이 받아들여졌다. 원의 세력 밑에 놓여졌던 고려 말기에 임제선과 라마교의 유입으로 법식과 계율이 헝클어졌던 모든 불교사원에 보조국사가 마련한 청규가 시행되었음을 알 수 있다. 그 뒤 이조 불교가 종파의 구별 없이 한 절에서 화엄과 선, 염불 등을 한데 섞어 행하였으나 계율만은 간략한 지눌의 「계초심학인문」에 의지했음을 증명한다.

둘째로 선에 대한 지눌 특유의 접근방식 즉, 자교명종(藉敎明宗)으로 언설을 통한 분명한 지적 이해를 기본으로 불교에 입문케한 다음 간화선(看話禪)을 통하여 지해병(知解病)을 제거한다는 요령이 벽송지엄(碧松智儼)에게서도 뚜렷이 나타난다. 벽송은 제자들에게 종밀의 도서(都序)와 지눌의 절요(節要)를 통해 불법을 밝힌 다음 《대혜어록》을 보도록 권하고 있다. 벽송은 현행 한국 승려의 기본 교과목인 4집과(四集科)에 위의 책을 필수로 집어넣고 《화엄경》, 《법화경》, 《능엄경》 등 교종의 소의경전을 강의하는 등 지눌과 같이 선교(禪敎)를 골고루 대등하게 다루었다.

셋째로 지눌의 뜻을 고스란히 받드는 서산대사를 들 수 있다. 그가 이조 불교에서 차지하는 영향력에 비추어 《선가귀감》이나 《선교석》에 나타난 그의 사상은 지눌의 사상을 거의 문자 그대로 옮겨 놓았다고 보아 틀림없을진대, 이 말은 곧 지눌이 이조 불교에 차지하는 위치도 그와 같다는 뜻이 되겠다.

넷째, 서산의 제자 편양 언기(鞭羊 彦機) 역시 의리선(義理禪)과 격외선(格外禪)을 근거에 따른 구별이라 말하며, 선· 교· 염

불을 고루 채용한 점에 보조선과 길을 같이하고 있다. 편양 밑에
서는 상봉 정원(霜峰淨源: 1627~1709), 월담 설제(月潭 雪霽: 1632~
1704), 월저 도안(月渚 道安: 1638~1715), 인악 의점(仁岳 義沾:
1746~1796), 연담 유일(蓮潭 有一: 1720~1791) 등 유명한 교
종의 강사가 배출되었다.

다섯째로 편양과 나란히 벽암 각성(碧巖 覺性: 1575~1660)이
있는데 부휴 선수(浮休 善修)의 제자다. 부휴는 서산과 함께 부
용 영관(芙蓉 靈觀)의 이대(二大) 제자다. 벽암의 제자들이 송광
사와 밀접한 관계를 가져 그 중 백암 성총(柏庵 性聰)은 1678년
에 지눌의 비를 다시 일으켜 세우고, 지눌을 일러 동토(東土)의
대성(大聖)이라 높인다. 벽암은 1671년에 불교 서적을 실은 채
서해 임자도에 표착한 무명의 배에서 당시 얻어 보기 힘든 불서
를 열심히 간행 홍포하였다.

여섯째로 위에 든 스님들이 지눌· 서산처럼 모두 선과 교에
정통하다는 사실을 들어야겠다. 궁극적으로는 선을 표방하나 모
두 《화엄경》에 밝고, 《기신론(起信論)》· 《도서(都序)》· 《원각경》·
지눌의 《절요》를 공부했다. 벽송 지엄(1464~1534)에 의해 4집과
로 출발한 강원의 교과목은 17~18세기에 이르러 사미과(沙彌
科)· 사교과(四敎科)· 대교과(大敎科)· 화엄경(華嚴經)· 수의과
(隨意科)를 더하여 완성되는데 마지막 수의과를 제외한 모든 교
과목에 지눌의 영향력이 뚜렷하다.

일곱째, 마지막으로 한국에서 간행· 유포된 고서 목록을 보면
지눌의 저작, 특히 《법집별행록절요병입사기(法集別行錄節要幷入
私記)》(줄여서 절요라 함)는 이조를 통하여 가장 널리 퍼진 책인
것을 알 수 있다. 요즘 한국의 선승들에게 필수로 읽혀지는 《선
문촬요(禪門撮要)》엔 지눌의 작품이 다섯이나 들어 있다. 경허
선(禪)(1849~1912)에 의해 최근에 선불교가 재흥될 때 지눌이
역시 그 뇌관 역할을 했음을 알 수 있겠다.

위에서 역자는 지눌의 보조선이 지닌 포용성과 역사적 우연이 가져다 준 이조 불교의 특수성 「더 이상 불교에 새 기운이 들어갈 수 없었던 여건」 때문에 전통적 한국 선불교가 결국 보조선의 테두리를 중심으로 하여 그 명맥을 유지해 왔다는 점을 간략하게나마 기술해 보았다.

끝으로 글을 옮기고 나서 역시 번역이라는 것은 또 새로운 창조작업임을 새삼스럽게 느끼며 이 책은 스즈키 박사가 합리주의의 사유에 젖은 서구인을 위해서 영어로 쓴 저술이므로 우리나라의 젊은 독자들에게 보다 쉽게 이해되는 저술이 아닐까 생각한다. 특히 C. G. 융의 심층 심리학적인 측면에서 심혈을 기울여 쓴 선(禪)에 대한 해설은 현대를 사는 우리들에게 시사하는 바가 매우 크리라고 믿으며 매우 귀중한 명문으로 평가해야 할 것이고, 이 때문에 역자는 후기에서 선(禪)의 본질에 대한 사족을 달지 않았다. 원서는 《introduction to zen Buhdism》임을 밝혀둔다.

1986. 4월
관악산 연구실에서
沈 在 龍

●역자●

심재룡(沈在龍) 서울대 문리대 철학과 졸업
경향신문 기자, 미국 하와이대학 철학과 석·박사,
캐나다 토론토대학 초빙 교수, 캘리포니아대학 버클리분교 객원교수 역임
현재 서울대 인문대 철학과 교수(불교철학)
저서로는 『한국의 전통 사상』, 『한국에서 철학하는 자세들』, 『동양의 지혜와 禪』, 『中國佛敎哲學史』, 『부처님이 올 수 없는 땅』, 『삶이여 煩惱의 바다여』, 『한국불교의 전통과 그 변형(영문 저서)』 등
역서로는 『연꽃 속의 보석이여-티베트 불교 길잡이』, 『있는 그대로의 자유』, 『유배된 자유-달라이 라마 자서전』, 『티베트 성자와 보낸 3일』 등

● 아홉 마당으로 풀어 쓴 禪

●초판 인쇄	2001년 10월 26일
●초판 발행	2001년 10월 31일
●지 은 이	鈴木大拙
●옮 긴 이	심재룡
●펴 낸 이	채종준
●펴 낸 곳	한국학술정보㈜
	경기도 파주시 교하읍 문발리 파주출판단지 513-5
	파주출판문화정보산업단지
	전화 031) 908-3181(대표)·팩스 031) 908-3189
	홈페이지 http://www.kstudy.com
	e-mail(출판사업부) publish@kstudy.com
●등 록	제일산-115호(2000. 6. 19)
●가 격	13,000원

ISBN   89-534-0384-7 93220 (paper-book)
        89-534-0385-5 98220 (e-Book)

●잘못된 책은 구입하신 서점에서 바꾸어 드립니다.